AUTEURS CÉLÈBRES

Alexis BOUVIER

LES
PETITES BLANCHISSEUSES

PARIS
LIBRAIRIE MARPON & FLAMMARION
E. FLAMMARION, ÉDITEUR
26, RUE RACINE, PRÈS L'ODÉON

LES PETITES BLANCHISSEUSES

ALEXIS BOUVIER

LES PETITES

BLANCHISSEUSES

PARIS

LIBRAIRIE MARPON ET FLAMMARION

E. FLAMMARION, SUCCʳ

26, RUE RACINE, PRÈS L'ODÉON

LES PETITES
BLANCHISSEUSES

PREMIÈRE PARTIE
UN COUP DUR

I

UNE TROUVAILLE

Les Goduret, quels braves gens! qu'ils étaient heureux et méritaient bien le bonheur dont ils jouissaient. Un ménage charmant, tout le temps occupé de s'aimer, et une belle-mère adorable...

Goduret était blanchisseur à la Chapelle, rue des Poissonniers; au-dessus de la porte d'une cour énorme on lisait : « Blanchisserie Goduret. »

La famille se composait de trois personnes. Charles Goduret, un beau garçon, blond aux yeux bleus, à la bouche fraîche, aux joues fleuries — représentant bien la force dans sa lourdeur; — il était presque toujours vêtu d'un gros gilet de laine et d'un pantalon collant; coquet de sa personne, le linge toujours blanc, les mains soignées, le sourire aux lèvres, il avait l'air bon enfant. C'était un ancien garçon boucher, il avait quitté l'étal pour épouser Aline Marin et acheter le fonds de blanchisserie. Aline adorait son Charles; très ja'ouse, elle avait été heureuse de l'arracher aux bonnes du quartier, dont il était la coqueluche. Aline vivait avec sa mère, la veuve Marin, plus connue sous le nom de la grande Julie, et elle habitait avec eux.

C'était un petit monde de travailleurs; depuis deux ans qu'ils avaient repris la blanchisserie, les affa'res avaient doublé. La mère s'occupait des laveuses, Aline des repasseuses et Charles soignait le cheval, conduisait la voiture pour livrer et rapporter le linge.

La blanchisserie était installée dans le fond d'une longue cour; une petite maison composée d'un vaste rez-de-chaussée, d'un premier étage et d'une terrasse.

Le rez-de-chaussée se composait de deux grandes pièces, dont l'une, la plus grande, était l'atelier de repassage; quatre mécaniques à chauffer les fers y brûlaient sans cesse; c'était en même temps la salle à manger de la famille et des repasseuses (car les ouvrières étaient nourries). Dans l'autre pièce, séparée par l'escalier qui ascendait au premier étage, on triait et comptait le linge quand il arrivait et on le mettait en paquets avant de le porter à la voiture pour le reporter.

Au premier se trouvait, d'un côté du palier, la chambre de Mᵐᵉ Marin; de l'autre l'appartement des époux Goduret, qu'on nommait communément M. et Mᵐᵉ Charles.

Au-dessus, Charles avait installé un séchoir.

La jeune femme et sa mère étaient deux travailleuses, toujours les premières et les dernières à l'atelier, s'occupant sans cesse. Charles Goduret avait chaque semaine deux jours de travail — deux jours de livraison — les autres jours, le matin avant midi, on le voyait le plus souvent flânant dans le quartier, en pantoufles, promenant son air heureux dans deux ou trois cabarets où il tuait le ver avec un verre de vin blanc, en trinquant avec des amis.

A midi moins cinq il était de retour à la blanchisserie, le couvert était mis, il embrassait sa femme — et quel franc baiser ! — puis il descendait à la cave chercher le vin pour le repas.

Et ils étaient joyeux, patrons et ouvrières, au milieu desquelles il avait l'air d'un pacha, entouré d'une quinzaine de jeunes femmes abandonnées dans le costume de travail : la chemise et la camisole.

Mme Charles était fière de son petit homme, et elle n'avait d'yeux que pour lui.

Les jours où il n'allait pas livrer, le maître blanchisseur aidait à la maison pour les coups de force : charger le le linge, charrier l'eau, monter le charbon. Puis, quand tout le monde travaillait, après le déjeuner, il lisait à haute voix le *Petit Journal*.

Enfin, c'était le plus heureux ménage du monde. Aline adorait son Charles, et Charles était très amoureux de sa femme, qui le méritait bien au reste.

C'était une grande fille de dix-neuf ans, bien faite, gracieuse et jolie, et promettant de l'être plus encore; elle était brune, avec des yeux ardents, et voilés de longs cils bruns, des lèvres bien rouges, des dents superbes qui se montraient souvent dans le sourire. Mlle Aline Marin était vive, emportée, toujours remuant, n'écoutant que sa nature pétulante. A cause de cela, on l'avait surnommée la *Sang-Brûlé*.

Sa mère, au contraire — très jeune encore, elle venait d'avoir trente-cinq ans — était blonde, elle avait des yeux d'une douceur infinie, semblait toujours sourire et prenait la vie en indifférente sans passion ; elle disait le plus grand mal des hommes, ayant eu pour époux, pendant quinze ans, un ivrogne qui la rouait de coups. Cependant, un peu grasse et très bien faite, paraissant très jeune, elle était très coquette et se plaisait à se décolleter... très dépensière, elle ne rêvait que toilette et bijoux, et c'est sa fille économe qui la dirigeait.

Nous avons dit que la blanchisserie Goduret était située rue des Poissonniers.

Le jour où commence cette histoire, par une après-midi d'été, il faisait une lourde chaleur dans l'atelier de repassage, quoique les mécaniques ne fussent pas allumées. La veille, on avait apporté le linge des pratiques, il venait d'être trié et les ouvrières le portaient au lavoir.

L'atelier était vide. La grande Julie, la mère de Mme Charles, avait été le matin chez une grosse cliente qu'elle n'avait pas trouvée la veille, elle avait rapporté le linge, l'avait jeté dans l'atelier, et, fatiguée, ruisselante de sueur, elle était montée dans sa chambre pour se mettre à son aise et changer de vêtements.

Mme Charles, revenant du lavoir, entra dans l'atelier, et voyant le linge, elle se mit à genoux pour le trier, demandant aux ouvrières qui l'accompagnaient :

— Où donc est Charles ?

— Il portait le linge avec nous.

— Il a trouvé qu'il faisait chaud et sera allé boire un coup.

— Maman est rentrée et elle a jeté son linge là ?

— Mme Julie, elle sera montée se changer probablement; elle devait être en sueur en arrivant.

— C'est vrai... Portez les derniers paquets, je vais faire ce linge-là et le porter.

Les ouvrières prirent les derniers paquets, les chargèrent sur leurs épaules et partirent vers le lavoir, riant et se poussant les unes les autres, insouciantes de la chaleur, se plaisant à travailler au dehors, au lieu d'être enfermées dans l'atelier chauffé par les mécaniques.

Aline seule continuait à trier le linge, duquel s'exhalait une forte odeur de parfum. Elle avait, la jeune ouvrière, des petits rires et des mouvements de tête singuliers en dépliant les chemises diaphanes, bordées de dentelles, les petits pantalons coquets, les manchettes, les cols, qui

jetaient dans cette atmosphère chaude un parfum trou-
blant.

Tout à coup, en secouant une chemise, elle fit rouler sur
le parquet un objet brillant; elle le prit et jeta un cr
d'admiration.

C'était une magnifique paire de boutons d'oreilles en
brillants, qui devait représenter une somme considérable.
La jeune femme tenait les diamants dans sa main et les
admirait, les faisait scintiller au soleil :

— Comment cela se trouve-t-il dans le linge ?... Ils seront
tombés, et peut-être les cherche-t-on déjà en accusant tout
le monde... Si on s'en est aperçu, Mme d'Avesnes doit être
dans un joli état.

Aline, un peu troublée, se leva vivement tenant dans sa
main sa trouvaille.

Elle dit :

— Maman va courir les reporter tout de suite.

Mme Charles grimpa rapidement le petit escalier raide,
si rapidement, qu'elle arriva sur le palier, essoufflée, et
dut s'accoter au mur pour reprendre haleine, appuyant sa
main sur sa poitrine pour en contenir les battements.

Il faisait un grand silence, dans la chaleur on n'entendait que le bourdonnement des mouches, tout était comme
étouffé. Aline voulut ouvrir la porte de sa mère; n'y voyant
pas la clef, elle allait frapper — mais s'arrêta tout à coup
— il lui semblait entendre deux voix, parlant doucement,
étrangement... des bruits de baisers; ses beaux sourcils se
froncèrent, qu'était-ce cela ?

Elle se baissa, évitant de faire du bruit, et regarda par le
trou de la serrure. Elle se recula aussitôt, vite, fermant les
yeux comme si ce qu'elle avait vu brûlait son regard, mettant
sa main sur sa bouche pour éteindre le cri qui allait s'en
échapper ; elle s'appuyait au mur, et était comme écrasée ;
sentant que les forces lui manquaient, qu'elle allait tomber,
elle s'accroupit sur les marches ; là, elle était effrayante à
voir, la bouche contractée, l'œil démesurément ouvert, le
regard furieux, il eût été difficile de reconnaître en elle la

gracieuse femme qui, quelques minutes avant, se plaisait à étendre le linge embaumé en fredonnant des refrains grivois. Oui, elle était effrayante à voir, penchant sa tête sur le côté, en tendant l'oreille, et dans le grand silence il semblait que les murs devenaient indiscrets, elle entendait des craquements de meubles, des cris étouffés, des baisers, des noms... Et malgré elle, elle fit :

— Oh ! oh !

Elle se mit encore vivement la main sur la bouche ; mais craignant d'avoir été entendue, ne voulant pas être surprise ainsi, surtout redoutant d'entendre encore à travers la cloison, elle descendit l'escalier sur les genoux pour ne pas faire de bruit. Arrivée au bas, elle écouta, on ne l'avait pas entendue ; elle percevait encore des bruits de baisers ; elle se boucha les oreilles et courut jusqu'au tas de linge, devant lequel elle s'accroupit afin qu'on ne surprît pas ce qu'elle venait de faire. Là elle s'abandonna. Elle était livide, sa poitrine haleta quelques secondes, et avec un sanglot, elle s'écria :

— Oh ! les misérables !

Et elle fondit en larmes, ses pleurs la soulagèrent un peu ; elle s'essuya les yeux et resta quelque temps le regard fixe, ne voyant pas, n'entendant pas, tout occupée par ses pensées et par le tableau qu'elle avait vu.

Un moment, elle entendit marcher au-dessus, puis — comme elle tendait l'oreille et que sa souffrance augmentait la finesse de son ouïe — il lui sembla que des portes s'ouvraient et se fermaient avec précaution.

Elle eut alors une crispation, un mouvement de rage et dit :

— Que dois-je faire ?

Et sans avoir conscience qu'elle parlait haut — mais elle était seule — elle continua :

— Faire du bruit, du scandale, on aura l'air de me plaindre, et, au fond, on se moquera de moi, je serai ridicule ; *eux*, ils continueront. Oh ! ça, jamais... Mais, c'est abominable, ça ! qu'est-ce que je vais faire ?... C'est ma vie, ma vie entière perdue... je ne peux pas revoir cet homme-là... Et il a le droit... puisque je ne les ai pas fait prendre tout à l'heure. J'étais ridicule, mais j'avais le droit de le quitter, et on les condamnait tous les deux... Mais à quoi? à une peine illusoire, au bout de laquelle ils se reverraient... Je ne veux pas ça... *Elle! elle !* surtout! Il faut que je me venge, car c'est monstrueux... la p...!... elle, ma mère! oh!...

Et elle avait des crispations de poing et menaçait, dans le vide, la malheureuse. Elle conclut en disant d'une voix sifflante :

— Oh ! il faut que je brise tout cela!

Passant ses mains sur son front pour écarter ses beaux cheveux qui lui couvraient le visage, dans le mouvement elle sentit les bijoux — elle n'y pensait plus, elle les regarda quelques secondes avec étonnement, ne pouvant se souvenir d'où cela venait... Elle se rappela, et presqu'aussitôt, jetant un cri sourd, elle s'écria machinalement :

— Oh ! oui, je vais me venger, me bien venger, je le tiens maintenant.

Elle entendit du bruit, le pas lourd d'un homme dans le petit escalier. Elle s'apprêta aussitôt à paraître calme ; se regardant dans la glace, composant son visage, elle serra vivement dans une poche les boucles d'oreilles. Son mari descendait l'escalier. Elle avait presque un sourire aux lèvres lorsqu'il parut, et celui-ci gaiement lui dit:

— Quelle tasse de chaleur... je n'en pouvais plus, je me suis étendu une demi-heure sur le lit...

— Je t'ai cherché partout...

— Tu as monté dans la chambre ? demanda-t-il vivement.

— Non, je te cherchais au lavoir.

— J'ai fait un bon somme... Je me lève et je te dis bonjour — et marivaudant il voulut prendre la taille d'Aline et l'embrasser. Elle s'échappa pour dire:

— Non, laisse-moi, tu as chaud, tu sens le lit, pouah ! tu sens la femme.

Et elle dit ça, le regardant fixement et avec son rire singulier. Il était devenu tout rouge, et c'est embarrassé qu'il répondit :

— En voilà des bêtises. Je me suis mis le nez dans du Lubin pour me rafraîchir. Allons voyons, la Brûlé.

Et il voulut la prendre encore ; elle se dégagea.

— Laisse-moi donc, voyons... tu vas nous rendre ridicules. Voici ces dames.

Les ouvrières revenaient, essoufflées, les cols des camisoles déboutonnés, la face rouge, les yeux brillants, s'éventant de leurs mouchoirs. Toutes étaient pourpres ; aussi fut-ce une exclamation générale.

— Oh! Mme Charles, comme vous êtes pâle.

Aline fut gênée de la remarque et dit :

— C'est la chaleur et surtout ce linge tout parfumé qui m'ont indisposée tout à l'heure.

— Et puis moi qui achève...

— Toi qui achèves ? interrogea vivement Aline.

— Oui, en me barbouillant de Lubin.

La jeune femme dit avec intention :

— C'est vrai ; toi aussi tu es cause de ma pâleur...

— Tu vas boire un verre, ça te remettra. Mesdames, tout le linge est porté ; j'ai promis un verre, et je ne mens pas. Je vais à la cave... ça sera frais et te remettra.

La porte de l'escalier s'ouvrit et Mme Marin parut, les yeux brillants, les lèvres rouges, les joues roses, l'air animé enfin, toute vêtue fraîchement de blanc. La grande Julie dit en souriant :

— J'en suis aussi, Charles... C'est moi qui en ai une soif !

Il sembla à sa fille que c'était la première fois qu'elle l'appelait Charles et elle lui dit d'un ton étrange :

— Oui, oui, tu as soif... Je comprends ça !

Le plus simplement du monde, Mme Marin regarda sa fille, de son regard doux, et lui demanda souriante :

— Pourquoi me dis-tu ça ?

Aline fit un effort pour se contenir, et le plus naturellement qu'elle put, elle répondit, montrant le linge :

— C'est toi qui as rapporté ce panier de linge et par ce temps on aurait chaud à moins.

— Ah ! oui, c'est le linge de Mme d'Avesnes, il n'était pas prêt hier, elle l'a préparé, et la concierge m'a donné la clef pour le prendre.

La Sang-Brûlé releva la tête et fixa son regard noir sur sa mère, en répétant :

— C'est la concierge qui t'a donné la clef... et tu as été seule dans l'appartement?...

— Oui, répondit Mme Marin indifférente.

Charles remontait de la cave, portant un litre sous chaque bras, riant bruyamment, parlant fort, faisant de vains efforts pour paraître gai, mais au fond, inquiet, trouvant un changement dans les façons, dans les allures de sa femme, et n'osant cependant lui en demander franchement la raison.

Il plaça les litres sur la table à repasser, alla chercher les verres et les emplit. Les blanchisseuses avaient pris chacune le leur.

— A la santé ! cria Charles...

— Eh bien et la patronne ! demanda une des ouvrières.

On regarda. Aline n'était plus là. Mme Marin dit :

— Aline, elle vient de monter dans sa chambre...

— Ah ! voici madame.

Aline reparaissait, elle descendait de chez elle, et s'était coiffée d'un bonnet blanc.

— On te cherchait, fit Charles, pour trinquer, et il lui tendit son verre.

Aline le repoussa en disant :

— Merci, je n'ai pas soif... J'attendais que vous soyez rentrés pour aller faire une course.

— En voilà une bonne, tu ne peux pas boire un verre avec tout le monde, quand c'est toi qui l'as offert. C'est toi qui leur as dit: Il fait chaud, finissons-en vivement, et Charles nous régalera après.

— Mais oui, madame.

— Au fait, vous avez raison… pourquoi ne boirais-je pas?

Elle était si singulière en prenant son verre et en trinquant, que les ouvrières se regardaient entre elles, s'interrogeant sur les allures de leur jeune patronne.

— A vos santés, cria-t-elle, trinquant, mais évitant de choquer son verre à celui de sa mère, et ayant bu, s'étant essuyé les lèvres, elle dit :

— Je reviens tout de suite, à tout à l'heure.

Elle sortit. La grande Julie se pencha à l'oreille de son gendre et lui dit :

— Eh bien! qu'est-ce qu'elle a donc ta femme ?

Les ouvrières, étonnées, se demandaient également :

— Est-elle drôle, la patronne ! Qu'est-ce qu'elle a donc ?

Charles cligna de l'œil, en répondant à sa belle-mère, pour la rassurer :

— Elle n'a rien… ses nerfs — elle est furieuse après moi, parce que j'ai fait un somme pendant qu'elle travaillait.

C'est rien m'an Julie, vous inquiétez pas, ça séchera!

La journée de travail était terminée, c'était l'habitude, chaque semaine, après avoir *échangé* le linge on le portait à la lessive ; la fin de la journée se trouvait perdue, les ouvrières, ce jour-là, avaient l'habitude de faire leurs petits raccommodages en attendant l'heure du repas. Mais, il semblait que le beau Charles Goduret avait la fièvre, il s'écria :

— Dites donc, mesdames, nous n'allons pas en rester là; en attendant le dîner, il faut renouveler les consommations…

Un cri unanime d'approbation lui répondit. On décida qu'on allait faire des saladiers de vin sucré à la glace. Deux ouvrières sortirent acheter des citrons, du sucre, de la glace, et une heure après la Sang-Brûlé, entrant dans la cour, voyait les gamins de la maison appliquer leurs museaux sur les vitres de l'atelier.

Elle entra chez elle un peu inquiète, et vit tout autour

de la grande table couverte de verres et de saladiers de vin, les ouvrières, sa mère et son mari. On chantait chacun « la sienne », à tour de rôle...

Mon Dieu, la petite fête n'était pas nouvelle, c'était souvent ainsi que se terminait ce jour du triage de linge. Cependant Aline eut un mouvement de rage et de colère devant cette gaieté, et Charles dut lui dire :

— Eh bien ! qu'est-ce que tu as donc?... On t'attend, voilà ta place, nous nous impatientions de ne pas te voir.

Et il montrait une chaise inoccupée à sa gauche ; à sa droite se trouvait sa belle-mère, l'œil brillant, le rire aux lèvres, encore tout animée par la gaudriole qu'elle venait de chanter.

C'est d'une voix étrange que la Sang-Brûlé répondit à son mari :

— Moi, je n'ai rien... on dirait un lendemain de noces en vous voyant ainsi... toi et maman, le mari et la mariée.

— Ah, ah, ah, fit Charles, devenu tout rouge, et riant fort pour échapper au regard singulier que sa femme fixait sur lui. Toutes les ouvrières riaient de bon cœur. Mme Marin, la grande Julie, s'était tournée pour boire et n'en finissait pas de vider son verre. Aline alla prendre sa place et dit :

— Allons, allons, continuez, je ne suis pas un trouble-fête ; à qui le tour de chanter?...

On ne répondait pas.

— Maman, chante, toi...

— Je viens de chanter...

— Et Charles...

— Ah ! monsieur Charles, dirent les ouvrières, il n'a pas arrêté, et de drôles...

— Ah ! fit-elle en le regardant.

Sous ce regard, il dit, embarrassé :

— Faut bien rire un peu... On en dit plus qu'on en fait

— Allons, mesdames, chantez, dit fièvreusement la Sang-Brûlé.

La fête continua.

II

UN DINER TROUBLÉ

La mauvaise impression qu'avait faite l'entrée de la Sang-Brûlé s'était vite effacée. Peu à peu la jeune patronne avait paru s'animer, et enfin c'était elle qui était devenue, sinon la plus gaie, la plus bruyante, riant, chantant et buvant, buvant surtout, à ce point que Charles l'avait regardée avec inquiétude en disant :

— Dis donc, Brûlé, je ne t'ai jamais vue comme ça ?

— Bah ! t'en verras bien d'autres.

— Tu bois comme un sonneur et ne chantes que des chansons de caserne...

— Faut bien rire, répondit la Sang-Brûlé, faut bien rire, comme tu disais, mon homme.

En somme, la journée se passa gaiement; pendant qu'on chantait, une ouvrière et l'apprentie soignaient le dîner, qui cuisait sur une des mécaniques. On ne quitta la table que pour y dresser le couvert, et le dîner se ressentit de la petite partie qui l'avait précédé ; toutes ces dames étaient animées, parlant haut et salé, riant bruyamment. Celle qui paraissait la plus gaie, qui ne tarissait pas de joyeux propos, qui ne cessait de parler que pour rire, c'était Aline. Un observateur aurait bien trouvé cett gaieté un peu factice, mais on ne s'observait guère, on ne s'écoutait même plus : on riait de bonne foi et de bon cœur.

Charles, en bras de chemise, en pantoufles, ayant bien dîné, s'étendait, heureux, sur sa chaise... Les ouvrières avaient fermé les volets de l'atelier, et, se sachant chez elles, se mettaient à leur aise, aucunement gênées par la présence du patron. Il faisait effroyablement chaud, et personne ne paraissait s'en apercevoir, tous se trouvant à l'aise dans cette atmosphère lourde. C'était le moment de béatitude qui finit le dîner, on préparait le café. Des ouvrières contaient des histoires qui les faisaient rire bruyamment. Charles bourrait sa pipe. La Sang-Brûlé parlait à l'une, à l'autre, sans suite, riant toujours ; elle avait des mouvements fébriles qu'elle ne pouvait réprimer, et son mari lui avait dit :

— Es-tu nerveuse, ce soir.

— Non, non, je suis gaie ! Faut bien rire !

Un coup sec frappé sur la porte fit taire les rires et les bavardages.

La Sang-Brûlé s'était dressée aussitôt : son visage s'était transformé, elle était devenue très pâle et ses lèvres crispées tremblaient.

Une des ouvrières demanda négligemment :

— Qui est là ?

Une voix répondit :

— Au nom de la loi, ouvrez.

Il y eut un cri de surprise et d'effroi, et un mouvement de recul autour de la table.

Seule, la Sang-Brûlé ne bougeait pas, elle restait droite, immobile.

Tout bouleversé, Charles Goduret avait posé sa pipe sur la table, et s'était levé en disant :

— C'est une blague... On se trompe.

Mais déjà une ouvrière avait ouvert la porte.

Le commissaire, suivi de quelques agents, était entré.

Charles dit :

—Monsieur le commissaire, vous devez vous tromper

— Je ne crois pas, monsieur. Je suis bien ici che
M. Charles Goduret ?

— Oui, monsieur, fit le blanchisseur devenu tout pâle
et tremblant... C'est moi que vous cherchez...

— Non, monsieur, mais la personne que je cherche es
chez vous.

— Ah !

Il y eut un instant de silence ; les ouvrières s'observaient
entre elles, Mme Marin les regardait toutes avec étonnement. Aline ne quittait pas du regard le commissaire.

— Je viens chercher Mme veuve Marin, dite la Grande
Julie...

Il y eut un moment de stupéfaction, pendant lequel
Mme veuve Marin, presque défaillante, jeta un regard
suppliant à sa fille et à son gendre, à ce point terrifiée
qu'elle remuait les lèvres sans pouvoir dire un mot.

Dans ce silence, ce fut la Sang-Brûlé qui désignant la
grande Julie :

— Ma mère ! c'est ma mère que vous cherchez ? la voici,
monsieur le commissaire.

En entendant sa fille, Mme Martin se recula épouvantée,
gémissant :

— Mon Dieu qu'est-ce que j'ai fait ?

Charles, tout tremblant d'émotion, demanda :

— Monsieur le commissaire, il doit y avoir erreur...
M'an Marin est la meilleure, la plus pure des femmes..

Il regarda sa femme et s'arrêta, elle riait en levant
les épaules ; il reprit cependant :

— De quoi l'accuse-t-on ?

— De vol, monsieur... et pendant que les agents vont
rester près d'elle, ici, je vous prie de vouloir bien me conduire à sa chambre...

— Oh ! c'est une erreur... c'est une erreur, répétait
Charles affolé, et, ayant pris une bougie, il dit au commissaire et à un des agents :

— Voulez-vous me suivre, messieurs ?

Il était comme hébété, le malheureux garçon, — et ce qui se passait était bien inexplicable. Sa belle-mère une voleuse, cela était impossible. Il dut s'appuyer au mur pour monter l'escalier.

En arrivant devant la chambre, le commissaire demanda :

— C'est ici que demeure madame Marin ?

— Oui monsieur, c'est sa chambre.

— Veuillez la faire monter...

Charles ne se sentit pas la force de redescendre. Il cria dans l'escalier :

— M'an Julie ! montez donc.

On entendit le bruit des chaises qu'on remuait, puis le pas lourd de la malheureuse femme que l'agent soutenait dans l'escalier. Quand elle parut, échevelée, livide, dans l'encadrement de la porte, Charles se précipita au devant d'elle en disant :

— Voyons m'an, faut pas pleurer... faut pas perdre la tête ; on sait bien que vous n'êtes pas une voleuse... c'est une erreur qui va se reconnaître ; répondez clairement à M. le commissaire.

Elle ne répondit pas. La grande Julie paraissait complètement abrutie.

Le commissaire fit un signe aux agents, leur ordonnant de dégager la belle-mère de son gendre, et celui qui conduisait la grande Julie alla lui prendre le bras pour l'amener au milieu de la chambre. Là, il lui demanda :

— Madame, vous avez des bijoux ?

— Oui, monsieur, balbutia-t-elle en hochant la tête.

— Où les rangez-vous ordinairement ?

— Dans une boîte... là dans le premier tiroir... de la commode.

Le commissaire alla ouvrir le tiroir, prit le coffre et l'ouvrit, en tira aussitôt une paire de boucles d'oreilles en brillant...

— Ces bijoux sont à vous, madame ?

— Mais où avez-vous pris ça... ils ne sont pas à moi, s'écria la grande Julie en se redressant étourdie.

Elle regardait avec étonnement ceux qui l'entouraient, non plus effrayée, mais surprise. C'est que la solution la plus logique du monde se présentait à son cerveau troublé. Le commissaire disant d'un air ironique :

— Ah ! ces boucles d'oreilles ne sont pas à vous ?

— Mais non, monsieur ; et si c'est pour ça qu'on fait tout ce bruit, c'est bien simple, vous avez ce que vous cherchez. Si on les réclame, je vous déclare que je ne les ai jamais vues. Vous voilà donc tranquille.

Le beau Charles regardait sa belle-mère avec stupéfaction, et paraissait, dans ce qu'elle venait de déclarer, voir le commencement d'un aveu.

Le commissaire avait fait un signe à l'un des hommes qui le suivaient, et celui-ci s'était aussitôt installé devant la commode, il avait déplié la serviette qu'il tenait sous le bras, sorti de sa poche un encrier de corne et s'était mis à écrire.

— Ainsi, madame Marin, vous trouvez tout naturel que dans le petit coffre où vous serrez vos bijoux, nous trouvions les boucles d'oreilles que nous cherchons ?

La grande Julie, comme hébétée, regardait le commissaire et son gendre, paraissant ne pas comprendre ce qu'on lui demandait. Le premier continua :

— Personne ne fouille dans votre commode que vous, personne ?

— Non, monsieur.

— C'est donc vous qui avez placé là les bijoux...

— Moi ?... mais non monsieur... J'ai été bouleversée d'abord quand vous m'avez dit que vous veniez m'arrêter comme voleuse... En vous voyant trouver ce que vous cherchiez, j'ai pensé : Enfin, on va me laisser tranquille... Maintenant, vous me demandez des explications sur une chose qui m'abrutit... Mes bijoux, vous les voyez. Ils sont loin d'être de la valeur de ceux-là... Mais ceux-là, je n'oserais pas les porter. Je n'en ai donc pas besoin.

Comment se trouvent-ils là? Je n'y comprends absolument rien. Hier, dimanche, j'avais mis tous mes bijoux... Ce matin, pour travailler, remuer le linge, j'avais tout retiré, j'ai rangé mon coffret et n'ai pas vu... Vous entendez, ce matin même... je n'ai pas vu les boucles d'oreilles que vous me montrez.

Le commissaire regardait la grande Julie avec un air de pitié. Charles était consterné.

— Ainsi, madame, vous prétendez que vous ne savez comment ces bijoux se trouvent chez vous?

— Absolument, monsieur.

— Ces boucles d'oreilles ne vous appartiennent pas, et on les a mis dans vos bijoux?

— Si stupide que cela paraisse, monsieur, ce doit être puisque ce n'est pas moi qui les ai apportées... Je ne suis pas une voleuse... fit-elle avec énergie, et si je volais, je ne serais pas assez bête pour mettre avec les miens des bijoux si reconnaissables.

Commissaire et agents parurent dire :

— Il faut reconnaître que c'est peu adroit.

Et le commissaire ajouta tout haut :

— On n'a quelquefois pas le temps de cacher... et on espère avoir quelques heures.

— Monsieur le commissaire, demandez à toutes mes camarades... la grande Julie peut avoir des défauts, mais ce n'est pas une voleuse.

L'accent de la blanchisseuse fut tel que le commissaire de police la regarda plusieurs fois avec attention.

Aline était montée et restait dans l'encadrement de la porte ; le commissaire la vit, et il demanda encore :

— Voyons, madame, avant d'aller plus loin, puisque vous ne connaissez pas ces bijoux, et que, vous l'avez vu, je les ai trouvés parmi les vôtres, quelle explication pouvez-vous nous en donner ?

— Mais, est-ce que je sais, moi !

— Vous seule montez ici...

— Oui, monsieur.

— Vous ne recevez jamais personne chez vous ?

Le Sang-Brûlé avait un air singulier en regardant sa mère et son mari et en disant à la première :

— Mais, maman, réponds donc... As-tu reçu quelqu'un chez toi aujourd'hui ?...

Charles était visiblement inquiet et troublé ; la grande Julie dit tout naturellement :

Je ne reçois chez moi, monsieur, que mes enfants : ma fille et son mari. Il ne faut donc pas chercher de ce côté. C'est inexplicable... Mais cela n'est pas suffisant pour m'accuser, moi. Dieu merci, on me connaît ; je suis une honnête femme, et je ne suis pas une voleuse.

Le Sang-Brûlé, en entendant sa mère dire qu'elle était une honnête femme, avait eu un mouvement tel que le commissaire s'était aussitôt tourné vers elle.

— Que dites-vous, madame ?

— Rien du tout, monsieur le commissaire.

C'était un bon homme que ce commissaire, qui doutait de la culpabilité de la grande Julie ; ses étonnements, ses airs bouleversés, lui avaient parus sincères ; et il ne demandait qu'une explication.

— Voyons, fit-il, voici les faits. Madame Marin, c'est vous qui avez été chez madame d'Avesnes.

— C'est cette p...

— Taisez-vous... et bornez-vous à me répondre.

La grande Julie avait des éclairs dans les yeux ; c'était la d'Avesne qui l'accusait, cette cocotte !! Oh ! le commissaire ayant arrêté l'injure sur ses lèvres était plus sévère, il fallait s'observer. Tout le monde était attentif : les agents, Charles et madame veuve Marin ; seule, la Sang-Brûlé, accoudée sur la porte et la tête dans sa main, paraissait indifférente à ce qui se passait. Le commissaire reprit :

— Madame, c'est vous qui avez été chercher et reporter le linge chez Mᵐᵉ d'Avesne ?

— Oui, monsieur. J'avais laissé le linge, on ne la trouve

jamais, il faudrait y aller la nuit... et elle ne vous recevrait pas parce qu'elle aurait du monde.

— Vous êtes mal avec elle?

— Pas du tout... mais elle m'accuse, moi!

— Ah! vous savez que c'est elle qui vous accuse?

— C'est vous qui venez de me le dire.

— Je ne vous ai pas dit cela.

Charles, qui se trémoussait, s'écria :

— Faites donc attention à ce que vous dites, m'an..

— Taisez-vous, monsieur, ou je vous fais sortir, fit sèchement le commissaire. Puis, s'adressant à la grande Julie : On vous avait fait dire de revenir ce matin, vous êtes venue et la concierge vous a remis la clef de l'appartement?

— Oui, monsieur; mais ce n'est pas la première fois que ça arrive, j'y suis habituée. La concierge m'a dit : M'ame Julie — car elle me connaît aussi, celle-là, et vous pouvez lui demander des renseignements sur moi — on a préparé le linge, vous le trouverez dans le cabinet de toilette. J'ai pris la clef, en entrant dans l'appartement j'ai pris le linge, qui était en tas, pas même en paquet, et je l'ai mis dans mon panier. Je suis sortie aussitôt et j'ai apporté le linge ici

— C'est tout?

— C'est tout, monsieur.

— Mme d'Avesne est rentrée deux heures après vous... et s'étant aperçue aussitôt que les brillants qu'elle avait préparés pour les mettre, et qu'elle avait oubliés sur la cheminée n'étaient plus là, a déposé une plainte... Une seule personne ayant été chez elle, c'est cette personne qui devait avoir pris les brillants. Nous venons aussitôt chez vous et nous les trouvons dans votre boîte à bijoux... Quelle explication avez-vous à nous donner?

La conclusion épouvanta la grande Julie, qui, fondant en larmes, s'écria :

— Oh! je vous en prie, monsieur, ne m'arrêtez pas... je ne suis pas une voleuse.

Et Charles, qui frappait sur ses genoux, exclamait :

— Non, non, ça c'est épatant .. mais, ça n'est pas une voleuse.

— En revenant ici, demanda le commissaire, madame, qu'avez-vous fait ?...

La Sang-Brûlé se redressa et regarda sa mère, qui baissa la tête, embarrassée...

— Monsieur, j'ai vidé mon panier de linge dans l'atelier.

— Y avait-il quelqu'un qui vous ait vue ?...

— Mais... mais non, dit Mme Marin, toute rougissante.

Aline s'avança d'un pas et dit avec le plus grand calme :

— Remets-toi donc, maman... Nous n'avons pas laissé la maison seule.

Et se tournant vers son mari :

— Tu laisses accuser maman, toi... Réponds donc, tu étais là, toi...

— Ah ! fit le commissaire. Vous étiez là quand Mme Marin est revenue ?

— Oui, monsieur le commissaire, fit Charles, balbutiant et gêné, surtout par le regard de sa femme toujours fixé sur lui, oui, c'est vrai, j'étais là...

— Vous l'avez vue rapporter le linge ?...

— Ah ! non... j'étais là et je n'y étais pas, j'étais dans la chambre...

— L'avez-vous vue, en arrivant ici, monter chez elle et cacher les bijoux ?...

— Non, non, ça, je vous le jure, elle n'a pas caché de bijoux.

C'est la Sang-Brûlé, qui demanda alors à son mari :

— Mais maman a monté dans sa chambre, tu es allé avec elle.

Charles devint pourpre et il répondit vite :

— Mais non... je n'ai pas dit cela... je ne dis pas cela.

Je n'ai rien vu, j'étais dans ma chambre, et j'ai entendu qu'elle entrait chez elle.

— Personne, en somme, n'a vu revenir Mme Marin?...

Il y eut un silence pendant lequel la grande Julie cherchait vainement à contenir ses sanglots, pendant que Charles baissait la tête. Ce fut la Sang-Brûlé qui répondit d'une voix sèche :

— Je revenais du lavoir, ma mère était arrivée ; au lieu de préparer le linge, ce qu'elle fait habituellement, elle l'avait jeté au milieu de l'atelier, et elle était montée dans sa chambre.

Mais devant l'attitude menaçante et inexplicable de sa fille, toute décontenancée, la grande Julie ne pouvait s'expliquer le résultat de la perquisition faite chez elle. Depuis son retour à la maison, elle était montée dans sa chambre, et, après, elle était redescendue dans l'atelier, qu'elle n'avait pas quitté ; on ne pouvait entrer chez elle sans qu'elle le vît. Elle était certaine que le matin même les boucles d'oreilles n'étaient pas dans son coffret. Par quel miracle se trouvaient-elles là. C'était à perdre la tête, et la grande Julie se mit à pleurer.

— Il ne faut pas pleurer, dit la Sang-Brûlé. Tu n'avais pas l'habitude de monter chez toi dans la journée ; dis à M. le commissaire la raison qui t'y a fait monter aujourd'hui.

— Moi, moi... balbutia la grande Julie en sanglotant, et cherchant du courage dans le regard de Goduret, qui détournait la tête.

Charles commençait à être inquiet ; il trouvait que sa femme faisait toujours singulièrement les questions, et il se souvenait de l'étrange façon dont elle l'avait accueilli lorsqu'il était descendu de sa chambre, et de l'allure bizarre qu'elle avait depuis ce moment. Il fallait faire attention ; c'était assez de ce qui se passait, sans y ajouter autre chose. Il eut un tressaillement, quand le commissaire, ayant dit :

— Oui, madame, que montiez-vous faire chez vous, ce

qui ne vous arrivait habituellement pas?... Et vous y êtes demeurée quelque temps.

— Moi, monsieur. J'étais en nage; je suis montée pour changer de linge.

— Mais votre travail n'était pas terminé... Est-ce que l'on vous a appelée?

La Sang-Brûlé continua :

— Tu comprends, il ne faut pas hésiter... Étais-tu seule?... Il faut tout dire...

— Oh! oh! fit la grande Julie, cachant sa tête dans ses mains, fondant en larmes, pouvez-vous me demander cela...

— Quoi de plus naturel, au fond... tu étais seule ici... tu pouvais faire ce que tu voulais, et il suffirait de quelqu'un qui t'ait vue et déclare que tu es montée pour te revêtir, que tu n'as pas ouvert ta commode...

— Aline, tu sais bien que je ne reçois personne, dit la grande Julie, en cherchant à éviter ses regards.

Charles, tout à fait embarrassé par la tournure que prenaient les questions, avait essayé de regagner la porte; mais il s'était trouvé devant sa femme, qui lui avait dit à mi-voix :

— Comment, maman perd la tête, ne sait que répondre, et tu veux t'en aller... mais tu la crois donc coupable?

— Oh non! avait répondu Charles, baissant les yeux.

La Sang-Brûlé se plaisait à tourmenter ceux qui l'avaient trompée, et elle continua pendant que le commissaire relisait ce qu'avait écrit le greffier :

— Quoi d'étonnant à ce que tu aies reçu quelqu'un dans ta chambre... Charles était là... il aurait pu venir te parler, il pourrait déclarer ce que tu as fait.

Charles ne savait quelle contenance tenir, d'autant qu'il y avait dans le ton de sa femme un accent si bizarre; aussi fut-il heureux de ce qu'il redoutait d'abord, d'entendre le commissaire dire :

— Madame, veuillez vous disposer à nous suivre...

Goduret, en entendant les sanglots déchirants de sa belle-mère, se mit à pleurer ; la malheureuse femme, folle de désespoir, s'écriait :

— Monsieur le commissaire, je vous jure que je ne suis pas une voleuse, laissez-moi libre, faites-moi appeler, j'irai vous répondre, je vous aiderai à chercher le coupable, mais, je vous en supplie, ne m'arrêtez pas... Je ne suis pas une voleuse ; ce soir je suis comme folle, et n'ai plus ma raison ; je ne puis me défendre, mais je suis innocente, allez... Ma vie est celle d'une travailleuse, je n'ai jamais volé... Oh ! monsieur le commissaire... demandez à mes enfants.

— Mais vos enfants sont comme vous, madame, ils sont écrasés par les faits... auxquels vous ne pouvez opposer de dénégation.

— Mais, maman, dis donc ce que tu as fait dans ta chambre pendant plus d'une heure.

Il y eut une minute d'angoisse pour Charles Goduret. La grande Julie, agacée par les phrases perfides de sa fille, se redressait en se disant après tout que mieux valait dire la vérité que passer pour une voleuse ; mais le mot s'arrêta sur ses lèvres ; elle pensa fort justement que cela n'expliquerait pas la trouvaille faite chez elle... Elle se laissa retomber sur sa chaise en gémissant :

— Mais, je l'ai dit, et je n'ai rien de plus à dire.

Le beau Charles, livide, tremblait de tous ses membres ; craignant que semblable scène se renouvelât, il dit :

— Mais, Julie, vos enfants sont là, ils savent bien que vous n'êtes pas une voleuse ; demain, tout s'éclaircira, et vous serez libre... D'abord, je me charge de voir Mme d'Avesne, moi...

— Oh ! mon Dieu ! mon Dieu ! est-ce possible, disait la grande Julie.

Et elle ajoutait plus bas, mais sa fille l'entendit :

— C'est le châtiment... Mon Dieu, passer à travers le monde, dans la rue...

— A cette heure-ci, il n'y a personne...

— Madame, nous avons une voiture en bas... Allons, venez.

La grande Julie se leva et embrassa son gendre en lui disant :

— Oh ! ne m'abandonnez pas.

Elle chercha sa fille pour l'embrasser à son tour ; mais celle-ci s'était reculée. Sans force, presque défaillante, la pauvre blanchisseuse s'appuyait au bras de son gendre et d'un agent. On la conduisit jusqu'à la voiture qui attendait dans la cour.

Lorsque la grande Julie passa dans l'atelier, toutes les ouvrières en larmes l'embrassèrent en lui disant :

— Au revoir, m'amé Julie... on vous connaît... on sait bien que c'est une erreur.

Le commissaire avait pris les clefs de la porte de la chambre de celle qu'il venait d'arrêter, recommandant à Aline et à son mari de considérer la chambre comme si les scellés y étaient apposés. Quand le fiacre s'éloigna, Charles rentra, les joues toutes mouillées de larmes ; il chercha sa femme du regard et une des ouvrières lui dit :

— Madame nous a dit de partir, et elle est montée dans sa chambre.

— Sa pauvre mère la cherchait pour l'embrasser.

— Ça aurait fait une scène déchirante ; il vaut mieux qu'elle soit partie tout de suite.

Le pauvre garçon tomba comme accablé sur une chaise et les coudes sur ses genoux, la tête dans ses mains, il se mit à sangloter. Les ouvrières se hâtaient de partir, émues par cette douleur sincère ; une à une, les blanchisseuses sortirent de l'atelier. Au bout d'une grande demi-heure, relevant la tête, Charles fut étonné de se trouver tout seul ; il essuya ses yeux du revers de sa manche, achevant tout haut sa pensée :

— Il faudra bien que ça s'explique... Car c'est pas elle qui a apporté ça chez nous... demain je verrai...

Il se leva, alla fermer la boutique, et, ayant fait une rapide inspection de l'atelier, il prit un des verres pleins restés sur la table, le vida d'un trait, s'essuya la bouche du revers de la main, éteignit le gaz et se dirigea chez lui.

— Qu'est-ce qu'elle va me dire ? Elle a été joliment drôle dans toute cette affaire-là... Au fond, je l'ai toujours dit, elle est jalouse de sa mère, cette petite-là... Elle est en train de pleurer là-haut...

Il montait l'escalier, et malgré il lui avait une certaine appréhension à se trouver seul avec sa femme... Il était absolument convaincu que sa femme ignorait ses relations avec la grande Julie. Mais l'affection qu'il montrait pour elle lui était désagréable... Charles pensait que ce jour, en raison de la catastrophe, la tendresse qu'il avait pu montrer s'expliquait tout naturellement et que sa femme ne lui dirait rien. Il entra dans la chambre et Aline le reçut en lui disant :

— Ah ! te voilà enfin... A nous deux maintenant.

Charles, qui avait fermé la porte derrière lui, restait un peu bouleversé de l'accueil. La jeune femme l'attendait ; depuis qu'elle était montée dans sa chambre elle n'avait rien préparé pour la nuit ; elle était encore dans le costume qu'elle avait revêtu lorsqu'elle était sortie dans la journée. C'est intentionnellement assurément qu'elle n'avait pas préparé le lit pour le coucher, ainsi qu'elle le faisait chaque soir.

— Oui, à nous deux. Qu'est-ce que tu as ce soir ? Je ne te reconnais pas.

— Il y a de quoi... Des affaires comme cela vous vieillissent vite... ça vous change.

— Voyons, fit Charles, nous sommes seuls, nous pouvons parler sérieusement... Tu sais bien que ta mère n'est pas coupable ?

— Certainement, fit Aline avec un sourire méchant.

— Eh bien, tu semblais plutôt prête à l'accuser qu'à la défendre.

— Vraiment, continua ironiquement la Sang-Brûlé.

Charles la regardait tout décontenancé. Il reprit :

— Tout cela est inexplicable ; il y a là-dedans une méchanceté ; on a préparé tout ça, et on a dénoncé la pauvre m'an Julie.

— Assurément, il y a des gens qui doivent bien lui en vouloir.

Charles était de plus en plus gêné par le ton et l'allure de sa femme ; il aurait voulu clore là l'entretien, remettant au lendemain les recherches ; il dit encore :

— Demain, quand nous nous serons un peu reposés, nous verrons plus clair là-dedans.

— Mais c'est bien simple cependant, tu n'as pas à attendre à demain pour ça. Il est évident que quelqu'un est venu mettre dans les bijoux de maman la paire de boucles d'oreilles de la d'Avesne, il n'y a pas à chercher de tour d'escamoteur. Tu étais chez m'an... ou tout près, tu dois savoir qui est venu ?

— Je ne comprends pas ce que tu veux dire.

— Eh bien ! tu vas me comprendre, fit tout à coup la Sang-Brûlé, croisant ses bras et venant se placer en face de Charles, en fixant sur lui son regard ardent :

— Les bijoux de Mme d'Avesne, je les ai trouvés dans son linge, que maman a rapporté...

— Ah ! c'est ça... ils seront tombés...

— C'est moi qui tantôt ai caché dans le coffret de maman les boucles d'oreilles.

— Toi ! exclama Charles stupéfait.

Aline interrompit :

— C'est moi qui ai fait dire à Mme d'Avesne qu'une ouvrière de chez moi avait fait estimer les diamants ; c'est moi qui ai dénoncé ma mère au commissaire de police.

— Oh ! mais, c'est abominable ! mais tu deviens folle !

— J'ai cru un instant que j'allais le devenir.

— Mais qu'est-ce qui te dirige dans ces infamies ?...

A cette question, la Sang-Brûlé regarda son mari avec mépris, et, lentement, elle lui dit :

— Ce qui me dirige, tu le sais bien, saligaud.

Charles s'était un peu reculé ; d'abord rougissant, il était devenu très pâle lorsque ayant dit pour parler :

— Que veux-tu dire ?

— Je veux dire que tu es le dernier des misérables !... Que tu es l'amant de ma mère !...

— Oh ! protesta Charles, tout balbutiant, c'est une nouvelle calomnie. C'est faux ! c'est faux !

— Mais, ne mens donc pas, hypocrite... Regarde-toi dans une glace, ton visage est un aveu.

— C'est abominable !... c'est indigne, de dire des choses semblables !... Ta mère !... moi, aimer ta mère ! Comment peux-tu croire les gens qui te racontent de pareilles choses ?

— Tais-toi, tu me fais honte...

— Mais, tonnerre de Dieu ! Aline, tu peux bien m'écouter... Je te défie de me mettre en présence de ceux qui t'ont raconté cela, et je l'exige, entends-tu ? On ne joue pas ainsi de la jalousie d'une femme pour briser un ménage... pour compromettre une brave femme, que tu déshonores... Mais c'est effrayant, les crimes dont tu l'accuses ; voleuse, incestueuse !... Eh bien ! sur ce que j'ai de plus sacré, elle était mon amante comme elle est voleuse.

La Sang-Brûlé haussait les épaules.

— Aline, j'exige que ce soir, le nom des misérables qui t'ont raconté ça...

La Sang-Brûlé, comme se parlant à elle-même et regardant avec pitié son mari, disait :

— Quand on pense que je l'aimais, que je croyais en lui... Hypocrite !

— Il est facile d'accuser quelqu'un... mais il faut prouver. Je veux que tu me dises le nom de ceux qui t'ont raconté cette infamie.

— Tu le veux... Écoute.

Il y eut un silence d'une longue minute, pendant lequel Charles avait retrouvé toute son audace. On l'avait peut-être surpris avec sa belle-mère ; mais, devant ses dénégations révoltées, qui oserait soutenir?... Il était surtout tranquille sur le sort de la grande Julie ; dès le lendemain on irait tout expliquer et elle serait libre. C'était une scène pour le soir, une bonne nuit en effacerait le souvenir. Il se réservait de secouer d'importance ceux qui étaient venus raconter la chose à sa femme, se disant, assez justement, que ceux-là étaient leurs ennemis, soit qu'ils aient eu l'intention de dire une vérité ou une calomnie ; dans les deux cas, ils ne pouvaient que faire du mal. Il était tout à fait rassuré en disant :

— Eh bien ! je t'attends, je t'écoute.

— Tantôt, je travaillais pendant que tu te reposais ; en revenant du lavoir, voyant le linge que ma mère avait jeté dans l'atelier, je me mis à le trier, et je trouvai les boucles d'oreilles accrochées aux dentelles d'une chemise...

— Pardi ! elles étaient tombées d'un meuble sur le linge.

— Je les regardais et trouvais ma mère bien imprudente de n'avoir pas, ainsi qu'elle le faisait toujours, trié le linge en l'apportant... elle était trop pressée tantôt... et pensant que si l'on s'apercevait de la disparition de ces bijoux, on ne manquerait pas de nous accuser, je me dis : Il faut que maman aille les reporter tout de suite, et je grimpai vivement l'escalier... là...

A mesure que la Sang-Brûlé parlait, le regard fixé sur son mari, celui-ci tout tremblant, les traits décomposés, se reculait.

— Là, étouffant, suffoquée, je m'appuyai près de la porte, et j'entendis des bruits de baisers, des phrases odieuses... j'étais révoltée de penser que ma mère avait amené un homme chez moi... C'était abominable cela... et j'allais entrer, mais la clef n'était pas sur la porte ; alors, je me baissai, et regardant par le trou de la serrure, je reconnus l'homme que ma mère avait pour amant. Mens donc encore, misérable, va !...

Il y avait presque des sanglots dans le dernier mot mais la jeune femme réagit aussitôt.

Charles s'était réfugié dans l'angle de la commode, tournant le dos à Aline, n'osant supporter son regard ; la tête baissée, il promenait bêtement son doigt sur le marbre, sans savoir ce qu'il faisait.

— Oh ! fit Aline en cachant vivement son visage dans ses mains comme pour échapper à une vision... Oh ! ce que je vis là... oh ! ça me revient sans cesse.

Il y eut encore un silence, au bout duquel la Sang-Brûlé dit :

— Je suis redescendue à l'atelier pour vous guetter, cherchant comment je pourrais me venger de vous deux. Tu vois ce que je fais pour elle... On la condamnera comme voleuse, et, par la prison, je la sépare de toi.

C'est seulement en entendant cette phrase que Charles comprit bien ce qui se passait. Il lui suffit de jeter un regard en dessous sur sa femme pour s'assurer que son plan était absolu. Honteux de sa faiblesse, il voulut réagir, et dit :

— On ne peut pas laisser condamner une honnête femme pour un crime dont elle est innocente.

La Sang-Brûlé tressauta, et, vivement, l'œil enflammé, elle s'écria :

— Une honnête femme ! ma mère, une honnête femme ! ah ! ah ! mais tu te considères donc comme un honnête homme, toi ?... Vous n'êtes que deux monstres... Moi, je suis une honnête femme... moi, je n'ai été qu'une honnête fille ; toujours travaillant, quand mon père, qui s'amusait, mangeait tout chez nous, j'aidais ma mère à soutenir la maison. J'ai été bien misérable, et jamais je n'ai pensé à avoir rien autrement que par mon travail. Vous m'appelez tous la Sang-Brûlé, parce que ma nature est plus ardente que celle des autres, pourtant j'étais mal conseillée, et j'ai résisté à tout... entends-tu ?... Moi, je suis une honnête femme. J'adorais ma mère, que j'avais vue toujours au travail, menant la triste vie de la femme mariée à un homme qui boit... ne sachant jamais si, le soir, le repas ne finirait pas par une volée... je la croyais, la malheureuse, la plus pure des femmes. Lorsque je me suis mariée, je n'ai pas voulu la laisser seule, je l'emmenais avec nous, c'était une amie, un conseil... En ma mère, j'avais toute confiance comme en toi... Et voilà comme vous m'avez récompensée... et depuis combien de temps cela dure-t-il?... Est-ce que je le sais, moi?... Peut-être de la veille de notre mariage.

— Ah ! protesta Charles... non...

— Tais-toi, tais-toi, je ne veux rien savoir... Je vous hais autant que je vous ai aimés tous les deux... Si j'avais eu du courage, je vous aurais attendus avec un couteau et je vous aurais tués... Mais vous n'y perdrez pas, je serai plus cruelle... ma mère sera jugée et condamnée comme voleuse...

— Ah ! ça n'est pas encore fait, essaya de dire Charles.

— Que feras-tu pour l'éviter ?

— Je dirai la vérité.

— Mais je ne t'ai pas dit que je voulais la cacher, la vérité... Demain, si tu m'y obliges, j'irai chez le commissaire, et je lui dirai : Monsieur, j'ai l'explication de tout. Mon mari est l'amant de ma mère ; c'est avec lui qu'elle avait convenu de voler les bijoux dé Mme d'Avesne ; il l'attendait dans sa chambre, et le lendemain il devait les vendre, et ils avaient fait le projet de partir ensemble...

Charles était effrayant à voir ; le visage décomposé, les lèvres tremblantes, il s'avançait balbutiant :

— Ce n'est pas vrai, tu n'oserais jamais dire cela... jamais !

— Tiens, regarde-moi bien en face, et vois dans mes yeux ce que je suis capable de faire.

Charles regarda sa femme avec effroi et exclama :

— Alors il faut que je me taise ; et que je la laisse condamner !

— Plus que ça ; si tu veux te sauver, il faudra que tu l'accuses.

— Oh ! mais c'est épouvantable, ça.

— Et c'est moins cruel que ce que tu m'as fait... Moi,

ma vie est brisée .. tu penses bien, n'est-ce pas, que je
ne consentirai jamais à vivre avec toi... c'est fini...

— Oh ! Aline... supplia Charles, fondant tout à coup en
larmes...

— Comment, tu espérais que tout allait se terminer
avec la disparition de ma mère... C'est fini, Charles...
Je t'ai attendu une demi-heure ici, pendant ce temps j'ai
tout arrêté. Je pars, je te laisse libre... fais ce que tu
voudras, tu es veuf, toi; je te condamne à penser sans
cesse à moi... et en partant je t'annonce que dans quelques mois tu seras père.

— Oh ! mon Dieu, fit Charles, essuyant ses yeux et en
se redressant. Aline... tu ne partiras pas... je suis un
misérable, c'est vrai, mais si tu savais... Aline, je ne
m'occuperai plus de ta mère.

— Es-tu lâche maintenant; tu veux donc qu'il ne me
reste de toi que de tristes souvenirs.

Charles courut vers la porte et la ferma, et revenant
près de sa femme, il dit :

— Non, tu ne partiras pas...

Elle haussa les épaules. Alors, ne pouvant plus contenir
ses sanglots, Charles tomba à genoux. Aline se reculait,
mais il la suivit se traînant à ses pieds, les mains sup-
pliantes :

— Oui, Aline, je suis un gredin; c'est vrai, je ne veux
pas atténuer ma faute, mon amie. Grâce ! grâce ! toute
ma vie entière je l'emploierai à racheter cela. Tu ne peux
pas me quitter, puisque nous allons avoir un enfant...
Grâce, mon Aline... ma femme chérie, grâce !

— Non, non, laisse-moi; c'est fini... bien fini... Si je ne
me venge pas de toi, comme je me venge d'elle, c'est
qu'il portera ton nom. Ainsi c'est déjà lui qui te sauve.
Maintenant, ne pense plus à moi. Adieu.

— Je t'ai dit que tu ne partirais pas d'ici, fit-il, se redressant vivement pour se mettre devant la porte, qu'elle
paraissait vouloir ouvrir avec la clef qu'elle avait sur elle.
Tu es ma femme, tu m'appartiens... tu resteras...

— Par la force, comme ça... enferme-moi, va chercher des agents pour me contraindre à t'obéir, et je vais les éclairer sur notre situation. — Je leur dirai : Messieurs, je vous demande de me protéger ; je veux partir, quitter mon mari, que je viens de surprendre avec sa belle-mère. Messieurs les agents, je vous engage à vous emparer de mon mari, parce que je le crois complice de sa maîtresse dans un vol de diamants.

— On ne te croira pas..., dit-il furieux, exaspéré.

— Imbécile ! J'ai passer la journée avec les ouvrières, moi, elles peuvent en attester ; toi, tu as disparu juste au moment où ma mère est revenue... plus d'une heure vous êtes restés enfermés ensemble...

— Qui le prouvera ? ta déclaration, la déclaration d'une femme jalouse ?... on ne t'écoutera pas...

— Charles, fit la Sang-Brûlé, en haussant les épaules, regarde tes manchettes...

Goduret, interdit, regardait ses manches, puis sa femme, se demandant ce qu'elle voulait dire ; il eut un mouvement d'épaules en disant :

— Elle devient folle.

— Tu ne sais pas... tu n'as qu'un bouton de manchette. Charles constata ce que sa femme lui disait...

— Eh bien ?

— Eh bien, l'autre est dans le lit de ta maîtresse.

— Et c'est toi qui as encore fait cela ?...

— Non, c'est le hasard... Tu le vois, il faut se taire, et l'enquête se bornera à la perquisition de ce soir ; mais au moindre mot, tu vas rejoindre ma mère.

— C'est abominable, ça...

— Oh ! bien ; mais, qu'est-ce que tu m'as fait... Allons, laisse-moi passer.

— Tu ne partiras pas... je ne veux pas que tu me quittes, je ne le veux pas... je me repens... je te demande grâce.

— Jamais !

— Aline, tu sais bien que si j'ai le caractère léger, je ne suis pas un méchant homme... j'ai commis une faute, c'est

vrai, mais je ne voyais là qu'une affaire de cotillon sans
importance... et puis, je ne devrais pas te dire ça; mais,
enfin, c'est la vérité... Eh bien! c'est ta mère qui m'a
entraîné.

— Aie donc le courage de tes actions.

— Voyons, la Brûlé, tu sais bien que je t'aime; si une
heure, une fois... une fois, je te le jure, j'ai oublié mes
devoirs... je rachèterai ça par toute une vie de tendresse
et de fidélité. Aline, ma petite femme, c'est à genoux que
je te demande grâce, pardon... Si tu ne m'écoutes pas, je
me tuerai... je me tuerai, entends-tu!

Il la poursuivait dans la petite chambre, elle s'échappait, le repoussant brutalement; il semblait qu'à mesure
qu'il parlait son dégoût augmentait...

— Laisse-moi... je t'en prie, ne joue pas cette inutile
comédie. Si je ne peux partir ce soir, je partirai demain...
tout est fini entre nous...

— Mais ce que tu m'as dit... Au nom de notre enfant!

— Oh! ne parle pas de cela... c'est surtout à cause
de lui que je suis résolue.

— Eh! jour de Dieu, c'est trop bête, à la fin... Non, tant
pis, je te supplie... mais j'ai des droits, tu es ma femme
et je te veux...

Et, s'enflammant tout à coup, il se précipita vers elle et
l'enlaça, ne se préoccupant pas de sa résistance, recevant
sans se plaindre ses égratignures et ses coups, ne répondant à ses injures que par des caresses et des baisers.

— Non, non, Aline, tu ne partiras pas... je t'aime; tu
m'aimais, tu m'aimeras encore... je te ferai oublier ça...
oui, c'est abominable... j'ai mal agi... Mais nous ne rever
rons jamais ta mère... je t'aime, entends-tu, je n'aime
que toi... tu me frappes, tu me mords, je ne sens rien...
je mérite tout cela .. mais je te tiens, tu ne me quitteras
pas...

— Tu me fais honte! oh! je voudrais ménager ses jours...
laisse-moi!... va donc lui donner tout cela, à elle, disait
la Sang-Brûlé en se débattant.

Mais Charles ne se lassait pas. Il avait le visage égratigné, et il souriait; ses lèvres étaient gonflées, ses yeux étaient humides; il se prêtait à tout, disant:

— Frappe, va; je mérite tout... mais je t'aime.

Peu à peu Aline parut se lasser; elle ne frappait plus, elle se défendait plus mollement, s'abandonnant un peu, émue, touchée par l'humilité amoureuse de son mari, et cessant les injures, elle pleura, en disant:

— C'est indigne ce que tu as fait... c'est indigne... j'aurai toujours ce tableau devant les yeux.

Charles comprit qu'il allait vaincre; alors, il chercha dans son vocabulaire amoureux, et, prenant sa femme dans ses bras, la tenant sur le dossier du lit dans l'impossibilité de reculer...

— Maintenant. je t'ai... je te tiens... quand je t'embrasse là ainsi, il me semble que je te donne toute ma vie et toute mon âme.

La Sans-Brûlé s'était redressée vivement; d'un vigoureux coup de poing elle envoyait son mari rouler dans la chambre et les yeux ardents, folle de haine, elle s'écriait :

— Tu crois donc être encore avec elle... Tu redis les mêmes phrases qui me bourdonnent dans les oreilles.

Et rapide, elle s'élança vers la porte, l'ouvrit, et se précipita au dehors.

Charles était à peine relevé lorsqu'il entendit la porte de l'atelier se fermer. Il réfléchit quelques minutes, puis, prenant un parti, il dit :

— Bah! faudra bien qu'elle revienne.

III

UNE MAUVAISE NUIT EST BIENTÔT PASSÉE

Charles redescendit à l'atelier, se persuadant à lui-même qu'il était nécessaire qu'il s'assurât que la porte était bien fermée. En réalité, le malheureux garçon espérait encore qu'il allait retrouver sa femme blottie dans quelque coin de la cour... Il sortit, chercha, et, ne trouvant rien, rentra dans l'atelier, sifflant pour ne pas paraître préoccupé. Dans l'atelier, il ouvrit le compteur et alluma le gaz. L'obscurité l'étouffait. Il allait et venait, affectant d'être calme, joyeux même, et cela était pour les apprenties qui couchaient dans la pièce où l'on rangeait le linge. Mais, le lundi, les apprenties ne couchaient pas, il l'avait oublié. S'en souvenant en voyant les deux cages de lit à leur place, il s'abandonna et vint se mettre devant la grande table, couverte de verres et de saladiers, dont un presque plein. Il but coup sur coup trois grands verres, et s'accouda sombre, les coudes sur la table, la tête dans ses poings crispés.

Il resta longtemps ainsi, se demandant ce qu'il devait faire. Sa femme était partie. Où? Elle n'avait ni parents ni amis qui pussent la recueillir. Où était-elle allée... Pas une minute il ne lui vint une pensée jalouse, il connaissait la Sang-Brûlé; il la savait honnête, incapable de le tromper... mais capable de toute extravagance... Si, affolée comme elle l'était lorsqu'elle s'était sauvée, elle avait couru jusqu'au canal... A cette pensée il devint tout pâle, il se redressa et pensa à aller faire une faction du côté de La Villette, prévenir les agents de veiller... Mais il se rassit, en se souvenant qu'elle lui avait annoncé qu'elle allait être mère... A cette pensée, il y eut comme un sourire sur son visage attristé... Un enfant! il allait avoir un enfant! Mais sa femme ne se tuerait pas... Fallait-il être brute, être idiot pour se laisser prendre à la coquetterie de la vieille m'an Julie, agir comme un collégien et briser un heureux ménage, juste au moment tant désiré, tant attendu, où il allait être père... Avait-il été assez naïf, car il voulait se persuader que c'était la grande Julie qui l'avait débauché. Est-ce qu'il y pensait, lui !

Il but, il lui sembla qu'il entendait du bruit dans la cour; il courut bien vite... Il s'était trompé. Et revint, il ne voulait pas aller se coucher, espérant toujours qu'on frapperait à la porte... et puis, dans sa chambre, seul, abandonné, il se trouvait ridicule. Accoudé, il faisait des projets.

Aline allait rentrer, il se jetterait à ses genoux, reconnaîtrait ses torts, promettrait tout ce qu'elle voudrait... Il devenait lâche et ingrat. Il déclarerait à sa femme qu'il s'était laissé entraîner par la grande Julie; c'était elle la vraie coupable. Aussi, pouvait-on l'abandonner à la punition injuste qu'elle lui infligeait... et, en agissant ainsi, il ne doutait pas qu'il ramènerait sa femme à lui.

Il buvait encore. Et il se disait qu'au fond tout cela n'était rien devant ce qu'il venait d'apprendre : sa femme était enceinte et elle le lui cachait.

Dans quel but? A son tour, il pouvait demander des explications... Maintenant, il était impossible qu'on restât fâchés, il fallait vite en finir. Au reste, il connaissait sa femme, c'était un coup de colère qui la faisait agir. Dans quelques jours, elle n'y penserait plus... Puis, comme le

proverbe est vrai, que le vin rend bon... il se sentait ému
à la pensée de voir deux femmes que son amour faisait
différemment souffrir.

Il s'allongeait sur sa chaise, et ses pieds rencontrant un
tas de linge, le secouèrent, il s'en dégagea des parfums
qui l'emplirent d'aise, il respira bruyamment en disant :

— Tiens, le linge de la d'Avesne... crédié, ça monte au
cerveau... Cette femme-là ne sera pas cruelle avec moi.
Quand je me suis marié, je me souviens de l'avoir entendue dire à Alice : — Mes compliments, ma chère enfant,
c'est un beau garçon. — C'est pour ça que je l'ai pris, dit
la Sang-Brûlé, avec son petit air sec... Si le beau garçon y
allait demain, et qu'il s'y prenne bien, elle serait peut-
être gentille... en tout cas, elle retirerait sa plainte, puisqu'elle a retrouvé ses diamants. M'an Julie serait libre et
irait travailler ailleurs. Ça effacerait bien des choses. M'an
Julie libre, faudrait bien qu'elle m'écoute, elle... Ah! mais
non! elle ne me quittera pas. Mais non, il ne faut pas
croire ça...

Et Charles, après avoir bu le dernier verre du saladier,
s'accouda sur la table et s'endormit.

Tout était silencieux, on n'entendait que le sourd glous-
sement de l'eau dont les conduites, les réservoirs de la
blanchisserie et d'un établissement de bains, se remplis-
saient la nuit. Sans qu'il s'en aperçût, les heures s'écoulaient, il était déjà près de trois heures du matin lorsqu'il
s'était accoudé sur la table pour s'endormir. Le malheureux
n'avait pu trouver le lourd sommeil de l'ivresse, la fièvre
le dévorait et ne lui donnait que de courtes insomnies. Il
s'éveillait tout à coup, sursautant, regardant autour de
lui, sans s'expliquer le motif de son réveil, sans se rendre
compte du lieu où il se trouvait, mais, poursuivi dans ses
rêves par les incidents de la journée.

Au petit jour, il s'éveilla plus brutalement, et regardant
autour de lui, étonné de voir l'aube grise se mêler aux
lueurs du gaz, il se secoua pour échapper à son cauchemar.
Où était-il? Que faisait-il?... Il se sentait une migraine

atroce : pourquoi se trouvait-il à cette heure matinale dans l'atelier ?... autant de questions qui exigèrent chacune quelques minutes pour répondre.

Il se demandait ce qui l'avait si brusquement éveillé, lorsqu'il entendit frapper à la porte. Il se leva, éteignit le gaz et alla vivement pour ouvrir, il pensait que c'était enfin Aline qui revenait.

Il était dans l'ombre, et le jour naissant lui permettait de voir, à travers les vitres, au dehors ; il alla ouvrir et ne vit personne. D'où venait donc l'appel. Il l'entendit de nouveau. Il ouvrit doucement la porte et se recula afin de voir sans être vu ; il aperçut alors un jeune homme qui, hissé sur un tonneau, avec la pomme de sa canne frappait sur la fenêtre de la chambre de la grande Julie.

Il ressentit comme une pincée au cœur.. Le jeune homme, ayant entendu du bruit, avait sauté du tonneau pour courir vers la porte ; il ne parut pas étonné de la trouver ouverte et, comme un habitué qui connaît le chemin, sans regarder autour de lui, il entra, traversa l'atelier, et grimpa le petit escalier.

Tout cela se passait sans bruit ; on eût dit une ombre rasant le sol. Charles en vit la cause. Le jeune noctambule, quoique convenablement vêtu, n'était chaussé que de petits chaussons sans semelles.

Si rapide que fût l'entrée de l'inconnu, Charles avait tout compris. Chaque matin cet homme devait venir trouver la grande Julie. Celle-ci, à un appel, descendait ouvrir la porte ; ils passaient une heure ensemble, ce qui expliquait l'étonnement des apprenties, qui trouvaient toujours la porte de l'atelier ouverte le matin.

Il était tout honteux, dans le coin où il était caché ; c'était une nouvelle humiliation. Cette femme, plus âgée que lui, cette femme, pour laquelle il avait compromis toute sa vie, cette femme le trompait et se moquait de lui chaque jour. Il eut un accès de rage, et, n'écoutant que l'humiliation qu'il ressentait, il alla se placer au bas de l'escalier; quand le jeune homme, las de frapper, descendit et se trouva en face de Charles, il recula.

— Qu'est-ce que vous faites chez moi à cette heure-ci?

Il n'y avait pas de réponse à faire; l'inconnu, baissant la tête, chercha à se glisser dans l'atelier; mais Charles barrait le passage, et, goguenardant, disait:

— Allons, allons, il faut nous faire voir cette tête-là, ou j'appelle au voleur!

Le jeune homme ne répondit pas, il releva un peu la tête, moins pour se faire voir que pour préparer ce qu'il voulait faire. Il eut un mouvement de recul de tout un côté du corps, et en homme qui a bien appris ses leçons de boxe, il lança en pleine détente un formidable coup de poing sur le visage de Charles. Celui-ci ne put faire que oh! battit l'air de ses bras et alla tomber à deux pas en arrière, absolument évanoui, perdant du sang par le nez et les oreilles...

Le jeune homme, sautant aussitôt par-dessus le corps de celui qui lui barrait le passage, se sauva dans la cour et disparut dans la rue.

Il était six heures du matin lorsque les ouvrières blanchisseuses arrivèrent pour travailler; d'ordinaire elles s'attendaient, lorsque le temps était doux, à la porte de la grande cour, pour entrer ensemble, à l'heure juste où commençait la journée. Elles entraient en riant dans l'atelier, lorsque l'une d'elles tournant autour de la table et buttant du pied faillit tomber.

— Qu'est-ce que c'est que ça? Elle se baissa et jeta aussitôt un cri d'épouvante, se reculant et s'appuyant sur la table pour ne pas tomber.

— Qu'y a-t-il? demandèrent avec inquiétude celles qui entraient.

La première balbutia:

— Monsieur, monsieur... assassiné...

— Oh!... Et elles se précipitèrent vite au secours de Charles. Pendant que quelques-unes s'empressaient autour du malheureux garçon, les autres coururent chercher les agents.

Les deux plus vieilles de l'atelier pensèrent à prévenir leur maîtresse ; elles montèrent au premier étage, entrèrent dans la chambre, et ne furent pas peu surprises de voir le lit bien fait, la chambre bien en ordre, et une bougie brûlant sur la commode.

Mais la patronne n'était pas là. Elles se regardèrent consternées : était-ce l'épilogue de ce qui s'était passé la veille. Elles redescendirent pour prévenir que la maison était vide. Malgré les soins des jeunes femmes, Charles ne reprenait pas connaissance, et les ouvrières étaient tout à fait inquiètes. Ce fut une des apprenties qui donna le meilleur conseil :

— Vous envoyez chercher le commissaire, les agents... mais avant tout envoyez donc chercher le médecin.

Le commissaire était arrivé que le médecin n'était pas là.

Après un rapide examen, le commissaire dit à ceux qui l'accompagnaient :

— Nous nous sommes trompés dans la même voie... La vérité, la voici, claire et nette. Tous ces gens-là sont des compères. On a su l'arrestation de la grande Julie, on a fait disparaître ceux qui pouvaient nuire, et maintenant on achète les témoins qu'on veut nous livrer. La disparition immédiate de la jeune femme, le suicide de celui-là, nous prouvent assez que tout cela se tient.

— Mais que va-t-on faire, monsieur le commissaire ?

— Oh ! nous allons l'écrouer d'abord, et quand on l'aura rétabli, qu'il ira bien, il faudra qu'il nous donne l'explication de ce qui s'est passé...

Sur un ordre du commissaire, un agent était monté dans les chambres. Il dit en redescendant :

— La chambre des époux est vide, le lit n'a pas été défait...

— Oh ! nous allons voir ça, il semblerait que c'est après notre départ, hier, que le coup a été tenté...

— On a également essayé d'ouvrir, en la forçant, la porte de la chambre de madame Julie.

— Elle n'a pas été ouverte?

— Non, monsieur le commissaire.

Le commissaire interrogea les ouvrières, pour savoir à quelle heure le ménage s'était trouvé seul la veille.

— Nous ne savons pas... nous sommes parties quand tout paraissait s'être remis.

Le docteur arriva, il constata que les blessures reçues par Charles n'avaient aucune gravité — et, consulté par le commissaire, il déclara qu'on pouvait emmener le maître blanchisseur et le mettre au Dépôt.

Le commissaire fit porter Charles dans un fiacre et le conduisit au Dépôt, se disant :

— Il y a du nouveau, et celui-là est peut-être le complice de la belle-mère.

Quelques minutes après, la Sang-Brûlé rentrait chez elle, montait dans sa chambre et en redescendait aussitôt l'air étonné en demandant :

— Où donc est M. Charles?

Lorsqu'on lui apprit ce qui venait de se passer, elle fronça ses épais sourcils, regardant les unes après les autres les ouvrières, et demandant une explication. Les ouvrières étaient plus stupéfaites qu'elle. C'est elle qui devait savoir. L'une d'elles ayant dit que le commissaire qui avait arrêté son mari avait dit :

— Tous ces gens-là sont des compères qui s'entendent; on a su l'arrestation de la grande Julie, et on cherche à faire disparaître les témoins qui nous seraient utiles.

La Sang-Brûlé eut un mouvement de rage. Que venait faire la police dans cette affaire? elle ne l'avait été chercher que pour se venger de sa mère. Son mari, arrêté, ne pouvait qu'aider à la délivrance de cette dernière. Mais tout ce qu'on lui disait ne pouvait lui expliquer la situation dans laquelle on avait trouvé son mari. Aux ouvrières curieuses, elle déclara :

— Que la veille au soir, après une explication catégorique avec son mari, ils avaient décidé de se quitter. Elle était partie, ne voulant pas se remettre avec lui et craignant qu'en demeurant près de lui, la nuit, le courage lui manquât. Elle avait été coucher à l'hôtel, le plus simplement du monde, chez des voisins, en racontant qu'elle venait de se disputer avec son mari et ne voulait pas passer la nuit chez elle...

Les ouvrières étaient très surprises; toutes croyaient que les époux s'étaient remis tout à fait d'accord après leur départ. C'est qu'aucune d'elles ne savait en réalité ce qui s'était passé. L'arrestation de la grande Julie ne pouvait être une cause de rupture entre la fille et le gendre. Elles auraient voulu en savoir plus; il s'était passé des choses qu'elles ignoraient, mais la jeune femme gardait son secret et c'est elle qui interrogea.

Elle apprit que les premières ouvrières arrivées le matin avaient trouvé la porte de l'atelier ouvert, la table était dans le même état que la veille; en tournant autour de la table une d'elles avait heurté le corps du patron, dont la face était couverte de sang, sans qu'on découvrît la moindre blessure.

La Sang-Brûlé resta quelques minutes silencieuse, cherchant à envisager avec calme la situation, et se demandant ce qu'elle devait faire.

Elle dit à ses ouvrières qu'il fallait d'abord reprendre le travail habituel, elle allait s'informer de ce qui se passait et leur dirait le soir, préférant aller au-devant de tout, et surtout, désirant que le commissaire ne fît pas chez elle de nouvelles visites, elle conclut en disant :

— Voyons, les bureaux n'ouvrent pas avant huit ou neuf heures, je vais me hâter de tout mettre en train ici et j'irai après...

Une des plus vieilles ouvrières, une ancienne amie d'Aline, lui demanda avec un affectueux intérêt :

— Ce n'est pas possible, tu ne vas pas te fâcher avec ton mari ?

— Si, ma chère. Je ne vais pas me fâcher, c'est fait —

c'est rompu et je ne le reverrai... ou plutôt je ne me remettrai jamais avec lui.

— Ce n'est pas possible... Mais qu'est-ce qu'il y a eu?...

— C'est fait, dit la Sang-Brûlé en remuant la tête et
sans répondre à la seconde question.

—- Mais, il est arrêté assurément pour rien; tu ne vas
pas le laisser ainsi?

— Non, je t'ai dit que tout à l'heure j'allais sortir, et je
ferai tout ce qu'il me sera possible pour le faire mettre en
liberté.

— Et ta mère?

— Ma mère, c'est autre chose; et élevant la voix pour
être entendue de toutes : c'est une voleuse, et je ne la
connais plus !

— Ce que vous dites là n'est pas possible.

Et la plupart des ouvrières protestèrent.

— Ce n'est pas possible,.. pourquoi... j'aimais ma mère,
j'espère que cela ne fait aucun doute pour vous qui me
connaissez... Pour prouver le contraire de ce que je dis en
ce moment je me serais fait tuer. Aujourd'hui je suis sans
courage pour la défendre...

Aux mouvements des ouvrières, elle répondit :

— Et vous n'écoutez que votre cœur, vous; moi, j'écoute
ma raison, et je me base sur les faits... Croyez-vous que
je ne souffre pas plus que vous en parlant ainsi que je le
fais?... Est-ce que vous savez ce que me demande ma
mère pour sa coquetterie? en est-il une de vous qui devine
ce qu'elle dépense pour sa toilette?

Les ouvrières, douloureusement surprises, se regardaient
entre elles.

— En faisant ce que j'ai fait, dit la Sang-Brûlé, d'une
voix sèche, qui, voulant arracher dans le cœur de ses
amies la sympathie qu'inspirait la grande Julie, mentait
sans embarras, sachant que son mensonge était moins
cruel que la vérité; en faisant ce que j'ai fait, j'ai voulu
vous défendre toutes. C'est dans l'atelier qu'elle avait jeté
son linge, dans l'atelier où toutes nous allions et venions,

hier ; c'est un piège tendu pour celui ou celle qui l'aurait touché. Le hasard a voulu qu'on ne s'en occupât pas, et que le vol fût immédiatement découvert... Les diamants qu'on cherchait ont été trouvés chez elle, dans sa boîte à bijoux ; quelle est celle d'entre vous, mesdemoiselles, qui pour la justifier peut nous expliquer comment ces boucles d'oreilles se sont trouvées là... Il n'y a pas de milieu, les bijoux sont ici, on les a cachés dans la chambre de ma mère, c'est quelqu'un de la maison ou c'est elle... Que pensez-vous, est-ce une de vous, mesdemoiselles, ou est-ce elle ?

— C'est vrai.

— Je n'écoute ni mon cœur, ni mon sang, je me rends à la raison... C'est ma mère qui a volé... Si ma mère est capable de cela, je la renie, ce n'est plus ma mère.

— Tout le monde n'aurait pas ton courage.

— Tant pis ! fit sèchement la Sang-Brûlé.

Tout le monde se mit au travail. Les ouvrières apportaient le petit linge qui n'avait pas été coulé. Aline le distribuait pour le repasser.

Tout cela se faisait silencieusement ; dans l'atelier, joyeux d'ordinaire, il régnait un malaise général. Aline, ayant réparti l'ouvrage à tout le monde, monta dans sa chambre réparer le négligé qu'avait amené dans sa personne la nuit d'hôtel.

La vieille ouvrière dit :

— Mes enfants, ça va mal à la maison... il se passe quelque chose que nous ne devinons pas... mais tout va crouler.

Il y eut une exclamation. La porte s'était ouverte, Charles Goduret rentrait chez lui. Toutes les ouvrières l'entourèrent, joyeuses de le voir libre ; mais que le pauvre garçon était changé : sa face rieuse était lugubre, de ses beaux yeux doux l'un était poché et à peine ouvert, dans un cercle de bistre verdâtre, l'autre était tout larmoyant. Sans écouter ce qu'on lui disait, il demanda :

— Et ma femme ?

— Elle est dans sa chambre.

— Ah ! fit-il avec un mouvement, elle est rentrée !

Il n'écouta plus personne et monta aussitôt.

En le voyant entrer, Aline jeta un petit cri de surprise...

— Ah ! on t'a relâché...

— On ne pouvait pas me garder, ça n'est pas encore un crime d'être abandonné par sa femme.

— Ce n'est pas à cause de moi qu'on t'a trouvé en cet état...

— Je ne sais pas, peut-être...

— Hein !

— Tu en prends à ton aise... tu découches, peut-on savoir où tu as passé ta nuit ?

— Oh ! certainement ; mais comme ça doit arriver toujours maintenant, si cela t'inquiète tu vas avoir beaucoup de préoccupation.

— C'est possible... nous n'avons pas fini... où as-tu passé la nuit ?

— A l'hôtel garni à côté de chez nous, chez M. Laizard. Tu peux t'en assurer, et je lui ai dit que, venant de rompre avec toi pour des raisons toutes intimes, je venais louer une chambre... Je ne suis pas comme toi, ma première nuit de liberté ne se passe pas comme la tienne, à me battre...

— Je veux en finir de ça tout de suite. Voilà ce qui s'est passé : je ne voulais pas croire qu'une honnête femme... ou qui se dit telle, après avoir avoué à son mari qu'elle était enceinte, allait quitter le domicile conjugal pour courir la nuit... Je t'attendais... J'ai quelque chose là, moi, dit Charles, frappant sur son sein gauche, et comme je suis assez bête pour t'aimer...

— Oui, tu m'en as donné la preuve, fit la Sang-Brûlé, durement.

— Je ne pouvais pas dormir, et je veillais, me demandant ce que tu faisais... désespéré, redoutant un malheur ; et tu dormais tranquille.

— Je n'ai rien à me reprocher, moi.

— Ça n'est pas vrai, ça, tu as à te reprocher ce que tu as fait hier.

Aline eut un indescriptible sourire pour répondre.

— Non, mon cher ami, je ne regrette rien... et tu la défends.

— Oh! je ne la défends pas... je sais maintenant ce qu'elle vaut, j'ai le regret de ma conduite... et si tu veux m'entendre, tu comprendras.

Et Charles raconta ce qu'il avait vu au lever de l'aurore et le joli coup de poing qui avait clos sa singulière aventure.

Aline lui dit :

— Il ne te manquait que cela, de te battre, ou plutôt d'être battu pour elle...

— Ah! ne plaisante pas méchamment comme ça... tu me fais du mal. J'ai longuement réfléchi ce matin, la situation n'est plus tenable. J'ai commis une faute, soit! A tout péché, miséricorde! Je la regrette profondément, je t'en demande pardon, à genoux, si tu l'exiges! Je te jure que, dans l'avenir, tu n'auras pas ça à dire de moi. Je me conduirai en époux repentant et en père?... Veux-tu oublier?... Veux-tu faire la paix?...

Et, en disant cela, il était pitoyable à voir, le beau Charles. Aline ne le regarda pas, elle écoutait la tête baissée; elle la releva lentement pour dire :

— Non!... Charles. Si je te disais, j'oublie, je mentirais... Jamais je n'oublierai ça... Jamais. Tu aurais eu pour maîtresse une inconnue, une ouvrière de chez moi... peut-être, dirais-je, j'oublierai... Mais elle... ma mère!... Non! non! jamais. Ne pense pas à cela. C'est fini, nous ne pouvons plus vivre ensemble.

Charles mit la main sur son cœur, et pour étouffer ses sanglots, répétant ces derniers mots, il dit :

— Ainsi, c'est fini... nous ne vivrons plus ensemble... tu le veux...

— Je le veux...

— Qu'est-ce que nous allons faire ?...

— Dam, je te laisse le soin de fixer cela...

Charles s'était dompté ; souffrant de l'inflexibilité de sa femme, il commençait à reprendre courage et se décidait à rendre le mal pour le mal, et il reprit d'un ton plus ferme :

— Nous sommes établis, nous faisons des affaires... tu n'espères pas que je vais m'en aller comme un petit saint Jean ?

— Tu n'étais pas blanchisseur... je puis garder la maison et, à mesure que je gagnerai, t'en donnerai ta part.

— Non ma chère... non... Je suis ici chez moi, le maître. Si tu veux rester, reste. Si tu veux t'en aller, va-t'en. Prends tes frusques, tes bijoux... c'est tout ce que je permets... C'est assez d'humiliation comme ça.

— Tu étais bien digne d'elle...

— Assez, plus de scènes. C'est fini. Reste ou va-t-en, et vite, et prends garde, j'aurai l'œil sur toi.

— Il t'appartient bien de me parler ainsi...

— C'est autre chose, tu vas avoir un enfant qui portera mon nom... C'est bien entendu, n'est-ce pas, tu décampes ? Adieu ! et il redescendit à l'atelier.

Là, fiévreux, agité, il était un peu embarrassé sous les regards curieux des ouvrières. On juge facilement de l'intérêt que tout l'atelier de blanchisseuses portait aux scènes mystérieuses qui se passaient. Depuis la veille, on ne savait qu'une chose, c'est que la grande Julie, la meilleure femme du monde, celle que toutes considéraient comme la probité même, était arrêtée sous l'accusation de vol ; il avait fallu l'affirmation de la Sang-Brûlé, sa fille, qu'on savait adorer sa mère, pour que l'accusation tînt. On savait cela. Mais, que de choses singulières s'y ajoutaient, que de changements survenus dans les relations, les habitudes de tous.

En voyant reparaître Charles, toutes se turent et échangèrent un coup d'œil; assurément, on allait savoir quelque chose.

Charles se remuait, allait et venait dans l'atelier; il alla chercher du charbon, puis il prit les seaux et alla chercher de l'eau. Une ouvrière voulant, selon l'expression populaire, « rompre la glace », dit :

— Mon petit patron, nous allons manquer d'ouvrage... il faudrait appeler la patronne.

Charles s'arrêta, tenant un seau de chaque main; il fallait agir; il dit lentement, s'adressant à la plus ancienne ouvrière, l'amie de sa femme :

— Dites donc, Augustine, vous allez me faire le plaisir de remplacer la patronne. Vous distribuerez le linge à ces dames...

Toutes les regardaient, ouvrant de grands yeux; il fit un effort pour ajouter :

— Il n'y a plus de patronne ici. Madame Goduret se sépare de moi... Celles qui voudront la suivre, n'auront qu'à le dire, elles seront payées immédiatement... Madame Augustine, distribuez le linge.

Et tout rouge, embarrassé par les regards fixés sur lui, par l'exclamation de surprise de toutes les femmes, il secoua ses seaux et sortit dans la cour; ses seaux pleins, il alla chez le marchand de vins et se fit servir un verre de vin blanc... Puis, au bout d'une dizaine de minutes, il rentra, l'atelier était silencieux, il entendit même le chut! provoqué par sa rentrée.

IV

UNE SÉPARATION A L'AMIABLE

Charles, gêné par l'observation dont il était l'objet, se réfugia dans la petite pièce où l'on rangeait le linge fait. C'était une petite chambre, séparée de l'atelier seulement par une cloison, tout entourée de tablettes sur lesquelles se plaçait le linge repassé et traversée par de nombreux fils de fer auxquels on pendait les bonnets et les cols. Une table servait de bureau, où se trouvaient les livres. Charles s'assit devant et parut très occupé de faire ses comptes.

Il entendit la voix de sa femme qui appelait l'apprentie, il prêta l'oreille; elle l'envoyait chercher une voiture. S'il avait osé, il se serait enfermé chez lui. Il entendait déjà le jacassement des femmes qui parlaient bas. S'accoudant sur la table il se demanda s'il n'y avait pas un moyen de finir tout cela sans esclandre. La Sang-Brûlé avait la langue bien pendue, et elle n'allait pas manquer, en partant, de le lui prouver; or, il désirait que cela se passât sans témoins... Il se dit qu'il allait expédier tout le monde pour la demi-journée. C'était le moyen le plus simple et le meilleur — de laver son linge sale en famille. Il se levait lorsque la voiture amenée par l'apprentie s'arrêta devant l'atelier. Il se rassit en entendant sa femme crier :

— Mesdemoiselles, voudriez-vous venir à deux ou trois pour descendre mes malles.

La moitié des ouvrières monta au premier. Cet empressement rendit Charles furieux... Il écoutait et il entendait les adieux qui s'échangeaient ; trois malles furent portées et placées sur la voiture...

Tout le monde était redescendu ; seule Aline était encore dans sa chambre... lorsque Charles entendit une exclamation de joie dans l'atelier, il se leva et vit la grande Julie qui, avant qu'il n'ait eu le temps de l'éloigner, l'avait pris dans ses bras et l'embrassait avec effusion en disant :

— Ah! mon Charlot! ah! me voilà ; toi, au moins, tu ne doutais pas de moi... et chaque ouvrière la prenait à son tour et l'embrassait; elle disait toute émue :

— Que je suis heureuse de vous revoir... Ah! mes enfants! en voilà une nuit... Mais, vous saviez bien que je n'étais pas une voleuse!

— Ah! Julie! toutes, toutes, nous l'avons dit, exclamèrent les ouvrières.

— Et Aline... où est-elle?... C'est elle qui m'a fait le plus de mal et je n'aurais jamais cru qu'elle doutait de moi... Les enfants sont bien méchants...

Charles ne pensait plus qu'à une chose, au départ de sa femme.

En voyant sa mère de retour, qu'allait-elle dire? Allait-elle raconter ce qu'elle avait vu... En tout cas, sa femme le tourmentait, le mal qu'elle voulait faire allait bien être rendu, il ne vit que cela et se préparant à tout, il dit :

— Madame Julie, tous, nous savions que vous étiez incapable d'une pareille action ; il y en a une à laquelle il faut pardonner, parce que, depuis quelques jours, elle n'a plus sa raison, elle est folle... Il faut la laisser faire ce qu'elle veut... elle reviendra.

— Et que veux-tu dire? demanda Julie.

— Vous voilà, c'est tout, fit Charles, prenant sa belle-mère dans ses bras pour l'embrasser, et, en réalité, pour lui dire tout bas à l'oreille :

— La Brûlé nous avait surpris ensemble hier. C'est elle qui a tout fait. Attention ! nous sommes fâchés... elle part.

En entendant son gendre, la grande Julie avait pâli. Celui-ci, en l'embrassant, disait tout haut...

— Allons, faut de la raison... Maintenant que vous êtes libre, tout est fini.

On ne pensait plus à la Sang-Brûlé ; celles qui y pensaient encore, espéraient que le retour allait terminer la querelle des époux, et que le soir tout serait rentré dans l'état ordinaire. De travail, il n'en était plus question ; les fers chauffaient sur les mécaniques, et toutes les ouvrières, assises, accotées et accoudées sur les grandes tables à repasser, écoutaient le récit de la grande Julie, qui racontait sa délivrance.

Charles, inquiet, regardait toujours l'escalier au haut duquel il voyait le bas des jupes de sa femme. La Sang-Brûlé écoutait ; elle allait descendre, et alors qu'allait-il se passer ? Il avait des tentations de prendre la grande Julie par le bras, de l'entraîner au dehors en disant :

— Nous reviendrons tantôt, quand madame sera partie.

Mais au fond, il conservait l'espoir que sa femme ne partirait pas.

La grande Julie racontait :

— Mes pauvres enfants, vous voyez ça d'ici, enfermée avec des filles publiques, avec des vraies voleuses !... Si vous aviez vu ces têtes et cette vie que ces femmes-là font là-dedans... Quelle nuit !... Je dois vous dire qu'hier au soir la première personne à laquelle je me suis adressée, et que j'ai priée de venir me réclamer, était Mme d'Avesne. Je me dis : en m'adressant à la volée, elle verra bien qu'elle s'est trompée... Et ce matin, on me mène chez le commissaire, où elle était, on lui raconte le boniment que vous savez, ce qui s'est passé hier. Il se trouve d'abord que l'on ne sait pas qui a déposé la plainte, c'est une lettre apportée par une femme, et ce n'est pas la d'Avesne.

Celle-ci raconta qu'elle ne pouvait accuser personne de vol ; d'abord, parce qu'elle ne s'était encore aperçue de rien, ensuite parce qu'elle savait parfaitement que ses boucles d'oreilles étaient dans son linge. Voici ce qui était arrivé : elle avait voulu nettoyer ses boucles d'oreilles et elle les avait brossées et laissées tremper dans un parfum, parce qu'elle n'avait pas d'alcool chez elle — et tous les parfums sont de l'alcool. Or, avant de préparer son linge, elle avait pris une de ses chemises et avait roulé les bijoux dedans pour les sécher. On l'avait dérangée à ce moment, elle n'avait plus pensé aux bijoux, et elle avait mis la chemise avec le paquet de linge. C'est donc clair, elle n'était pas volée, elle ne déposait pas de plainte et me remerciait même d'avoir pris soin de ses boucles d'oreilles. Mais il y a toujours une chose que je ne m'explique pas, c'est comment les boucles d'oreilles ont été portées dans mon coffret à bijoux.

— Oh ! oui, ça c'est drôle !

— Enfin, c'est une brave femme, la d'Avesne.

— Si brave femme, qu'elle m'a reconduit jusqu'à la porte dans sa voiture, m'embrassant en pleurant presque... Me disant que si cette méprise me causait le moindre préjudice, elle me donnerait tous les certificats que je voudrais... Ah ! mes enfants, c'est bon tout de même d'être soulagée de ça...

— Bravo, la Julie ! crièrent les ouvrières.

La Sang-Brûlé parut au bas de l'escalier. Tout le monde se tut. Un silence tel que la grande Julie se retourna. Voyant sa fille, elle se leva pour l'embrasser, mais celle-ci la contint d'un geste méprisant :

— Ah non ! fais-moi grâce de ces hypocrisies... Tu peux juger de ton œuvre... Je quitte mon mari.

— Que me dis-tu là, malheureuse enfant ! Mais tu deviens folle...

— Je serais plus heureuse...

— Allons, voyons, Aline, fit Charles en s'avançant, il en est temps encore, ne pars pas ; que tout soit oublié..

— Oui, oui, madame, supplièrent les ouvrières.

— Mais je ne veux pas que tu partes sans que nous ayons une explication ensemble... dit la grande Julie. Non, je ne veux pas que tu partes maintenant.

— Ah! ah! ah! rit sardoniquement la Sang-Brûlé, en descendant les dernières marches. Je suis certaine de passer, rien qu'en vous disant un mot... Non, ma place n'est plus dans cette maison, à présent moins que jamais.

— Veux-tu être raisonnable, Aline, mon enfant... Je ne veux pas que tu partes... Pourquoi pars-tu d'abord?

— Parce que je veux te laisser vivre avec ton amant!

— Qu'est-ce que tu dis... Qui a encore inventé cette infamie!

— Malheureuse, c'est toi qui avais caché les diamants et dénoncé ta mère!

— Tais-toi donc... Il est plus bête, mais plus franc que toi... Tu vois, il ne me retient même pas... Adieu... Tu vas être heureux, Charles, tu vas vivre avec ta...!

Il y eut autour de la Sang-Brûlé un murmure d'indignation, mais elle passa au milieu des ouvrières, les regardant de sa hauteur. Charles et Mme Marin avaient baissé la tête; en se sentant soutenus, ils s'étaient redressés. Les ouvrières n'avaient pas cru à la déclaration que leur patronne venait de faire, on la savait jalouse et par cela souvent injuste. Mais, elles considéraient comme une odieuse calomnie ce qu'elles venaient d'entendre. Puis, l'injure dernière, la grossière apostrophe d'une fille à sa mère les avait blessées. En quelques minutes la Sang-Brûlé avait perdu toute la sympathie qu'on avait pour elle.

Ce n'est pas parce qu'elle allait manquer, que la maison n'irait pas, au contraire; elle était souvent très sévère, oubliant qu'elle aussi avait été ouvrière avant d'être patronne... Elle allait donc, comme les camarades, le peigne d'argent dans les cheveux et la poignée sous le bras, chercher de l'ouvrage chez les autres.

La maison Goduret serait plus gaie. Le patron n'étant plus rappelé à l'ordre par sa femme, jalouse, plaisanterait avec l'une et l'autre; la grande Julie était restée la vraie ouvrière, qui mêle sa voix au chœur lorsqu'on chante, et qui ne disait pas comme la Sang-Brûlé :

— Trop de chansons, mes enfants, travaillons un peu plus.

Julie, disons-nous, avait relevé la tête lorsque sa fille était partie; lorsque le fiacre s'était mis en marche, elle avait exhalé un soupir de soulagement. Au contraire, Charles s'était senti le cœur serré comme dans un étau, il avait pris sa poitrine à pleines mains et ses doigts s'étaient crispés sur ses chairs. Il s'était retourné pour cacher les efforts qu'il faisait, car les sanglots l'étouffaient. Ah ! si la grande Julie n'avait pas été là, il aurait lancé quelqu'un derrière le fiacre, pour savoir où Aline allait demeurer. La grande Julie sentait que les femmes attendaient quelques éclaircissements sur ce qui se passait, et elle dit :

— La vérité sur tout ça la voici.

Charles ne tenait pas à entendre les mensonges de sa belle-mère, il craignait de ne pouvoir contenir longtemps ses larmes, et il se dirigea vivement vers la chambre, en balbutiant pour expliquer sa sortie :

— Faut voir un peu ce qu'elle a emporté.

Il était temps, il n'avait pas fermé la porte de la chambre derrière lui, qu'il sanglotait comme un enfant, en tombant accablé dans le fauteuil; il regarda autour de lui, la petite chambre était bien en ordre. Il ne manquait qu'une chose, son portrait. Aline l'avait pris et lui avait laissé le sien; en le voyant il pleura plus fort et gémit :

— Pauvre petite, c'est vrai tout de même... T'es bonne, honnête, et moi je ne suis qu'un sans cœur, un saligaud... Oh! mais ça va changer, il faudra bien que tu reviennes près de ton Charles. Et les deux mains entre ses genoux, les yeux mouillés, le regard fixé sur la terre, sans entendre et sans voir, il pensa. C'était tout le passé qui revenait devant lui, le passé joyeux, plein d'amour et de bonheur, le passé heureux, cette vie brisée à jamais.

Et puis, il se souvenait de cette révélation de sa femme : Dans quelques mois tu seras père. Ainsi, loin de lui, sa femme accoucherait, mettrait au monde son enfant à lui. Oh! cela n'était pas possible, il voulait être là, entendre ses premiers cris, lui donner son premier baiser... Il voulait être là pour élever son enfant; était-ce possible à une femme seule, abandonnée... Non! il fallait donc que la Sang-Brûlé revînt. Non, ça ne pouvait durer ainsi, dans quelques jours il aurait de ses nouvelles; elle reviendrait. Il prierait sa belle-mère d'aller chercher de l'ouvrage, il est évident qu'elle ne voudrait plus la revoir.

Du reste, si elle n'était pas venue si inopinément, il n'avait pas l'intention de la reprendre chez eux. Pendant qu'il se lamentait, la grande Julie disait aux ouvrières :

— Si je n'avais pour ma fille l'affection sans bornes que j'ai pour elle, je lui en voudrais. Mais je la connais, elle est plus folle que méchante... Vous avez entendu les infamies qu'elle m'a dites... Vous avez vu hier comme elle me traitait devant le commissaire, tout cela vient de ce qu'elle est jalouse de moi; je ne sais quelles sont les canailles qui lui racontent ça, on lui a dit que j'étais amoureuse de mon gendre... Voyons, je vous laisse juger.

Les ouvrières rirent en niant.

— Monsieur rit avec tout le monde; si on s'arrêtait à ça!...

— Vous savez bien, la petite Clarisse, madame l'accusait aussi...

— Oh! oh! fit une des ouvrières, on les avait pris dans le séchoir.

— Mais non, c'était encore une histoire... Le patron, je l'ai toujours vu le même quand il est de bonne humeur, c'est-à-dire ordinairement... il rit avec celle-ci, il prend la taille à celle-là, ou il cherche à vous embrasser ..mais c'est pour rire...

— Pardi!

— Enfin, mes enfants, je ne suis pas une vieille femme, je ne suis pas décatie, Dieu merci! fit la grande Julie. Je peux encore trouver ce que je veux si j'en avais le désir... et je n'irais pas penser à mon gendre... à moins d'être la dernière des femmes. Et il faut qu'Aline soit un sang brûlé comme elle est, pour n'écouter que sa colère, sa passion, et jamais le bon sens et la raison... Qu'est-ce qu'elle vous a dit à vous?

— Mais rien, nous ne savions rien que votre inexplicable arrestation, et nous nous demandions comment cela pouvait entraîner une séparation.

— Ah! elle n'a rien dit. Eh bien, voici l'histoire : Elle était jalouse de moi; je ne m'en doutais pas, et elle se disputait toujours avec son mari pour se débarrasser de moi. Or, c'est elle qui a trouvé les brillants dans le linge, c'est elle qui les a cachés chez moi et qui a été me dénoncer... Voyez la bonne fille.

— Ah! mais c'est abominable.

— C'est rudement canaille.

— Celle-là est raide.

— Croyez donc ça d'elle, avec son air sainte Nitouche.

— Or, le pauvre Charles, avec sa nature d'honnête homme, me défendait, de là des querelles, des menaces, qui ont abouti à ce qui se passe aujourd'hui.

— Oh! c'est bien laid de la part de la Sang-Brûlé.

— Mais, je vous le répète encore, elle n'est pas responsable de ça; c'est une inconsciente... une folle... un cerveau brûlé.

— Ça ne va pas en rester là?

— Ah non; vous pensez bien que je ne veux pas être cause du malheur de mes enfants... j'ai bien pensé à tout ça cette nuit et j'ai pris une résolution...

Mes enfants, si je vous le disais, ça vous ferait trop rire.

— Dites toujours.

— Vous comprenez que je peux partir d'ici, ça finit tout, mais je vis seule comme une pauvre abandonnée, et je ne

veux pas me priver de mes enfants... Ma fille me fait du
mal, je lui pardonne ; je l'aime, cette enfant, et je ne veux
pas qu'elle me haïsse... Je ne veux pas les quitter enfin,
et, pour cela il n'y a qu'un moyen : me marier.

— Ah !

Il y eut des rires et des exclamations.

— Comme ça, je ne porte plus ombrage à ma fille, je
peux rentrer ici, et tout s'arrangera.

On entendit le pas lourd de Goduret qui descendait, et
les plus familières de l'atelier crièrent :

— Patron ! patron ! une nouvelle.

— Oh ! non ! ne dites rien, supplia la grande Julie.

Quand elles virent Charles, toutes se turent, le pauvre
garçon était méconnaissable ; ses yeux, déjà abîmés,
étaient gonflés par les larmes, sa douleur imposait à
toutes. Il dit :

— Mesdames, vous ne croyez pas ce qu'a dit Mme Goduret
en partant ?

— Non ! non ! monsieur Charles, firent-elles toutes.

— Bien, alors je vais vous parler devant ces demoiselles,
maman Julie. En l'absence de ma femme, on a besoin de
vous ici, mais, pour la même raison, je voudrais que vous
n'y couchiez pas... Il ne faut pas qu'on puisse dire ça de
nous, et, en disant les derniers mots, il fit claquer un
ongle sur ses dents.

— Nous nous entendons bien, mon pauvre Charlot, je
viens de dire la même chose à ces demoiselles.

— On a beau être sûr de soi, il faut se méfier des
méchancetés et des calomnies, des jaloux et des envieux.

— Tu as raison, Charles.

Et comme elle voyait le malheureux garçon soupirer
douloureusement, elle le prit par le bras, le pressant
affectueusement en disant :

— Voyons, il faut du courage, il ne s'agit pas de
pleurer, de perdre la tête devant le coup de folie que fait
Aline. Tu la connais assez pour savoir qu'elle est incapable
de se mal conduire. Qu'est-ce que tu veux qu'elle fasse, ce

n'est qu'une affaire de temps... Il faut penser aux affaires.

Charles regardait sa belle-mère, sans paraître comprendre ce qu'elle voulait dire ; il ne devina que lorsqu'il la vit se diriger, en lui faisant un signe, sur la petite pièce où l'on serrait le linge.

— Je vais vous montrer le linge, vous allez vous en occuper, c'est votre place, en l'absence d'Aline.

Les ouvrières s'étaient remises au travail.

Charles avait suivi sa belle-mère dans le bureau ; ils s'étaient assis tous les deux devant la table, avaient ouvert le livre de rentrée du linge et paraissaient le lire ; en réalité, la grande Julie, penchée sur le livre, disait à mi-voix à Charles :

— Je n'ai pas voulu te dire de monter dans ta chambre causer avec moi, afin d'éviter les cancans, tu te doutes bien que tous les regards sont fixés sur nous, toutes les oreilles tendues, il faut donc nous observer.

— Ah ! il est bien temps !

— Est-ce ta faute ou la mienne... je te l'ai assez dit.

Charles secoua la tête et ne répondit pas.

— Il ne faut pas vivre en désespéré, il faut envisager nettement la situation et y remédier si c'est possible.

Charles se contenta de hausser les épaules.

— Tu m'as dit qu'elle nous avait surpris ?

— Oui !... tu sais bien, hier, quand je t'ai rencontrée au coin de la rue.

— Oui, tous les hommes me parlaient... j'avais la tête montée par les parfums qui s'échappaient de mon panier, tu me dis en me voyant : « Cré Dieu ! que t'es jolie, Julie, comme ça », et moi je te répondis avec un coup d'œil : « Je passerais bien une bonne heure au lit... » Tu me pris la main et tu me dis : « Tu vas rentrer, je pars devant et je t'attends dans ta chambre... »

Charles écoutait, la tête baissée. La grande Julie, au contraire, sans embarras, et comme éprouvant du plaisir à évoquer ce souvenir, continua, en se penchant sur Charles, et en appuyant ses mains sur son bras :

— En arrivant, je me hâtai de jeter le linge, et craignant qu'on ne vînt nous déranger, je montai aussitôt le rejoindre et je fermai la porte en dedans.

Charles hochait la tête, sans répondre, honteux, mais sachant bien qu'il était le vrai coupable de la veille, qu'il n'avait pas l'excuse d'une occasion.

La grande Julie lui demanda :

— Que s'est-il passé ?

— Eh bien, tu ne le devines pas ? Aline est revenue du lavoir, et s'est dit en voyant le linge jeté au milieu de l'atelier, que probablement étant rentrée en sueur, tu étais montée dans ta chambre changer de vêtements — c'est elle qui m'a dit ça hier soir — alors elle se mit à trier le linge pour le faire porter immédiatement à échanger et à la lessive. En l'apprêtant, elle trouva les boucles d'oreilles.

— Ah bien !

— Effrayée, elle se dit : si on s'aperçoit de la disparition de semblables bijoux, ça va être une grosse affaire, on risque de nous accuser de les avoir volés... pour éviter les ennuis, elle pense qu'il faut tout de suite courir reporter les bijoux, et monte pour te parler dans la chambre.

— C'est ça !... jamais elle ne met les pieds chez moi, c'est une fatalité !

— Là, elle est surprise de ne pas voir de clef sur la porte...

— C'est vrai, je ne la retire jamais. Trop de précautions.

— Il paraît qu'alors elle nous a entendus... et comme ce qu'elle entendait l'intriguait, elle a regardé par le trou de la serrure. Le doute n'était plus possible... Elle n'a pas voulu faire de scandale, elle n'a rien dit aux ouvrières. Quand nous sommes descendus, tu te souviens de son air singulier.

— Moi, non, je n'ai rien remarqué...

— Elle cherchait dans son cerveau un moyen de se venger, sans se rendre ridicule, en racontant que je la trompais avec toi ; et elle s'était arrêtée à ceci. — Je vais faire arrêter ma mère comme une voleuse, ainsi je la chasse de la maison et l'empêche de revoir mon mari — que j'oblige à son tour à me quitter et à aller vivre comme il voudra en me laissant la blanchisserie. C'est alors qu'elle a été dans ta chambre cacher les boucles d'oreilles, puis elle est allée te dénoncer.

— Oh ! en a-t-elle un caractère, celle-là.

— Tu as vu son plan bien près de réussir, un rien a tout renversé... tu es libre... mais, en partant, elle nous a déconsidérés tous les deux, et si on ne croit pas encore à l'atelier, on doute.

— Mais non, ne t'effraie donc pas.

Il y eut quelques minutes de silence et il reprit :

— Et moi... moi, je le sens bien là, je suis le plus malheureux des hommes, et je ne pourrai pas vivre comme ça...

— Ça n'est pas galant.

— Ah ! Julie, ne me parle pas comme ça... j'ai honte de ce que j'ai fait... Je suis un misérable.

— Il est bien temps de t'en apercevoir... Ce n'est pas moi qui ai couru après toi... et parce que j'ai eu la sottise, la faiblesse, la lâcheté de t'écouter...

— Dis donc le mot, l'infamie...

La grande Julie devint toute rouge, elle répondit :

— Ou il fallait que je cédasse ou que je partisse de la maison, tu le sais bien... Je te menaçais de tout dire à ma fille...

— Ah ! ah ! c'est trop fort, fit Charles en la regardant fixement, c'est toi qui me dis ça... tu supposes que j'ai cru à ta comédie... quand je n'ai eu qu'à te prendre la taille pour que tu tombes à moitié évanouie dans mes bras... Souviens-toi...

— Je ne croyais pas, Charles, que tu me parlerais ainsi... C'est le châtiment de ma faute. Je m'étais bien tenue depuis mon veuvage et voilà... Ma fille sera plus sévère que moi.

— Dieu merci...

— Et je ne mérite pas ce que tu me dis... probablement pour te débarrasser de moi... comme tu t'es débarrassé d'elle...

— Dis donc, Julie, il faut finir cette pose-là, entends-tu... Le sacrifice que tu me faisais m'a encore coûté autre chose que je ne t'ai pas dit...

La grande Julie relevait la tête. Charles, montrant son œil poché, continua :

— Tu vois ça... c'est une petite dette involontairement contractée. Je compte sur toi pour m'en faire connaître l'auteur, et je la lui rembourserai avec usure.

— Que veux-tu dire? demanda la grande Julie.

— Cette nuit, quand ma pauvre chère Brûlé s'est sauvée, j'ai fait le malin ; puis, j'ai pleuré; puis, j'ai essayé de dormir. N'y réussissant pas, je suis descendu finir les saladiers de vin sucré, que nous avions laissés pleins lorsqu'on était venu t'arrêter... J'ai bu pour oublier et ça a réussi. Je me suis endormi là... Avant le jour, j'ai été veillé par un singulier monsieur qui frappait à ta fenêtre.

— Hein ! fit la grande Julie, toute bouleversée.

— Machinalement, j'ouvre la porte... Ah ! comme un gaillard habitué aux êtres, il entre sans regarder, s'enfile dans l'escalier, et cherche à ouvrir ta porte... mais sans bruit... il doit être chaussé de flanelle, ce type-là... Je l'appelle pour lui parler, et de là-haut il me tombe dessus et m'arrange comme ça... Oh! c'est un fort, ça doit être un clown..... ou quelque gouappeur de cirque..... peut-on savoir.....

— Je ne comprends rien à l'histoire que tu viens de me raconter.

— Ah ! très bien! tu ne veux pas le dire... je le trouverai. Mais vois-tu, maintenant, il faut oublier le reste, n'être plus que maman Julie.

— Tu peux compter, mon ami, qu'il sera fait suivant ton désir ; ce n'est pas demain, mais ce soir même que je vais partir...

— Mais tu ne réponds rien à ce que je te dis... à ce que j'ai vu.

La grande Julie était bien embarrassée pour répondre, c'est pourtant d'un air moqueur et le sourire aux lèvres qu'elle lui dit :

— Voyons, Charles, est-ce que je comprends un mot à ce que tu me racontes ; veux-tu dire que je connaissais cet homme ? Est-ce que je ne suis pas maîtresse de moi, et si j'avais un amant, quelqu'un aurait-il le droit de me le reprocher ?... Je n'ai aucune raison de cacher mes relations, et j'affirme ne pas savoir ce que cela signifie.

— C'est évident que je n'ai pas le droit de te reprocher des amants, mais je ne veux pas que tu les reçoives chez moi.

— Je ne veux pas répondre, je partirai ce soir...

Et en se levant, la grande Julie qui, quelques minutes avant, profondément humiliée, se voyait chassée et prenait les devants, avait senti dans ces reproches et dans ces murmures une jalousie qui lui avait rendu courage. Lorsqu'elle se redressa, Charles lui demanda aussitôt en la retenant :

— Où vas-tu ?

— Je monte à ma chambre tout préparer pour mon départ...

— Non ! Je ne le veux pas...

— C'est ce que tu me demandais tout à l'heure...

— Non... J'ai dit que nous ne devions plus vivre dans la même intimité, je n'ai pas dit que tu devais immédiatement déménager. Ce serait donner raison à Aline.

— Alors, commande, je t'obéirai...

— Tu vas t'occuper ici de ce que faisait ta fille, tu vas distribuer le linge, surveiller...

— Mais je ne t'ai pas refusé ça...

— Je le sais bien, mais tu ne comprends pas...

La vérité c'est qu'il ne savait plus lui-même ce qu'il faisait ; il avait voulu se débarrasser de la grande Julie, il avait cru rencontrer quelques difficultés et au contraire la blanchisseuse allait au devant de ses désirs, alors il sentait le vide plus grand autour de lui, il n'osait plus, se sentant absolument incapable de mener une maison comme la sienne, et puis au fond de cela il se disait que peut-être la présence chez lui de sa belle-mère, déciderait sa femme à revenir ; on l'obligerait à faire savoir où elle était.

— Voyons, arrêtons bien ceci ; tu restes chez nous comme la première ouvrière. C'est moi qui mène la maison comme d'habitude, c'est toi qui dirige l'atelier...

— Très bien...

— Maintenant, parlons franchement ; tu es comme moi, tu as le regret de ce qui est arrivé.

— Oui... oui... je te le jure. Je t'aime bien, mais j'ai mal agi.

— N'en parlons plus, fit vivement Charles, en rougissant ; il faut que ce passé-là soit absolument rayé, qu'il n'existe plus... Nous sommes deux amis.

— La mère et le fils, dit le plus sincèrement du monde et sans rougir la grande Julie.

— Pour éviter les medisances, je vais faire arranger nos chambres. Moi, j'entrerai chez moi par la cour, et tu seras chez toi une fois que tout sera fermé ici.

— C'est ça...

— Je ne te cache pas que je n'ai qu'un but... Je veux faire revenir la Brûlé...

— Laisse quelques jours s'écouler, dit Julie, qui ne doutait de rien... et j'irai la voir... et la déciderai.

— Où ça !...

— Tu verras...

— Maintenant, tu sais, devant les ouvrières, observons-nous plus que jamais.

— C'est évident... et tu sais que je vais mûrir l'idée que je disais à ces demoiselles.

— Te marier, fit Charles en haussant les épaules...

— Tu verras ça plus tôt que tu ne crois...

— Ça sera drôle...

— Je ne sais pas, mais ce sera gai pour moi.

— Allons, viens.

Ils se levèrent et revinrent dans l'atelier. Charles dit aussitôt :

— Mesdames, j'espère que ma séparation avec ma femme ne sera pas de longue durée, c'est pour ça que tout ici se passera comme avant. Maman Julie remplacera sa fille vis à vis de vous... Comme je serais aussi gêné qu'elle en restant dans la maison, la nuit, après ce qui a été dit, je vais faire venir le menuisier qui ouvrira ma chambre sur l'escalier de la cour et on fermera la porte de ce côté.

— Vous avez bien tort de vous préoccuper de ce qu'on dit, fit Augustine, avec ça qu'on ne sait pas qu'un homme comme vous et de votre âge n'a pas besoin de sa belle-mère pour s'amuser.

— C'est possible, la conduite de ma femme à mon égard me permet de faire ce que je veux... mais, pour la petite infamie racontée sur nous, ça, c'est autre chose.

La grande Julie monta chez elle, pour redescendre presqu'aussitôt se mettre à la table.

Charles, sombre, sortit faire un tour dans le quartier.

A l'atelier, il faut le reconnaître, l'absence de la jeune patronne n'apporta aucun changement. La grande Julie racontait ce qu'elle avait vu et entendu la nuit, ne passant pas les détails, ne gazant pas les mots, et peignant d'un trait des mœurs étranges. Après la nuit, on chanta, l'atelier était gai enfin, très gai.

Charles au dehors se promenait souriant, se demandant s'il n'avait pas eu tort lorsqu'il n'avait qu'un mot à dire, d'accepter le départ de sa belle-mère. Assurément, la présence de celle-ci devait augmenter la rage d'Aline et pouvait amener un résultat rapide, bon ou mauvais. Mais ce qui l'avait rendu lâche — il disait faible — c'était sa pa-

resse satisfaite ; sa maison continuerait de marcher comme
d'ordinaire, sans trouble, sans le mettre dans la nécessité
d'augmenter son travail. Au contraire, n'ayant plus que
sa belle-mère, à laquelle il commandait, il était bien
maître chez lui ; il faisait ce qu'il voulait, il pouvait vivre
à sa fantaisie, en garçon, sans qu'on lui fît un reproche, et
rien n'en souffrait. La maison allait toujours son même
train.

Il fit sa tournée habituelle, chez les marchands de vin
où il avait coutume de tuer le ver avec les amis. Là on
riait, on l'appelait le Pacha, à cause des nombreuses
femmes au milieu desquelles il vivait et qu'il commandait
lui seul, homme.

Personne ne lui parlant de son aventure, il se tint sur la
plus grande réserve. C'est par curiosité que, ce jour-là, il
prolongea sa tournée, voulant voir si partout on était dans
la même ignorance de ce qui lui était arrivé.

Il était heureux en rentrant, il avait un peu bu, et il
était persuadé que c'était lui, qui, justement, avait mis sa
femme à la porte, parce qu'elle voulait prendre trop de
droits dans le ménage et se mêler de ce qui ne la regardait
pas.

En entrant dans l'atelier, il eut un mouvement de joie
en remarquant l'entrain qui régnait et, souriant, il se répéta son mot favori :

— Allons, allons, ça séchera.

Il se promena quelques minutes dans l'atelier, plaisan-
tant comme il le faisait habituellement, un peu plus librement cette fois, n'étant pas retenu par le :

— Charles, Charles... ce n'est pas ta place ici. Laisse
donc un peu ces dames.

Il eut même l'impudence de demander...

— Eh bien !... ça va tout de même quand madame Jor-
donne n'est pas là !...

Plus respectueuses, les ouvrières ne répondirent pas. Il
continua :

— Elle en faisait assez de musique, comme s'il fallait

toujours crier après le monde pour le faire travailler...
Maintenant que je vois tout marcher comme ça, je suis
tranquille.

La journée s'acheva sans incident; Charles avait retiré
son paletot, était allé chercher le charbon et l'eau, avait
monté le linge du séchoir, son travail habituel enfin, ce
jour-là.

Le repas du soir commencé un peu tristement, avec
gêne, s'était terminé gaiement. Charles, observant les con-
ventions de la journée, avait allumé sa pipe, s'était levé et
avait dit:

— M'an Julie, maintenant c'est vous que ça regarde de
tout ranger ici, de bien fermer et de vous renfermer à
votre tour. Moi, vous comprenez, je rentrerai à l'heure que
je pourrai.

— Ah! Charles, ça n'est pas une raison pour que tu te
mettes à faire la noce... faut penser à travailler demain.

— M'an Julie ayez pas peur... vous ne vous en aperce-
vrez point, aujourd'hui encore je passe par ici, mais demain l'autre porte sera faite... bonsoir mesdemoiselles...
bonsoir.

Et il était sorti, se rendant dans un petit café où il savait
rencontrer quelques amis du temps où il était garçon. Son
entrée fut saluée par des cris de joie... C'était la première
fois depuis son mariage qu'on le voyait le soir.

— Ah! Charlot, qu'est-ce qu'il y a de neuf?

— Mais il est arrivé quelque chose?

— Pas du tout, on travaillait à la maison, je m'endor-
mais près des mécaniques. Je me suis dit: Je vais aller
faire une partie avec les amis... et me voilà.

Il n'avait raconté à personne qu'il avait quitté sa femme.
La soirée lui sembla triste; il ne retrouva plus, près de
ses amis, le plaisir qu'il y trouvait autrefois; il était fatigué et ennuyé. Lorsqu'à minuit il se dirigea chez lui, tout
dormait dans la maison; sans bruit il entra, traversa l'atelier, monta l'escalier sur la pointe des pieds et gagna sa
chambre.

Il s'y enferma, il était chez lui, il se déchaussa, pour ne pas faire de bruit, car il ne se sentait pas sommeil et, n'ayant pas le désir de se coucher tôt, il ne voulait éveiller personne. Il était chez lui, son maître, il jouissait de sa liberté, éprouvant un bien-être à rentrer ainsi tard sans que personne se crût autorisé à lui faire de la morale. Il y avait de l'enfant en lui, il était heureux d'être indépendant.

Ayant beaucoup bu, nous l'avons dit, et surtout le soir, sans soif, et rien que des alcools, il était agité, nerveux, excité, mais gai. En pensant aux événements de la journée, il était moins tourmenté, il riait. Au fond, ce qui l'avait le plus effrayé, c'était l'arrivée de la police dans la maison, l'arrestation de la grande Julie. De tout cela il ne restait rien, la grande Julie était libre, sa femme était fâchée avec lui, mais cela ne durerait pas, il le sentait.

Étendu sur son fauteuil, souriant à ses pensées, il résumait sa situation en disant :

— Ça séchera ! Elle sera bien forcée de revenir à la maison, et alors elle y regardera à deux fois avant de faire de la peine à bibi, elle saura qu'il est trop facile de se passer d'elle... Crédié ! j'ai pas envie de dormir.

Il se leva, alluma sa pipe et se mit à la fenêtre.

— J'ai chaud, c'est rigolo de sentir le sang vous remuer comme ça ; il arrachait sa cravate, déboutonnait le col de sa chemise. Il serra sa pipe et se passa un linge mouillé sur la figure. Se parlant à lui-même, il disait:

— C'est drôle, ça, je devrais être crevé. La nuit passée je n'ai pas dormi, j'ai eu des émotions toute la journée, il est presque deux heures du matin et je ne dormirais pas si je me mettais au lit... J'aurais dû ne pas rentrer... et puis c'est l'habitude de ne pas coucher seul.

Il revint s'accouder sur la fenêtre quelques minutes, puis il la ferma, se dévêtit à moitié, et tout tremblant, il sortit de sa chambre et alla frapper à la porte de la grande Julie...

V

UNE SOULEUR

Lorsque la malheureuse Aline avait quitté le domicile conjugal, le cœur meurtri, ulcéré par ce qu'elle venait d'entendre, terrifiée par l'audace des deux coupables, qui niaient effrontément, elle s'était dit qu'il n'y avait plus d'espoir de ce côté; ce qu'elle quittait était bien perdu pour elle.

Elle trouvait bien ingrates les ouvrières avec lesquelles elle vivait chaque jour, qui paraissaient s'être mises contre elle. Elle était partie la rage dans l'âme, le regard fiévreux, les dents serrées, fière, et dans la voiture toute son énergie était tombée, de grosses larmes coulaient de ses yeux.

Qu'allait-elle faire? A chaque minute, des souffrances qu'elle ne connaissait pas, que ces émotions avaient fait naître, lui rappelaient qu'elle allait être mère... et la pauvre enfant pleurait plus fort, non des tourments et des souffrances qu'elle allait endurer, mais de l'abandon dans lequel elle allait vivre. Chaque fois que la pensée de son Charlot lui revenait, il lui semblait qu'on lui enfonçait une aiguille dans le cœur.

Et là, dans sa voiture, elle mettait encore ses mains sur sa figure, et ses larmes coulaient entre ses doigts;

elle cherchait à se dérober au tableau qui se plaçait
sans cesse devant ses yeux : Sa mère, la grande Julie,
se tordant de plaisir sous les caresses de son mari...
Oh! cela était épouvantable... Et cet homme était le père
de son enfant! Non, jamais, jamais elle ne consentirait
à le revoir. Et les sanglots devenaient plus déchirants,
car la malheureuse aimait, adorait son mari, et vingt
fois déjà elle avait dit :

— Oh! si ce n'était pas ma mère, je pardonnerais...

Après avoir pleuré elle se recueillit; qu'allait-elle faire?
Il fallait travailler. Aller en atelier, elle n'y voulait pas
songer; c'était s'exposer aux quolibets des ouvrières, toujours jalouses de celles qui ont été patronnes, et Aline
croyait que l'aventure de sa mère et de son mari était
connue de tout le monde. C'est en tremblant, le matin,
qu'elle avait cherché dans les faits divers du *Petit Journal*.
Elle avait pris chez elle son linge personnel, ses vêtements
et ses bijoux, elle avait pris l'argent de la maison : cinq
cents francs, se disant que, puisqu'elle abandonnait le
reste à son mari, elle avait bien le droit de prendre cela.
S'établir avec de nombreuses ouvrières, elle n'y pensait
pas; on ne réussit pas toujours, et c'était trop de tracas
pour elle. Aline s'arrêta à l'idée de travailler chez elle, en
se faisant aider, si cela était nécessaire, un jour par semaine; de cette façon elle aurait tout bénéfice et facilement de l'ouvrage, car elle avait l'intention d'aller chez
deux ou trois pratiques choisies, ses meilleures, raconter
la vérité et demander qu'on l'aidât à travailler.

Le soir, elle couchait encore à l'hôtel; le lendemain,
ayant loué un petit logement rue Saint-Maur, elle s'y installait.

Sur les cinq cents francs, elle en sacrifiait trois cents
pour s'acheter un lit et un petit ménage. On juge de son
luxe.

Le lendemain, elle faisait ses courses et le surlendemain, ayant absolument réussi, elle travaillait.

Au contraire de l'atelier des Poissonniers, le petit atelier de la rue Saint-Maur était bien triste, on n'y riait pas, on y chantait moins... On y pleurait beaucoup... et on travaillait le jour et la nuit.

Le surlendemain de son installation, elle avait terminé son travail et venait de faire son dîner, seule, près de sa mécanique, elle mangeait en lisant un petit journal. C'était la seule heure qu'elle sacrifiât.

Tout à coup, elle rejeta ce qu'elle tenait à sa fourchette dans son assiette et jeta un cri sourd, elle était devenue livide, ses lèvres tremblaient ; elle avait lu :

« Dans un quartier excentrique de Paris s'est produit un fait des plus douloureux.

» Mme X..., blanchisseuse, étant montée dans sa chambre pour chercher de la monnaie afin de rendre à une pratique qui la payait, surprit son mari en criminelle conversation avec sa mère.

» Les deux coupables avaient pris la fuite. Le soir, le mari rentra repentant, suppliant sa femme de lui pardonner. La dame X... avait déposé sa plainte et refusa, disant qu'elle ne voulait plus le revoir, et que s'il ne consentait à se retirer, elle le ferait prendre par des agents.

» Le coupable se retira en pleurant. Le soir il s'est fait justice en se tirant un coup de revolver dans le cœur.

» Mme X..., qui est partie de chez elle le soir même, ignore encore ce suicide. »

Malgré les quelques détails qui ne se rapportaient pas avec ce qui s'était passé, le doute n'était pas possible ; le reporter du journal avait pris une version de voisins. Or, les voisins ne savaient rien.

— Oh ! mon Dieu ! mon Dieu !... c'est épouvantable.

Et, vivement, coiffant son bonnet, sans souci des larmes qui coulaient abondamment sur ses joues, la tête perdue par la secousse qu'elle venait de ressentir, elle se disposait à sortir. Comme ce qu'elle avait lu se déplaçait dans son cerveau troublé, elle reprit le journal, et s'imposant le calme, elle relut lentement ; il fallait se rendre à la vérité, c'était bien d'elle et de Charles qu'il était ques-

tion. Charles s'était tué... pour elle ! A cause d'elle ! Oh !
cela était atroce à penser. Comme à cette heure le tableau
qui la troublait sans cesse n'était plus le même. Elle ne
voyait plus, elle ne pensait plus à sa mère, elle s'en tenait au récit du journal, la grande Julie s'était sauvée.

Elle voyait le drame. Lorsqu'elle était partie, il s'était
disputé avec sa mère ; des reproches on en était arrivé
aux injures, puis le soir, resté seul, désespéré, dans la
chambre vide, se rappelant qu'elle avait répondu à sa demande de réconciliation :

— Jamais ! jamais !

Se sentant repoussé par tout le monde, comprenant seulement alors combien sa faute était hideuse, se sentant à
la fois sale et ridicule, dans un moment de désespoir il
avait pris son revolver et s'était tué...

— Oh ! mon Dieu ! mon Dieu ! Et elle portait les mains
à son visage. Ce n'était plus la chambre de la grande
Julie qu'elle voyait... C'était sa petite chambre à elle,
son nid, triste, lugubre, à peine éclairée par une bougie ;
sur le lit étendu, raide, le malheureux Charles, l'œil
éteint, la bouche crispée. Elle sentait un froid mortel se
glisser dans son sang. Charles mort... Elle ne pensait
plus à la faute, elle ne voyait que son homme, celui
qu'elle avait choisi pour mener la vie longue des travailleurs, celui dont elle sentait l'enfant s'agiter dans son
sein.

— Oh ! mon Dieu ! mon Dieu !

Elle pleurait, pleurait, sanglotait, et, prête à partir, fut
obligée de s'asseoir sur une chaise pour laisser passer sa
crise de larmes.

Elle ne doutait plus ; elle était veuve...

Dans les plans nombreux qu'elle avait faits, dans les
projets, les rêves... elle n'avait jamais pensé à cela.
Veuve ! veuve...

C'est alors qu'elle put mesurer l'amour immense qu'elle
avait pour son mari. Certes, sa vie était irréprochable ;
elle s'était conduite dignement, et cependant elle s'ac-

cusait... c'était elle qui était la cause de la mort de son mari.

Le coucou qu'elle avait dans son atelier sonna dix heures.

Elle se leva bien vite, elle regarda autour d'elle, cherchant si elle n'oubliait rien pour la nuit. Elle prit dans le tiroir ce qui lui restait d'argent, au cas où il en faudrait. Pensant, avec un frisson, que les frais d'inhumation étaient lourds, elle prit tous ses bijoux, disposée à les mettre le lendemain au Mont-de-Piété pour faire face à tout... et folle de douleur, à cause des lugubres détails sur lesquels son attention s'était portée, elle se redressa et partit.

Il fallait une grande demi-heure, en courant, pour arriver rue des Poissonniers. Aline était heureuse de la nuit, qui lui permettait d'arriver jusque chez elle sans être remarquée par les voisins. Ce qu'elle redoutait, c'était les cancans, les bavardages, les hypocrites démonstrations de sympathie.

En arrivant rue des Poissonniers, les boutiques voisines de la grande cour étaient fermées. Elle poussa le ressort qui fermait la grande porte, et entra dans la cour. Tout était lugubre, silencieux ; la jeune femme terrifiée, oppressée, marchait difficilement. Elle arriva devant l'atelier vitré... Tout était éteint, une lumière seulement brûlait, dans sa chambre, dans la chambre de son mari. Elle s'arrêta et s'accota au mur, craignant de ne pouvoir aller plus loin. Jusqu'alors elle avait espéré faiblement, mais elle espérait, se disant :

— Je vais arriver rue des Poissonniers... et trouverai tout le monde au travail ; lui, soucieux, attristé... Bah ! mieux vaut en finir ; pour moi, pour mon enfant j'essaierai d'oublier. Je lui tendrai les bras et lui dirai : Je te pardonne... Oh oui ! si cette nouvelle est fausse, j'agis ainsi... Et c'est faux... D'abord, quand ces choses-là sont vraies, on met les noms, les adresses. Or, dans un quar-

tier excentrique, Mme X..., ça ne signifie rien... Si c'était
vrai, cependant... Oh! mon Dieu! mon Dieu!

Et elle courait plus fort. Nous l'avons dit, elle s'était
arrêtée, terrifiée, obligée pour ne pas tomber, de s'accoter
au mur, écrasée par ce grand silence de nuit, qui étouffait ses sanglots... Il était onze heures. A cette heure, jamais la Sang-Brûlé n'était couchée, travaillant dans l'atelier jusqu'à minuit, et tout était éteint, il ne restait
d'éclairée que la petite chambre. Le doute n'étant plus
possible, il fallait se résigner et s'armer de courage ; elle
contint ses sanglots, s'essuya les yeux et s'avançant vers
la porte, elle pensa qu'elle avait une clef.

Mais c'était inutile, la porte n'était fermée qu'au pène;
en ouvrant, elle eut un hochement de tête désespéré : la
porte restant ouverte la nuit indiquait assez qu'on veillait
là-haut près du corps.

Vaincue, faisant un dernier effort pour maîtriser son
émotion, elle avança, monta doucement et lentement le
petit escalier ; arrivée sur le palier, en face de la porte de
sa chambre, ne pouvant aller plus loin, elle tomba à
genoux et suppliante, les mains jointes, la tête courbée,
elle gémit :

— Grâce! mon Charles! grâce! j'ai été sans pitié!
grâce!

Et quand elle entendit qu'on venait ouvrir, elle couvrit
son visage de ses mains, se courbant encore, le front
presque à terre, sanglotant, gémissant, redoutant le spectacle terrible de celui qu'elle aimait, raidi par la mort sur
le lit nuptial...

La porte s'ouvrit, inondant la Sang-Brûlé de lumière,
et une voix qu'elle reconnut et qui la secoua de la moelle
à la pointe des poils, s'écria :

— Jour de Dieu, c'est la Brûlé.

C'était Charles... Charles vivant!

Sentant une vie nouvelle courir dans son sang ; se souvenant des rêves qu'elle avait faits en route, elle releva la
tête en souriant, elle se redressa et allait se jeter dans les

bras de son mari qu'elle voyait rester devant la porte, l'air niais, bête, embarrassé et à moitié habillé... Mais ses regards s'étaient portés vers le lit... et elle avait vu une femme sauter du côté de la ruelle pour s'habiller hâtivement... Elle l'avait reconnue. C'était sa mère...

Alors, la Sang-Brûlé crut un instant qu'elle allait tomber, s'effondrer ; son sang bouillonna pendant quelques secondes, elle ne vit rien... elle entendit :

— Pousse-la donc dehors et ferme la porte...

Ces secondes, c'était le temps nécessaire à mettre le feu aux poudres, car, tout à coup, bondissant sur son mari, et le souffletant en le rejetant en arrière, elle s'écria :

— Tu n'es qu'un misérable !... et je pleurais et je me désolais ! Dites donc la fille... C'est à vous, ma mère, que je parle... Venez donc là que je vous crache au visage. Mais, vous êtes des monstres... et j'avais cru qu'un lâche comme toi pouvait se tuer, qu'une salope comme elle pouvait se repentir... Ah ! mais... c'est ici, chez moi... Ce qui y est, je l'ai gagné. J'étais trop bête d'en partir, et vous preniez mon lit,... celui de ma mère ne tient plus, il a trop servi... Et c'est pour ça qu'on souffre, qu'on se fait du mal...

Charles, d'abord abruti par la surprise, se remettait peu à peu. Il vint se placer devant sa femme, et dit

— Assez de bruit comme ça. Va-t-en, et vite.

— Moi, jamais... Je viens vous ficher à la porte toutes les deux.

— Oh ! assez, tu sais, fit Charles, levant la main.

La Sang-Brûlé le regarda une seconde, et, saisissant une paire de ciseaux et les brandissant comme un couteau, elle exclama avec un ton qui fit pâlir Charles :

— Ah ! ne lève pas la main sur moi, ou je te fiche mes ciseaux dans le ventre.

Il était si visible qu'elle l'allait faire, que Charles se recula.

Et, comme une folle, allant et venant menaçante dans

la chambre, criant des injures et des grossièretés, elle
dit :

— Mais, montre-toi donc, ma mère... ma mère !

— Enfin ! qu'est-ce que tu veux ? demanda Charles, se
plaçant devant la grande Julie cachée derrière les rideaux.

— Ce que je veux, tiens, regarde...

Et prenant sur la cheminée la pendule, elle la jeta à
terre ; prenant les candélabres, elle les jeta dans la
glace...

— Je veux tout briser... ici, tout... vous avec.

— Elle est folle... disait la grande Julie, terrifiée ; viens
nous enfermer dans ma chambre.

— Ça, jamais ! cria la Sang-Brûlé, qui avait entendu...
Vous ne sortirez pas d'ici. Et jetant des vases dans les
vitres, en faisant un bruit infernal, elle cria :

— Au secours ! au secours !...

Dans la cour, on se remuait, les apprenties couchées au
rez-de-chaussée, hâtivement vêtues, montaient le petit
escalier. Charles, épouvanté, troussait ses manches et se
préparait à sauter sur sa femme pour la mettre dans
l'impossibilité de continuer le scandale. Elle l'avait vu, et
dit en prenant un des flambeaux par la bobèche :

— N'essaie pas de venir sur moi... Je te tue... si j'avais
une arme vous n'existeriez plus...

On entendait des voix dire en dehors de la porte.

— Ouvrez ! ouvrez !

La Sang-Brûlé se précipita, ouvrit la porte toute grande
et dit :

— Entrez, entrez... c'est tout ce que je voulais. C'est
ma mère que je trouve couchée avec mon mari.

Et bousculant son mari, absolument abruti, elle courut
vers le lit et arracha le rideau, découvrant la grande
Julie uniquement vêtue d'une chemise.

Celle-ci s'écria :

— Elle est folle, elle est ivre et veut nous assassiner.

Tenez-la que je rentre dans ma chambre — que je rentre dans ma chambre dont elle m'a fait sortir.

— Ah ! c'est ainsi, fit Aline..., et s'adressant à l'une des apprenties :

— Cours au poste, à côté, et va me chercher des agents ; dis ce qui se passe ici.

L'apprentie eut un rire malin plein de vice ; elle était joyeuse à l'idée du scandale. Le poste de police était à une centaine de pas de la grande cour ; elle descendit rapidement l'escalier, bousculant les gens qui arrivaient attiré par l'appel de la Sang-Brûlé, en criant joyeusement :

— J'y cours, madame.

Dans l'escalier, sur le palier, tous les voisins accourus s'interrogeaient, se souriaient aux premiers mots et se reculaient avec répulsion, de la veuve Marin et de son gendre. La première n'avait qu'une pensée, fuir, c'est-à-dire presque nue ; en remarquant l'hostilité de ceux qui l'entouraient, elle dit à mi-voix à Charles :

— Si nous sommes pris, c'est la prison.

Goduret eut un sursaut au mot prison. Il comprit qu'il n'y avait qu'un moyen d'arrêter le scandale, de finir la scène, c'était de s'occuper de soi, en laissant menacer et crier la Sang-Brûlé, qui racontait à tous :

Qu'elle avait déjà surpris son mari ; prise de dégoût elle s'était sauvée de lui ; si elle revenait, c'est qu'elle avait lu dans les journaux que le misérable, accablé de honte, s'était tué... et elle était revenue pour le trouver couché avec la grande Julie : il la faisait coucher près de lui dans le domicile conjugal. Elle était prête au sacrifice d'abord, voulant éviter le scandale... Mais la faute augmentait et elle revenait pour défendre ses droits.

La grande Julie s'était enveloppée dans la couverture, elle voulut sortir ; mais, aux cris poussés par la Sang-Brûlé, on s'opposa à sa sortie de la chambre.

— Ah non ! non, vous ne sortirez, ni l'un ni l'autre, avant l'arrivée des agents...

Charles, épouvanté par l'idée de passer la nuit en prison, se redressa aussitôt :

— Ah ! voilà assez d'affaires. Laissez-nous passer, où je cogne, moi... Elle a voulu des témoins, vous lui en servirez, c'est tout ce qu'elle demande et tout ce que je permets... Allons, passe Julie, va vite t'habiller dans ta chambre...

Et il fit faire place autour de lui.

— Vous n'êtes pas des agents, et je voudrais bien que l'un de vous se permît de mettre la main sur nous... Tant qu'à toi, la Sang-Brûlé, nous sommes là ; quand tes agents viendront, je les attends.

— Je voulais vous confondre tous les deux... c'est fait... Tu peux faire ce que tu veux... maintenant on sait la vérité.

La grande Julie en entrant dans sa chambre avait tiré Charles, et, fermant la porte, elle avait dit :

— Vite, vite, habillons-nous. Nous n'avons que le temps si nous ne voulons coucher encore au poste.

Charles ne répondit pas ; il était comme hébété. L'effort qu'il avait fait pour sortir de la chambre avait épuisé son courage. Il faut, pour se rendre compte de son état, savoir ce qui se passait depuis quelques jours. Le malheureux garçon savait que le bruit de son aventure s'était répandu. Chaque fois qu'un regard croisait le sien, il baissait la tête. Chaque fois qu'on lui demandait des nouvelles de sa femme, il balbutiait. La grande Julie, en le voyant triste, était prise d'inquiétude ; elle se souvenait du premier entretien qu'elle avait eu avec lui, et dans lequel il avait changé trois fois d'avis en moins d'une journée. Elle n'avait qu'une intention : enlever à Charles toutes ses préoccupations, et pour cela en commençant par satisfaire à tous ses vices. Jamais Charles n'avait connu ces amours et la grande Julie lui disait qu'on n'avait pas besoin de lui à l'atelier. Elle l'envoyait rire avec ses amis, c'est-à-dire : boire.

Et depuis le départ d'Aline, chaque soir, à l'heure du

repas, Charles était rentré un peu gris, chaque nuit il revenait étant ivre. En cet état, il appartenait tout entier à sa maîtresse.

En voyant sa femme, il avait failli tomber, la surprise avait été le coup de grâce, il s'était retrouvé sans énergie, comme abruti ; comprenant à peine ce que sa femme disait, il n'avait repris un peu de vigueur qu'en entendant parler de prison.

Ça, il n'en voulait à aucun prix... et aussitôt qu'il fut enfermé dans la chambre de la grande Julie, il lui dit :

— Les agents vont venir, on va nous prendre. Je ne veux pas aller en prison.

— Ni moi... Mais n'aie pas peur, mon Charlot... C'est moi qui te sauverai de ça... Tu m'aimes maintenant.

— Tu vois bien que je n'aime que toi.

— En es-tu dégoûté d'elle à présent... tu l'as vue ce soir.

— Oh ! c'est pas fini... fit l'ivrogne menaçant... c'est pas fini. J'accepte pas ce qu'elle m'a dit ce soir... elle le payera à son heure.

Ils se hâtaient de se revêtir, ils étaient prêts tous les deux.

— On ouvre la porte, dit Charles, voilà les agents, nous allons être pincés.

— Ne crains rien, fit la grande Julie, mes précautions sont toujours prises.

— Comment ça ?

— J'ai mes bijoux, mon argent ; tu n'oublies rien ? Vois-tu cette fenêtre sur le côté, et bien c'est moi qui ai voulu qu'on plaçât l'échelle dans le coin ; on n'a qu'à la tirer et on la place là.

Charles dit avec un accent étrange :

— Ah ! elle a dû te servir... avec d'autres...

— En voilà des bêtises... Allons, Charles, vite, descends, fit la grande Julie, relevant sa jupe pour glisser dans ses poches son argent et ses bijoux qu'elle venait de prendre dans le meuble, et soufflant la bougie.

On entendait dans l'escalier les agents, dirigés par l'apprentie, qui montaient.

La Sang-Brûlé expliqua la situation en deux mots, montrant le lit défait et terminant en disant :

— Ces messieurs, ces dames sont les témoins.

— Nous sommes prêts à signer, dirent quelques-uns.

Celui qui dirigeait les agents demanda :

— Et ils ont pris la fuite ?

— Non, monsieur, ils se sont enfermés, là, chez elle...

— Vous réclamez leur arrestation, madame ?

— Mais absolument, le procès-verbal ne me suffit pas. Je veux qu'on les arrête et qu'on les juge.

— C'est bien.

L'homme frappa à la porte en disant :

— Au nom de la loi, ouvrez !

Rien ne répondait.

La Sang-Brûlé eut un haussement d'épaules, un rire sardonique, et, fouillant ses poches, elle tendit une clef, en disant :

— Tenez, monsieur, vous pouvez ouvrir.

La porte fut ouverte, et le courant d'air qui en sortit faillit éteindre la bougie que tenait une apprentie.

Les agents et la Sang-Brûlé entrèrent.

Celui qui dirigeait les agents prit la bougie et la leva ; il ne vit rien. La fenêtre était ouverte.

La Sang-Brûlé, furieuse, se précipita et, près du lit, elle buta et dut s'accrocher aux rideaux pour ne pas tomber.

— Qu'est-ce que c'est que ça ? cria-t-elle.

L'agent baissa sa bougie et éclaira le corps de la grande Julie ; le corsage et la chemise étaient arrachés et le manche de corne d'un couteau de boucher sortait au-dessous du sein gauche.

La grande Julie était morte... Les assistants se reculèrent épouvantés. La Sang-Brûlé avait jeté un cri rauque, s'était redressée, avait battu l'air de ses bras et était tombée raide sur le parquet.

FIN DE LA PREMIÈRE PARTIE

DEUXIÈME PARTIE

TUE-LA!

I

UN MYSTÈRE

La partie, qui dans cette histoire pourrait tenir sous le titre de drame judiciaire, sera vite décrite, pour arriver au but moral que vise notre brutale mais véridique histoire.

C'est donc rapidement que nous raconterons que Charles Goduret avait été arrêté le soir même, errant dans les rues de La Chapelle ; qu'il avait été, après une interminable instruction, jugé en cour d'assises. Il y avait l'air d'un hébété, paraissait ne rien comprendre à ce qu'on lui disait, reconnaissait qu'il avait agi comme un misérable, en vivant comme un paresseux auprès de sa femme, qu'il avait trompé celle-ci avec sa mère, la victime.

Il se repentait, mais il jurait Dieu et diable qu'il avait quitté la grande Julie bien vivante dans sa chambre ; il l'attendait en bas de l'échelle, lorsqu'il avait vu un agent descendre, et aussitôt il s'était sauvé, on l'avait arrêté une heure après, à tous les renseignements qu'on lui avait demandés, il avait répondu clairement, seulement au sujet du meurtre il déclarait ne rien comprendre.

Quand on l'avait confronté avec le cadavre, ça avait été une scène déchirante, et le malheureux garçon, oubliant qu'il était, en outre, accusé d'un incestueux adultère avec la victime, s'était jeté sur elle et l'avait embrassée avec passion.

Les gens chargés de l'instruction ne trouvant aucune preuve, ne pouvant arriver à faire le jour sur cette affaire, avaient cru utile de l'embrouiller encore, et le monsieur chargé de défendre devant la cour l'injustice française, avait raconté l'accusation du vol de diamants dont la victime avait été l'objet ; peut-être, la malheureuse avait-elle déjà son amant pour complice. Le même monsieur avait insinué que lorsque Charles était boucher, il n'était travailleur que parce qu'il éprouvait du plaisir à tuer les moutons et les bœufs. Charles, en entendant le procureur général, finissait par ne plus comprendre ce qu'il disait, et se penchant sur son avocat, il demandait :

— Est-ce que c'est encore de moi qu'il est question ?

Ce jour, un de ses témoins ne répondit pas à l'appel, sa femme ; une lettre de médecin l'excusait, elle avait accouché la nuit même d'un garçon. L'accusé, hébété pendant la lecture du réquisitoire, ayant l'air d'un malheureux sur la tête duquel coule une douche d'eau froide, avait nettement répondu à toutes les questions qui lui étaient faites, avouant avec un repentir sincère son inconduite et sa paresse.

Mais, lorsqu'on arriva à l'accusation du meurtre, c'est tout tremblant d'émotion, en pleurant sans cesse, qu'il jurait qu'il n'avait jamais tué personne, et malgré la faute dont il se reconnaissait coupable, il aimait la grande Julie, il l'aimait et il l'aurait défendue contre ses assassins.

L'accusé bouleversait les jurés en répondant :

— Sur ce que j'ai de plus sacré au monde, monsieur le président, je vous le jure, je n'ai tué personne... J'étais avec Julie, effrayé d'être pris en flagrant délit. Nous étions décidés à nous sauver pour aller vivre ensemble. Je lui avais dit en m'habillant : Je ne veux pas aller en prison, et elle me répondit : Ni moi, mon Charlot ; n'aie pas peur, je te sauverai de ça. Alors elle me montra que près de la fenêtre, on avait l'habitude d'appuyer une échelle. Je la pris et la plaçai vite, car les agents venaient d'arriver. On ouvrait la porte d'en bas. Elle cherchait dans sa commode. Elle dit : J'ai mes bijoux, mon argent... tu n'oublies rien, toi ? — Non. Elle éteignit la bougie, et elle me dit encore : Descends vite, toi d'abord, et attends-moi dans la rue ; du moment où tu n'es plus là... ils ne peuvent me prendre ; va vite... Je descendis, et j'étais dans la cour, lorsque je vis un agent qui descendait par l'échelle. Je me sauvai rapidement et lui échappai. Un quart d'heure après, je revenais dans la rue des Poissonniers pour retrouver Julie, lorsque je fus arrêté et que j'appris ce qui s'était passé.

— C'est votre même système, dit le président.

— Mais, monsieur, répondit Charles en fondant en larmes, mais ce n'est pas un système... C'est la vérité, la vraie vérité...

— Vous seul avez mis le pied dans cette chambre... La victime s'est suicidée ?...

— Je ne dis pas cela, monsieur... Je ne sais pas... Je ne l'ai pas tuée, voilà ce que j'affirme.

Pendant deux grands jours, l'avocat et le ministère public affirmèrent que Charles Goduret était le dernier des gredins. L'accusateur disait qu'il était l'assassin de sa maîtresse. L'avocat, qui défendait d'office le blanchisseur, trouvait qu'il allait un peu loin ; il admettait bien que son client était capable de tout, cependant on n'avait pas de preuves.

Après quatre heures de délibération, le chef du jury vint déclarer l'innocence de l'accusé. Quand le président prononça l'acquittement, Charles glissa de son banc, évanoui.

Il ne revint tout à fait à lui que dans la salle du mar-

chand de vin, en face du Palais de Justice, entouré de
ses amis du quartier qui lui avaient fait une ovation en
entendant prononcer l'acquittement ; c'est qu'il s'était
produit une certaine impression dans l'entourage de l'ancien blanchisseur. Nombre d'ouvrières étaient sympa-
thiques à leur patron et la Sang-Brûlé, qui avait repris sa
maison, les avait chassées. On savait qu'elle ne chargeait
pas son mari pendant l'instruction, mais elle ne le défendait pas.... Les gens qui connaissaient la nature douce de
Charles disaient qu'il était incapable d'un crime semblable et ils étaient convaincus que, dans un moment d'éga-
rement, la grande Julie, comprenant que sa faute honteuse allait être connue de tous, s'était fait justice elle-
même ; elle avait persuadé à son amant qu'elle allait fuir
avec lui et elle l'avait fait partir.

Elle lui disait de l'attendre dans la rue et elle cherchait
l'arme épouvantable, un ancien outil de son amant, son
couteau de boucher, et elle se l'enfonçait jusqu'au manche dans le cœur.

La Sang-Brûlé connaissait sa mère ; elle avait pu chercher à entraîner son homme, mais elle n'excusait pas
Charles pour ça ; au contraire, en cédant, il était aussi
coupable qu'elle. Jamais elle n'aurait cru celui qu'elle
aimait capable de pareille chose. Elle l'avait cru bon,
mais léger et frivole. Or, elle s'était trompée, ses amours
avec la grande Julie avaient démontré le contraire. Ça
n'avait pas été seulement l'œuvre d'une occasion, une
folie, un caprice, mais c'était bel et bien de longues relations.

Elle avait cru Charles un insouciant, faible, se laissant
dominer. Du jour cruel où elle s'était aperçue de ce qui
se passait et où elle avait voulu rompre, elle avait vu un
homme intéressé, qui avait d'abord raisonné ses intérêts
et les avait placés au-dessus de tout ; au mépris de la plus
simple loyauté, il avait voulu garder la maison, qui était
l'œuvre d'Aline ; et le lendemain la femme qu'elle avait
chassée était revenue plus forte et avait pris sa place dans

la maison ; son mari l'avait présentée aux ouvrières en disant :

— Maintenant, voici votre patronne.

De tout cela, il était résulté un changement radical dans l'idée qu'Aline se faisait de son mari. Elle en avait peur, et, lors de la constatation du crime, elle n'avait pas hésité, elle l'avait accusé. Sa mère était incapable de se suicider, elle aimait la vie, elle voulait vivre ; personnelle, elle ne voyait qu'elle et ne pensait qu'à elle, le mépris ne la touchait pas, le mal lui faisait peur. Elle en était convaincue, sa mère ne s'était pas tuée, on l'avait tuée.

Or, comme il n'y avait que deux personnes dans la chambre, le doute n'était pas possible, il n'y avait que l'assassin et sa victime. Comment cela était-il arrivé ? Elle ne pouvait le comprendre. Voici ce qu'elle croyait probable :

Charles, se voyant près d'être livré à la justice, ridiculisé par ses amours avec une femme qu'on appelait sa mère, avait perdu la tête et avait dit :

— Tu es la cause de tout, finissons-en.

Il avait sauté sur le couteau qui se trouvait avec ses autres outils dans le bas d'une armoire, et il avait frappé la Julie avec l'intention de se tuer après... Puis, le courage lui ayant manqué, il s'était sauvé.

C'était sa pensée, mais jamais elle ne l'avait formulée dans l'enquête.

Acquitté, libre chez le marchand de vin, en face le Palais-de-Justice, Charles pensa aussitôt à voir sa femme et son enfant, car il avait appris, la veille, qu'il était père, et cela lui avait donné courage. Fort de son innocence, la bonne nouvelle l'avait rendu heureux ; il s'était dit superstitieusement :

— C'est un jour de bonheur... on va tout découvrir aujourd'hui.

On n'avait rien découvert, le crime restait toujours

mystérieux, mais il échappait à l'accusation, et c'était tout ce qu'il demandait.

Quand il parla de se rendre chez lui, quelques-uns cherchèrent à l'en dissuader, assurant qu'il y serait mal reçu. Sa femme ne cachait à personne que, quoiqu'il arrivât, elle ne le reverrait jamais. De plus, elle avait obtenu, *de plano*, pendant son incarcération, sa séparation de corps et de biens. Elle était chez elle, elle avait le droit de refuser de le recevoir.

Charles n'y voulait pas croire. Celle qui avait été cause de leur malheur à tous deux n'était plus, et devant cette tombe on devait tout oublier. Il le croyait, le malheureux.

On prit des voitures. Les amis voulaient lui offrir à dîner dans le quartier, et l'on partit. Arrivés à La Chapelle, rue des Poissonniers, on descendit chez le marchand de vin où Charles avait coutume d'aller. Là, il eut sa première impression douloureuse. Quelques personnes qui se trouvaient dans la boutique et qu'il connaissait se sauvèrent en le voyant entrer ; il comprit qu'il trouverait cela sans cesse. Ceux qui étaient venus étaient les amis, les convives, eux ; mais tout le monde ne l'était pas, et il devait souvent entendre le mot qu'il entendit :

— Il peut dire qu'il a de la chance, celui-là.

On ne parlait pas de justice. Pendant que l'on préparait le dîner, il dit qu'il allait se rendre chez lui ; on voulait l'accompagner, il refusa.

Il entra dans la grande cour en tremblant : il eut un frisson en revoyant le petit pavillon, la fenêtre, l'échelle ; on l'avait amené deux fois là pendant l'instruction. A mesure qu'il avançait, il se sentait mal à l'aise, il avait peur et regrettait de n'avoir pas accepté d'être accompagné par ses amis.

Quand il ouvrit la porte de la boutique, il y eut un cri d'effroi à son aspect : de pâle, il devint livide, et, tout tremblant, hésitant, il restait sur le seuil. Les ouvrières, abandonnant l'ouvrage, s'étaient reculées dans le fond de la boutique. La grande Augustine, plus audacieuse, vint vers lui, et d'une voix balbutiante, demanda :

— Comment êtes-vous là?... vous vous êtes sauvé?

— Moi! mais vous ne savez pas encore, c'est fini... j'ai été acquitté et on m'a relâché.

— Ah ! firent les ouvrières avec étonnement, en se rapprochant de lui...

— C'est payer assez cher une erreur de la justice, voilà cinq mois que je suis en prison... cinq mois !

— Je ne vous aurais pas reconnu.

— Ah ! je suis bien changé, fit-il avec un triste sourire... Et c'était vrai, le pauvre beau garçon n'avait plus les joues roses et les lèvres rieuses d'autrefois.

— Je voudrais voir ma femme.

Toutes les ouvrières se regardèrent entre elles. La grande Augustine lui dit :

— Attendez.

Il souffrait, le malheureux, tous les supplices. Là où il devait attendre une réception affectueuse, où il espérait ajouter à la joie de la naissance de l'enfant par le retour du père... il faisait peur.

Ce fut bien pire quand la grande Augustine, redescendant, lui dit que madame Aline était bien contente d'apprendre son acquittement, qu'elle le remerciait de sa visite, mais qu'elle ne pouvait pas le revoir.

Il ne put contenir ses sanglots et il s'écria avec un accent déchirant :

— Oh! mon Dieu! mon Dieu! elle ne veut pas me voir.... Mais je ne suis pas coupable... mais je suis le père de son enfant... Oh! mon Dieu! mon Dieu! et le malheureux cacha sa tête dans ses mains.

Les ouvrières étaient très émues et elles disaient :

— Ah! le pauvre homme... pauvre monsieur Charles !

Lui continuait :

— Ainsi, je suis seul... seul, comme un maudit, sans rien... ne sachant pas seulement où je coucherai... il faudra que j'aille demander à la prison qu'on me reprenne.

— Voyons, monsieur Charles, soyez raisonnable, soyez

un homme, dit Augustine... ce n'est peut-être pas pour toujours, mais maintenant ça n'est possible, songez que votre femme est malade...

— Et mon enfant... lui, puis-je le voir !

— Non, il est parti en nourrice ce matin... Dans l'état où est madame Aline...

— Ah ! ce n'est plus même madame Charles, maintenant ?

— Vous le savez bien... Vous avez été séparés il y a deux mois.

— Oui ! oui ! fit-il avec amertume... je ne suis plus rien ici. Je ne suis pas chez moi, je suis chez elle... Allons, adieu... adieu... Vous lui direz qu'elle m'a fait bien du mal...

Et cherchant vainement à contenir un sanglot, il se retourna vite et sortit.

Toutes les ouvrières pleuraient.

— C'est affreux, ça .. Il ne faut pas laisser cet homme dans cet état-là. Pauvre garçon !

— Est-il changé !

— Oh ! il est vieilli... il est pâle, il est plus beau.

— Augustine, vous auriez dû décider madame à le recevoir.

— Vous la connaissez bien, fit Augustine, essuyant ses yeux noirs, je vais aller lui dire ce que nous avons vu.

Charles s'en allait, sanglotant ; il s'arrêta un peu dans la cour, afin de ne pas paraître devant ses amis les yeux mouillés. Quand il se sentit plus fort, il partit, préparé à mentir, se disant :

— Oh ! je ne raconterai pas ça... j'ai trop souffert.

Le pauvre garçon aurait eu un peu de consolation si en partant il avait tourné la tête ; il aurait vu le rideau de la chambre se soulever et la tête pâle de la Sang-Brûlé, il aurait vu son mouvement de pitié, ses yeux s'emplir de larmes, et sa bouche s'ouvrir...

Quand la grande Augustine se disposait à monter près de sa patronne, elle avait entendu un cri, elle se hâta, et, effrayée, vit en entrant dans la !chambre Aline accroupie dans le coin de la fenêtre...

— Mais vous êtes folle, malheureuse, vous vous levez, mais vous voulez donc vous tuer?

Et elle l'avait prise dans ses bras comme une enfant et la portait sur son lit.

— Quelle idée avez-vous eue?... Regardez, j'en suis épouvantée.

— Titine, je voulais le voir...

— Eh bien ! pourquoi, le pauvre garçon, ne l'avez-vous pas laissé monter?...

Elle ne répondit pas.

— Ah ! si vous aviez vu dans quel état il était, pauvre Charles. D'abord, en le voyant entrer, on avait eu peur, et après nous étions toutes à pleurer ; ces demoiselles voulaient monter pour vous prier de le recevoir. Si vous saviez avec quel accent il me dit : « Adieu ! dites-lui qu'elle m'a fait bien du mal », vous auriez senti le froid dans vos veines ; si vous l'aviez entendu dire : « Ainsi, je suis seul... seul, maudit, sans rien, sans gîte, ne sachant où j'irai coucher ce soir ; peut être serai-je obligé d'aller à la prison demander qu'on me reprenne ! »

— Tais-toi, Augustine... tais-toi... dit la Sang-Brûlé pleurant, envoie dans le quartier voir s'il n'est pas quelque part...

— Et qu'on vous le ramène ?

— Non !... tu vas prendre cent francs... et tu lui feras porter ; tu diras que ce sont les ouvrières, ses anciennes amies, qui ont fait une collecte...

— Ah ! c'est bien ça, madame... mais vous ?...

— Moi... s'il t'en reparle, tu diras que peut-être, quand j'irai mieux, quand je serai debout, nous aurons une entrevue. Va... va vite... qu'on puisse le retrouver...

La grande Augustine sortit.

Seule, la malheureuse Aline fondit en larmes, gémissant :

— Moi aussi je souffre... oh ! malheureux homme, qu'as-tu fait ?

Charles, en sortant de la grande cour, avait fait de puissants efforts pour composer sa physionomie, et, en arrivant chez le marchand de vins, lorsqu'il l'interrogea, il dit :

— Pauvre femme ! que voulez-vous ? elle n'est pas gaie, elle souffre ; elle m'a bien reçu...

— Tu as la figure à l'envers...

— Dame ! c'est pas étonnant, vous pensez... Nous avons pleuré tous les deux...

— Allons ! ne pensons plus à tout ça. On va se mettre à table.

— Oui, oui, à table !...

La grande Augustine entr'ouvrait la porte de la boutique. Elle était toute rouge de la course et de l'émotion qu'elle ressentait.

— Charles est-il là ?

— Ah ! vous, Augustine ! fit Goduret, qui ressentit une joie extrême à la revoir.

— Sortez donc, que je vous dise un mot...

Il sortit anxieux.

— Que vous a-t-elle dit ?

— Eh bien... elle pleure, quoi... Et puis, elle m'a dit que lorsqu'elle sera debout, vous aurez une entrevue ensemble... Mais elle est trop malade... je viens de la relever presque évanouie...

— Pauvre femme...

— Et puis... voilà .. elle m'a dit de vous remettre quelque chose ; elle voulait me faire mentir, mais je dis la vérité, les bonnes actions faut pas les cacher. Elle m'a dis : Prends cent francs, porte-lui vite et dis-lui que c'est le produit d'une collecte faite par les ouvrières... et c'est elle...

— Oh ! ma Brûlé, ma Brûlé !...

Augustine lui donnait le billet... il le prit vivement, le porta à ses lèvres, et le baisa en disant :

— Merci, Brûlé, c'est avec ça que je vais me relever...
Puis serrant le billet sur sa poitrine : Augustine, entre
prendre un canon avec nous, Augustine.

— Tout de même, fit celle-ci.

On mit un verre de plus sur le comptoir, on trinqua et
on but :

— A la santé de Goduret, à sa juste délivrance.

La grande Augustine s'essuya la bouche du revers de
sa manche, embrassa Charles à pleines lèvres et courut
en disant :

— Au revoir, Charles, à bientôt.

II

LE CHEMIN RAIDE DE LA VIE

Pendant les premiers jours de liberté, Charles se plon-
gea dans sa vie nouvelle, c'est-à-dire dans la vie la plus
agréable du monde, ne se trouvant que dans un milieu
sympathique, avec les gens convaincus qu'il n'avait été
qu'un niais, qu'un faible dans ses relations avec la grande
Julie, et que celle-ci s'était suicidée; il avait repris sa
situation d'autrefois. Pas une minute l'idée ne lui était
venue de quitter le quartier. Il demeurait chez un cama-

rade; tous les jours c'était un déjeuner ou un dîner pour fêter sa délivrance, et il n'avait pas encore eu le temps de chercher de l'ouvrage.

Avec ses amis, il était convenu qu'il reprendrait son ancien métier d'étalier. Huit jours se passèrent ainsi, au bout desquels il commença à chercher de l'ouvrage. Ce fut une besogne pénible, non seulement il n'en put trouver, mais il était partout mal reçu. Évidemment, dans son métier, la lecture de son jugement ne lui avait pas été favorable, il en souffrit ; ne pouvant lutter contre une impression générale, il y renonça. Nous devons dire que dans la seule maison où il avait pu être essayé, il avait eu beaucoup de peine à travailler.

Depuis son mariage, il était habitué à fatiguer peu, à vivre à son aise, indépendant ; son incarcération avait encore ajouté à cette paresse, et il se persuada qu'il ne pouvait plus être boucher.

Il fallait trouver un métier possible, doux, et il cherchait ce qu'il devait faire. Disons qu'il ne se pressait pas. La situation n'était point mauvaise, le besoin ne se faisait pas sentir.

A la suite du dîner que ses amis lui avaient offert le jour de son acquittement, le marchand de vin chez lequel le repas avait eu lieu proposait de faire une collecte en faveur de ce pauvre Charles, victime de nos lois, qui permettent de briser la carrière d'un individu, de l'enfermer pendant cinq mois, pour le libérer ensuite, en reconnaissant son innocence ; mais en ayant compromis son avenir, perdu sa situation présente et le laissant sans ressources.

La collecte avait été faite. En outre, le marchand de vin avait offert pendant un mois le déjeuner et le dîner chez lui ; puis un autre, comptable chez un fabricant de bronze, avait offert ses vêtements, il était de la taille de son ami Charles, et, partant faire ses cinq ans, il lui abandonnait ses effets.

Ainsi, Charles se trouvait tout à coup très élégamment

vêtu, car le comptable était un coquet. Il avait sa vie assurée pour un mois, de l'argent dans sa poche, c'était plus qu'il n'en fallait pour avoir le temps de trouver du travail ou une place.

La vie était douce, pendant les premiers jours, il rencontra souvent de ses amis en venant déjeuner ou dîner; puis, chacun pensait à lui; on ne le laissa plus seul. Tous les matins il venait déjeuner et il était agacé de trouver toujours dans la salle un grand niais à la figure baroque, souvent secoué par des mouvements, comme s'il était atteint de la danse de saint Guy. C'était le fils du marchand de vin, un malheureux chassé du collège, âgé de près de vingt ans et n'en paraissant pas seize, qu'on traitait comme un innocent et laissait vivre à sa guise, un animal oublié dans la maison, qui trouvait son gîte et son pain.

Quand Charles venait déjeuner, il s'asseyait à une petite table dans un coin de la salle, près du vitrage qui donnait sur la rue. Quelques minutes après, sur les marches de l'escalier qui ascendait à la salle du haut — Adolphe — c'était le nom du pauvre garçon, venait s'asseoir; il s'accoudait sur ses genoux, et, le menton dans la paume de ses mains, il restait à regarder Charles de ses gros yeux en boule de loto.

Charlot en souffrait positivement; il en eut deux ou trois fois de mauvaises digestions; il n'osait se plaindre au père, car le pauvre déshérité était bien mal traité dans la maison.

Un jour il lui dit :

— Adolphe, monte donc là-haut, tu me gênes en restant là, et il s'était avancé vers lui.

L'innocent, terrifié, avait saisi la rampe et avait grimpé jusqu'au haut de l'escalier. Là, il le regardait, la tête entre deux barreaux, hideux comme une vieille gargouille d'église gothique. Charles pensait que l'innocent ne voyait en lui que l'homme qu'on accusait d'avoir tué la Julie...

On lui trouva une place, il s'y rendit et n'y resta que

trois jours ; c'était plus fort que sa volonté, il ne pouvait rester toute une journée au travail, il se reposait, se dérangeait, et on le remerciait. Il remarqua que ses amis s'occupaient moins de lui... Il entendait parfois dire bas qu'il était paresseux. Hélas ! il le sentait et ne pouvait réagir. Il se plaignait surtout dans les vêtements de son ami le comptable, qui lui donnaient un air qu'il ne s'était jamais vu. Sa nature, en se modifiant, c'est-à-dire en pâlissant, en devenant plus mince, faisait de lui, dans ses nouveaux vêtements, un tout autre homme.

C'est alors qu'il fit une tentative nouvelle pour revoir sa femme ; la grande Augustine le reçut bien, les ouvrières le complimentèrent sur sa bonne mine, surtout sur son allure tout à fait distinguée. Mais sa femme était absente.

Il dit à la grande Augustine qu'il viendrait le lendemain, et qu'il prenait habituellement ses repas chez le marchand de vin où elle l'avait trouvé.

Le lendemain, il déjeunait, et le marchand de vin s'étant placé en face de lui d'un air un peu embarrassé, s'accoudant devant son client, remplissant son verre et le sien, trinqua et lui dit :

— Dis donc, Charles, je voulais te parler ; tous les camarades se sont occupés de toi et tu ne bouges pas... tu conçois, ça ne peut pas rester toujours ainsi, il faut que tu cherches de l'ouvrage...

— Mais, j'ai cherché... je ne trouve pas.

— Dame ! c'est que tu es peut-être difficile .. il ne faut pas être regardant, il vaudrait mieux faire n'importe quoi.

— Je suis prêt, je ne trouve rien...

— Ça serait bien étonnant... Enfin, je te préviens en ami, parce que nous avons fait tout ce que nous pouvions faire, et dame, nous n'irons pas plus loin, en ne te voyant pas te donner plus de mal que ça.

— Je vous jure, père Hutin, que je cherche toute la journée, je trouve des places où je n'aurais pas de quoi manger.

Pour commencer... oui, mais après.

— Voyons, je suis bon à quelque chose, je veux gagner de suite. Au reste, soyez tranquille, je vais me re... un peu plus, et vous n'aurez pas plus à regretter ce que vous avez fait, qu'à redouter pour ce que vous pourrez ... j'ai conservé mon argent et je vous payerai.

— Mon pauvre Charles, je sais bien que tu es un honnête homme, il ne faut pas m'en vouloir de la démarche que je fais, c'est parce que je m'intéresse à toi comme à les camarades, que je me préoccupe de ça... Il faut avoir de la raison, il faut absolument que tu travailles, est-ce que tu veux que nous répondions quand on parle de toi? La première question, c'est toujours: Et qu'est-ce qu'il fait maintenant? On ne sait quoi dire. Tu comprends, répondre toujours : il cherche de l'ouvrage et il ne trouve rien...

— Soyez tranquille, père Hutin, je vous ai compris et vous pouvez compter que je vais agir.

— À la bonne heure... Tiens, c'est toi qu'on cherche. En montrant la grande Augustine qui venait d'entrer. Il se retira.

Charles, tout rouge de honte, vivement touché par les reproches qu'il venait d'entendre, dit :

— Augustine, c'est moi que vous cherchez?

— Oui, monsieur Charles... Je venais vous dire que vous ne reveniez pas...

— Ah!...

— Oui, ajouta la brave ouvrière, gênée et émue par sa mission. Mme Aline a dit que si vous aviez quelque chose à lui dire, vous lui écriviez...

— Merci, répondit Charles avec des larmes dans la voix... merci. Je voulais la voir, je n'ai rien à lui écrire. Elle ne veut pas me recevoir... je n'irai pas ; merci.

— Voyons... il ne faut pas pleurer... il faut avoir du courage et prendre patience... Le temps fera plus que ...

— Pour la vie que je mène, mieux eût valu que je ne sortisse pas de prison.

— Dites pas de bêtises comme ça...

— Elle ne veut plus me voir... Lui écrire, lui écrire !...

Et il levait les épaules.

— J'y pense, en parlant d'écrire, fit Augustine ; il y a eu une quinzaine de jours il est venu une lettre pour vous à l'atelier...

— De qui ?

— Nous ne savons pas ; c'est madame qui l'a reçue, et il y avait dessus : « personnelle et urgente. » Alors on l'a rendue au facteur.

— Ah ! c'est ennuyeux ; c'était peut-être pour du travail ou une place.

— Nous ignorions votre adresse ; sans ça on vous l'aurait envoyée.

— Je suis toujours venu ici. Je couche chez un camarade...

— Nous ne savions pas... Mais vous n'avez qu'à aller à la grande poste, rue Jean-Jacques-Rousseau, où vous la réclamerez ; on vous la donnera.

— Vous avez raison... je vais y aller tout de suite.

— Moi, je me sauve...

— Voulez-vous prendre quelque chose avec moi ?...

— Non, merci, pas aujourd'hui... J'ai déjà été longtemps et je vais être grondée... Au revoir, monsieur Charles ; soyez raisonnable, ayez du courage...

— Merci, Augustine... dites-lui que je l'embrasse...

— Oui, oui, c'est entendu.

Adolphe était à sa place habituelle, et il riait bêtement. Pendant que la grande Augustine se sauvait, Charles se levait et, agacé, se dirigeait vers l'infirme qui, le voyant, grimpa vivement en jetant un cri rauque et en éclatant de rire, pour répéter en haut :

— Ils s'embrassent, ils s'embrassent.

Et sur sa main, avec ses grosses lèvres, il faisait un bruit de baisers.

— Oh! fit Charles nerveusement, cet animal me dégoûte ;
il se hâta de sortir.

Le père Hutin lui dit encore en le voyant partir :

— Je ne t'ai pas fâché en te parlant franchement.

— Mais non, père Hutin, au contraire, et je vous prouverai ça ce soir. De ce pas, je vais à la recherche d'une
place qu'on me propose.

— Ah bien, tant mieux... Tiens, nous allons prendre
un petit verre.

On était devant le comptoir, il n'y avait pas moyen de
refuser. Charles allait boire, lorsqu'il entendit des bruits
de baisers. Le père Hutin, qui tenait son verre près de sa
bouche et, regardant Charles agacé, montrait la tête de
l'idiot qui se remuait en riant sur la porte, hideux à voir,
collant, pour embrasser, ses lèvres sur la vitre.

— Oh! le monstre. Qu'est-ce qu'il fait là... fit le père
Hutin. Attends. Je te vas en fiche...

Et il prenait une canne.

Au premier mouvement, Adolphe avait disparu en jetant
un cri d'effroi.

Et Charles s'interposait :

— Le malheureux... ne le frappez pas, il n'a pas conscience de ce qu'il fait.

— Tu crois ça qu'il ne le sait pas... Je ne le domine
qu'avec ça. C'est la méchanceté et le vice réunis, que la
force seule contient. C'est une brute et il faut le mener
brutalement...

— Prenez-le par la douceur au lieu de l'effrayer...

— Tais-toi, tais-toi, interrompit le père Hutin. J'ai tout
fait, et il n'y a que ça.

Et il montrait son gourdin.

— Il n'y a qu'ici qu'il n'est pas méchant, parce qu'il a
peur de moi et sait que jamais, jamais, entends-tu, je ne
lui passe rien... qu'il trouve un petit chien, un petit chat,
une poule, il leur coupera le cou, et barbotera dans le
sang, en s'amusant. Qu'il rencontre une jeunesse, une
femme, dans l'escalier, il l'insultera, lui dira des obscé-

nités... et note bien qu'il est fort comme un taureau ; si je ne le dominais et si je le manquais, je serais certain de mon affaire.

— Vous devriez le faire enfermer.

— Je le fais enfermer, il paraît se radoucir, devenir raisonnable et au bout de quelque temps on m'oblige à le reprendre ; les premiers jours il reste tranquille, puis il devient insupportable. Avant-hier, est-ce que l'idiot ne faisait pas de la gymnastique après l'appareil gaz... pour s'amuser il dévisserait le robinet du compteur et y mettrait le feu.

— Vous m'épouvantez !

— Ne parlons plus de ça. Pense à ton affaire et tâche de réussir.

Ils trinquèrent, burent et s'étant serré la main ils allaient se séparer lorsqu'ils entendirent chanter une voix puissante, fauve.

— Qu'est ça ?

— C'est mon idiot qui chante. Quand il ne fait que ça, je suis tranquille.

Les deux hommes se serrèrent la main et Charles se dirigea vers la poste. Arrivé au bureau il réclama une lettre arrivée à son adresse rue des Poissonniers. Cette adresse était celle de sa femme, de laquelle il était judiciairement séparé.

On chercha. Mais après bien des peines, car on voulait le faire revenir ; il raconta au chef de bureau près duquel on l'envoya, qu'il espérait que la lettre lui apportait une situation depuis longtemps cherchée, et que le moindre retard, après le temps déjà écoulé, pouvait faire donner à un autre.

On lui apporta la lettre. Il se retira vivement, ayant hâte de briser l'enveloppe et de lire. La lettre n'avait pas l'aspect d'une correspondance d'affaire ; elle était sur beau papier teinté, avec des initiales dorées et une couronne. Il lut la suscription :

— A Monsieur Charles Goduret, rue des Poissonniers, Paris.

— Qu'est-ce que c'est que ça ? se demanda-t-il dans la rue, tournant et retournant la lettre dans ses mains ; il brisa l'enveloppe, chercha la signature, et vit : Claire :

— Claire ! Je ne connais pas ça... Voyons, et il lut.

« Pauvre et cher monsieur,

« C'est avec la plus grande sympathie que j'ai suivi votre procès. C'est avec joie que j'apprends votre acquittement, car j'ai la conviction que la malheureuse madame Marin s'est suicidée.

« Monsieur Charles, je veux surtout vous remercier de la discrétion avec laquelle vous avez passé sur l'affaire des bijoux, en ne me forçant pas à venir vous défendre. Vous m'avez bien obligée. Dans le malheur qui vous accable, car je sais que vous êtes abandonné par celle qui devrait vous soutenir, je tiens à ce que vous sachiez que vous avez une amie prête à vous servir.

« Si vous avez un moment à vous, veuillez prendre la peine de passer chez moi.

« Je suis bien affectueusement à vous.

« CLAIRE. »

Charles se souvint. C'était Claire d'Avesnes, celle à propos des bijoux de laquelle avait commencé sa triste histoire. Elle le remerciait parce que, lorsque l'instruction avait voulu entendre madame d'Avesnes, il avait supplié qu'on ne parlât pas d'une affaire qui n'existait pas, et dans laquelle il aurait été obligé de raconter la comédie jouée par sa femme pour se venger de sa mère.

C'est de cela qu'on le remerciait ; mais, Charles, tenant la lettre dans sa main, la tournait et la retournait comme si entre les lignes il lisait autre chose.

Elle était très jolie, Claire d'Avesnes, et il se souvint du jour où la Sang-Brûlé l'avait présenté à elle. Il se rappela son air gauche, embarrassé, devant son regard provocant, il lui sembla qu'il l'entendait encore dire d'une voix dont le ton sonnait à son oreille comme une phrase musicale : Mes compliments, ma chère enfant, c'est un beau garçon.

Depuis le matin la vie lui semblait cruelle, ce chemin nouveau qu'il devait suivre était raide. Le déjeuner journalier en tête-à-tête avec l'idiot le terrifiait. A cette souffrance s'étaient ajoutées les observations justes, mais sévères, de ses amis, par la voix du père Hutin. Le moment de sympathie était passé, il fallait vivre comme tout le monde. Si naturels et amicaux qu'avaient été les conseils du marchand de vin, ils avaient été durs à recevoir. Charles avait dû dompter sa nature emportée pour ne pas répondre. Enfin, la grande Augustine était venue lui dire que sa femme ne voulait pas le voir, et c'est surtout de cela qu'il avait véritablement souffert. L'argent qu'il avait reçu d'elle n'était pas un service, c'était un secours ; elle espérait qu'il aurait suffi pour que Charles ne se présentât plus chez elle et ne vînt plus rien lui demander. Il se disait, après avoir lu sa lettre, puisque les amis l'abandonnaient, sa femme le méprisait, — c'était peut-être là qu'il trouverait la consolation... et il souriait.

Il se demandait ce qu'il devait faire. Ce jour-là on devait lui donner une réponse pour une place qu'il espérait ; écoutant sa raison, il dit :

— Nous irons pour rire là un autre jour. Allons d'abord aux affaires sérieuses, pour ma place.

Il s'y rendit, il fut blessé par la façon dont on le reçut, dont on lui dit :

— Monsieur, on a pris des renseignements sur vous. Ici on n'entre qu'avec de bonnes références... On a été très étonné que vous ne disiez pas que vous étiez l'homme de l'affaire Goduret.

— Mais monsieur, j'ai donné les moyens de savoir ce qu'était mon passé, qui, seul, pouvait vous intéresser ;

puisque j'ai été acquitté j'étais innocent, mon affaire, assez malheureuse pour moi, ne regarde pas mon travail...

— Ce n'est pas la pensée du patron...

— Vous ne voulez pas de moi?

— Non, monsieur.

— Parce que j'ai été injustement poursuivi, arrêté... et quoique j'aie été acquitté, que l'accusation qui pesait sur moi ait été reconnue fausse... vous me repoussez... Je n'ai plus le droit de gagner ma vie.

Charles parlait avec une colère continue. L'homme ne lui répondit pas. Le malheureux se retira navré, il regagna sa demeure en se demandant ce qu'il allait faire.

Il était découragé. Depuis longtemps, il sentait le vide qui se faisait autour de lui; mais retrouvant chaque soir ses amis, il se refusait à y croire, et jamais on ne lui avait parlé avec cette clarté. Dans la même journée, c'était trop! Il pensa que le camarade chez lequel il couchait affectait depuis quelque temps de ne pas rentrer, vivant presque tout à fait chez sa maîtresse. Dans l'état où Charles se trouvait, il se dit qu'il en était la cause, il gênait son ami, celui-ci était ennuyé de le trouver toujours chez lui, et jamais au reste ils ne sortaient ensemble.

Charles, assis sur le lit, la tête dans ses mains, se dit que cette vie ne pouvait toujours durer. Il fallait en finir.

En admettant qu'il trouvât une place tout de suite, est-ce que l'allure de ses camarades changerait? Cela n'était pas bien sûr. Il y avait eu un mouvement d'intérêt, de sympathie en sa faveur, mais cela ne durait plus, il était obligé de le reconnaître, il vivait trop avec ceux qui l'avaient aidé, et ceux-ci auraient voulu qu'il parût plus se souvenir de ce qu'ils avaient fait, ils auraient voulu qu'il gardât surtout vis-à-vis d'eux une attitude respectueuse et timide de protégé; au contraire, il était redevenu lui-même, il riait, plaisantait, s'offrait pour toutes les parties. On ne l'avait pas aidé pour ça. Charles sentait enfin qu'au milieu de ce monde, il ne se relèverait jamais. Il fallait briser violemment et vivre avec des inconnus, en effaçant d'un coup le passé.

Résolu, il fouilla ses poches, il lui restait deux pièces de vingt francs, et le billet que lui avait donné Aline, bien enfoui dans un portefeuille. Il le regarda.

— Au fond, elle me devait bien ça... C'est tout ce que j'ai de ma part dans la séparation. Je vais me servir de tout, risquer tout... il le faut. D'abord, je veux changer de nom. Je me ferai appeler Duret au lieu de Goduret.

En fouillant dans son portefeuille il avait retiré la lettre de la d'Avesnes, il la relut avec attention, et se dit après :

— Voyons toujours là... elle peut me trouver un plan, je n'ai pas de scrupule maintenant, la façon dont on me considère ne me donne pas le droit d'en avoir... Et puis ce n'est pas l'intérêt que me porte la Brûlé qui pourrait me retenir.

— Il faut voir ça... et tout de suite.

Il relut la lettre pour n'en retenir que la fin :

« Si vous avez un moment à vous, veuillez prendre la peine de passer chez moi.

» Je suis bien affectueusement à vous,

» CLAIRE,

» Rue Buffault. »

— Mᵐᵉ d'Avesnes, rue Buffault, répéta-t-il, et prenant vivement un parti, il se redressa, et procéda à une toilette minutieuse. Nous avons dit qu'habillé des vêtements du comptable, Charles avait très bon air. Il avait la mise et la façon d'un employé distingué, rien de l'employé lourdaud qu'il était au lavoir. La douleur, la prison et la crainte l'avaient tout à fait changé, le robuste était devenu mince, élégant, le visage avait un charme particulier qui attirait la sympathie.

Charles n'était pas un Lovelace : s'il était entreprenant

avec les fillettes de son quartier c'est parce qu'il atta-
quait autant par les mains que par la parole, qu'il n'était
pas gêné avec elles, mais là, il fallait parler, il fallait être
galant, il était peu habile sur ce sujet, il le savait et son
embarras redoublait, à ce point qu'arrivé rue Buffault, devant la porte, il se dit que sa démarche était bien audacieuse. Au fond, la lettre n'était qu'un remercîment de
femme heureuse de n'avoir pas été mêlée au scandale
d'une affaire criminelle.

Enfin, il entra, pensant :

— J'ai ma lettre, je dis que je viens remercier madame
de l'intérêt qu'elle a pour moi. J'ajoute que je désire travailler, mais, plus auprès de ceux qui me connaissent. Je
cherche une place, quelle qu'elle soit, pour vivre dans
l'isolement, si quelquefois elle entendait parler d'une
chose semblable... Tout cela est bien naturel... Et je vois
tout de suite ce qu'il en est... ce que veut dire sa phrase ;
je tiens à ce que vous sachiez que vous avez une amie
prête à vous servir... Et puis elle a l'air d'avoir une dent
contre Aline, il faut que je sache ce qu'il y a là-dessous...
Je puis en apprendre de drôles... C'est trop bête, il faut
monter.

Il monta à l'entresol. Là, il eut les mêmes hésitations
pour sonner, il n'osait.

Le concierge, en le voyant passer, s'était demandé si
véritablement il allait à l'entresol. N'entendant pas le
timbre, il sortit de sa loge et montait les marches pour
regarder ce que faisait le visiteur. En se voyant surveillé,
il sonna vivement. Presqu'aussitôt la porte s'ouvrit, et
une femme, d'une quarantaine d'années, le regarda de
la tête aux pieds, en lui demandant ce qu'il voulait.

— Je voudrais parler à Mme Claire d'Avesnes.

— Madame est indisposée, je ne sais pas si elle peut
recevoir aujourd'hui; si c'est quelque chose que vous avez
à dire...

— Je veux lui parler... j'ai reçu une lettre d'elle.

— Voulez-vous me dire votre nom...

Cette demande l'ennuya... ne voulant rien risquer, il répondit :

— Veuillez dire à madame d'Avesnes que c'est la personne à laquelle elle a écrit qui vient la remercier.

— Mais votre nom ?...

— Dites ça, fit Charles rougissant.

La bonne ne le fit pas entrer, elle le laissa sur le palier pour aller, avec mauvaise humeur, raconter à sa maîtresse ce qu'on venait de lui dire. Elle revint très vite et demanda :

— Vous êtes M. Charles ?

— Oui, madame.

— Il fallait me le dire tout de suite, fit la bonne grimaçant un sourire... venez.

Elle le fit entrer, ferma la porte et dirigea Charles dans l'appartement. Le pauvre garçon marchait, butant dans les portes, maladroit pour soulever les tapisseries. Il arriva enfin dans un petit salon-boudoir, dans lequel il vit Claire d'Avesnes négligemment étendue sur un canapé qui se leva dès qu'il parut. Sur un signe la bonne sortit, la jeune femme alla au devant du jeune homme et lui dit :

— Ah ! mon ami, vous en avez passé de cruelles.

— Hélas ! oui, madame.

— Mais pourquoi n'êtes-vous pas venu dès que vous avez reçu ma lettre ?

— Je viens de la recevoir seulement maintenant ou plutôt de l'aller chercher.

— Comment cela ? il y a plus de dix jours que je vous ai écrit.

— Vous avez envoyé la lettre chez ma femme... Je ne suis plus avec elle.

— Et tant mieux pour vous, fit aussitôt la d'Avesnes, ce qui blessa Charles ; elle continua :

— Mais j'avais mis prière de faire suivre.

— Oui, madame, mais on ne connaissait pas ma demeure, et c'est par hasard seulement, qu'une ouvrière m'a dit qu'une lettre était venue pour moi, qu'on l'avait

rendue au facteur ne pouvant me la remettre. Je suis
allé à la poste la réclamer et je l'ai. C'était ce matin à
midi, à deux heures j'étais à la poste et immédiatement,
madame, je suis venu pour vous remercier de la sympathie que vous me témoignez.

— Vous n'avez pas à me remercier, Donnez-moi les
mains, là, que je vous les presse, et embrassez-moi.

Tout tremblant, il obéit.

— Maintenant asseyez-vous là, près de moi... Ah ! mon
pauvre garçon que de fois je vous ai plaint; il vaut mieux,
croyez-moi, que vous soyez séparé de votre femme.
C'était votre perte...

— Elle ne m'a jamais rien fait...

— Pouvez-vous dire cela. Mais c'est elle qui est la
cause de tout ce qui vous est arrivé. La sympathie que
je ressens pour vous, et qui est cause que vous êtes ici,
c'est parce que j'ai vu que vous, honnête homme, vous
étiez la victime et la dupe de cette femme.

— Madame, je crois que vous exagérez le caractère de
madame Goduret, fit Charles, visiblement ennuyé.

— Avez-vous été la revoir ?

Charles devint tout rouge à la question.

— L'avez-vous vue ? Vous a-t-elle bien reçu ?

— Non, madame, je n'ai pu la voir.

— Eh bien ! alors... Comment, vous êtes aussi bon que
ça, vous me paraissez lui pardonner. Voilà une femme
qui vous accuse de deux grosses infamies, d'avoir été
l'amant de sa mère...

Charles était pourpre et n'osait lever les yeux. La jolie
Claire continua.

— Et de l'avoir assassinée... de deux choses l'une, elle
se trompait, et doit être heureuse que la justice ait pro-
clamé votre innocence, alors, elle doit vous tendre les
bras, aider la première à ce que le monde revienne à
vous; elle doit afficher son repentir du passé et sa joie
de l'avenir. Au lieu de cela, se servant des témoignages
de gens payés, elle se sépare judiciairement de vous, et

quand vous sortez de prison, vous vous trouvez là comme
un petit saint Jean sur le pavé. Et la maison, qui est-ce
qui l'avait faite ? Qui avait gagné l'argent ? Vous et cette
malheureuse mère, dont elle a causé la mort.

Un peu ahuri, mais se trouvant tout à fait à l'aise d'être
jugé ainsi, Charles regardant Claire, lui dit timidement :

— Vous croyez ce que vous dites là ?

— Quelle est donc votre pensée à vous ?...

— Moi, madame, cela va vous sembler bien étrange,
l'assassinat de la pauvre m'an Julie me fait l'effet d'un
cauchemar ; je n'y peux trouver aucune explication.

— Moi, je connaissais beaucoup Julie, c'est toujours elle
qui venait chez moi, je sais quelle excellente femme elle
était, et ce qu'elle disait de sa fille. Elle la menait comme
une esclave, elle devait travailler du matin au soir. Elle
était jalouse de tous, de vous surtout — qu'elle accusait
d'avoir des relations avec...

Charles, tout honteux, balbutiait.

— Oh ! vous n'avez pas besoin de vous défendre, je sais
qu'elle est capable de tout. J'ai suivi le procès, j'ai vu que
votre femme vous avait quitté, c'était depuis longtemps
son intention. Vous n'alliez pas la rechercher, c'est elle
qui revint, jalouse. Mais je sais bien ce qu'il en retourne ;
des ouvrières de chez vous, qu'elle a mises à la porte,
avaient raconté la visite.

— Ah ! vous connaissez la vérité, dit Charles, qui sentait perler la sueur à la racine de ses cheveux.

— Oui, vous étiez couché, n'est-ce pas ? Votre chambre
et celle de Mme Julie sont en face l'une de l'autre. Votre
femme s'introduisit dans la maison et voulut entrer chez
vous. La voyant, vous avez sauté du lit et avez violemment essayé de la mettre à la porte : elle a crié. Julie,
éveillée en sursaut, est accourue en chemise ; alors elle
s'est jetée sur la porte en criant : « Au secours ! » et,
barrant le passage, elle a dit ces paroles : « Non, vous ne
sortirez ni l'un ni l'autre avant l'arrivée des agents ».

Charles, abruti, mais trouvant pour la première fois

une façon claire de nier ses relations avec la Julie, se remettait peu à peu ; il dit même :

— C'est cela... vous avez raison...

— Et pourquoi n'avez-vous rien dit devant le tribunal ?

— Je ne voulais pas me défendre, me souciant peu de cette accusation, et je ne pensais qu'à la mort de la pauvre femme.

— Alors, est-ce que cela n'est pas bien explicable, cette malheureuse femme, cette mère à laquelle sa fille jalouse fait endurer mille supplices, se voyant ridiculement accusée de relations incestueuses avec son gendre. Cette femme qui vient d'échapper à une autre accusation de vol portée contre elle par sa fille. Cette femme perd la tête, elle ne pense qu'à vous. C'est vous qui l'avez raconté au tribunal, elle vous oblige à partir par la fenêtre.

— Oui !

— Dès qu'elle vous a vu parti, elle a été chercher un couteau qui était enfermé avec vos anciens outils dans une vieille armoire et elle s'est tuée. C'est logique ! quelle femme n'en aurait pas fait autant...

— Cependant, voyez comme l'instruction a été longue, et pour conclure à un crime encore..

— Mais parce que votre femme voulait se débarrasser de vous et que c'est elle qui donnait des renseignements. Elle aurait voulu que vous fussiez condamné, afin d'être libre et avoir tout. Elle n'a réussi qu'à moitié ; elle est sa maîtresse, mais elle n'est pas libre.

— Oh ! mais non ! fit Charles, que les paroles haineuses de la belle Mme d'Avesnes avaient vivement ébranlé dans ses croyances.

— Oh ! mon Dieu, mon Dieu ! si vous saviez ce que je souffre en me rappelant tout ça...

Et il prenait sa tête dans ses mains.

Claire d'Avesnes dit aussitôt :

— Voyons, il ne faut pas se désoler, aussi bien je vous ai prié de venir, ce n'est pas pour augmenter vos chagrins.

Monsieur Charles, parlez-moi en ami ; quelle est votre situation, avez-vous trouvé une place ?

— Non, madame, non ; je cherche, mais c'est très difficile, c'est une mauvaise recommandation que d'avoir été accusé d'assassinat, ajouta-t-il avec amertume.

— Et vous vous trouvez sans ressources ?

— Oh ! non, j'ai encore quelque argent. Seulement, voici ce que je me suis décidé à faire. Les gens que je connais ne voient en moi que celui qui vient de passer en jugement, et leur recommandation, même sympathique, m'est peu utile. J'aime mieux rompre tout à fait. Aller demeurer dans un autre quartier, modifier mon nom, vivre avec de nouvelles connaissances... et, comme on n'a pas coutume de demander aux gens : est-ce que vous avez passé en cour d'assises, on me traitera comme le premier venu, c'est tout ce que je demande.

— Et puis, monsieur Charles, vous avez une amie en laquelle vous pouvez compter, et qui ne vous demande que quelques jours pour vous trouver une place.

— Que vous êtes bonne.

— Ne croyez pas ça. Je ne suis pas absolument bonne. J'ai deux sentiments qui me dirigent... Je ne crains pas de vous dire le premier.

Et elle le regarda effrontément en parlant, lui plongeant son regard dans les yeux.

— J'ai pour vous une grande sympathie... une grande affection... J'ai pour vous un caprice si vous voulez.

Charles riait, passant du rose au rouge sous le regard ardent de Claire.

— Et le jour de votre acquittement, si je n'avais pas craint de rencontrer votre femme — car personne ne voudrait croire à cet abandon — j'aurais été à vous pour vous ramener.

Si timide et si respectueux qu'il fut avec une femme telle que la d'Avesnes, Charles ne pouvait cependant, sans être absolument ridicule, ne pas répondre. Il était adroit avec les petites bonnes, leur glissant la main au-

tour de la taille, il les attirait jusqu'à ses lèvres en la plaçant plus haut. Il fit comme autrefois, et dès qu'il
eut pris la taille, c'est la d'Avesnes qui se pencha sur lui,
et lui tendit ses lèvres qu'il dévora de baisers. Jamais le
pauvre gas n'avait bu le bonheur à pareille coupe.

Claire eut un tressaillement et se redressa rapide,
comme si elle se méfiait d'elle, et dit :

— Soyons raisonnables...

Charles passa lentement ses mains sur son visage
comme un magnétiseur qui veut enlever le fluide, il eut
un frisson et se remit. Claire, qui l'observait, souriait.

— Charles, reprit-elle, je vous disais que deux sentiments me dirigeaient lorsque je vous ai écrit. Le premier, vous le connaissez, et elle lui prit les mains, l'autre,
c'est que je veux me venger, vous et moi, d'elle... Lorsqu'elle est venue ici me demander de déclarer que sa mère
m'avait volé mes brillants...

Claire pouvait tout dire, ayant un allié dans Charles;
il était sous le charme ; il ne se souvenait que du mal que
la Sang-Brûlé lui avait fait, de son indifférence, et il était
prêt à aider Claire à se venger, d'autant que la vengeance
serait douce pour lui...

— Oh ! je vous en conterai d'autres sur elle... Vous la
jugerez, dit Claire en se levant à demi.

— Vous vous retirez, fit Charles tout déconfit.

— Mais non. Et Claire éclata de rire, en lui passant la
main sur le cou. Vous n'avez rien à faire aujourd'hui ?

— Non...

— Eh bien ! je vous prends votre journée ; nous dîne-
rons ensemble. Vous voulez bien ?

— Si je veux... si je veux. Tenez, regardez-moi. Je
tremble en vous répondant.

— Pauvre garçon, vous avez bien souffert là-bas ?

— Oh ! oui.

Il lui prit la main et l'attira sur lui.

— Je vais donner des ordres pour qu'on nous prépare

à dîner et qu'on dise que je n'y suis pas... Je reviens pr
de vous tout de suite.

Et elle se dégagea et sortit de la pièce, laissant Charl
seul.

Celui-ci regarda seulement alors autour de lui ; il ri
de se trouver dans un salon luxueux, tout embaumé d'es
sences qui lui troublaient le cerveau ; il s'étendit avec un
voluptueuse paresse sur le canapé où il se trouvait, s
plaisant à y prendre les attitudes abandonnées d'un homm
habitué à vivre dans ce milieu.

Il y faisait un jour gris, douteux, qui le ravissait e
donnant à sa toilette fatiguée un aspect plus neuf.

Charles, se regardant dans une glace, ne parut pas s
trouver déplacé.

Claire était un peu longue à revenir et il n'osait bou
ger. C'est qu'il se faisait une idée à lui de la femme à l
mode, il se demandait si, comme dans les vaudevilles
chacune des portes n'ouvrait pas sur un autre salon, o
attendait un amoureux qu'elle était en train d'évincer
Mais tout était silencieux dans l'appartement ; ayan
glissé sa tête sous la tapisserie de la porte par laquelle
Claire était sortie, il entendit des voix. Tout tremblant, i
écouta, c'était simplement la jeune femme qui comman
dait son dîner à la femme de chambre, lui disant qu'i
valait mieux le commander au dehors.

— Fanny, voilà ce que vous allez faire : il vous reste
toujours de quoi acheter le nécessaire pour le couvert, les
appétits et les desserts ?

— Oh ! oui, madame.

— Eh bien ! vous allez aller jusqu'à la rue Grange-Bate
lière, vous savez, le petit restaurant. Vous commanderez
trois plats chics ; je passerai le payer.

— Je vais y aller, madame... mais je crains bien qu'il
ne veuille pas aujourd'hui... ça fait deux fois que nous la
lui faisons...

— Il n'osera pas refuser. Du vin, vous direz à la con

cierge de vous en recéder... Du champagne, nous en avons...

— Il n'y a que de ça dans la cave.

Charles s'était retiré de la porte tout désenchanté ; l'idole se dédorait. Quel rôle nouveau allait-il jouer là?... Mon Dieu, le fait est assez commun que chez une cocotte luxueusement vêtue, la cuisinière n'ait souvent pas de quoi faire le dîner, et que les tiroirs soient garnis de plus de papier timbré que de billets de banque. Charles se creusait le cerveau, disant qu'il ne pouvait accepter à dîner dans de pareilles conditions.

Il était très fier du sacrifice de Claire, elle avait vraiment un caprice pour lui, et, ma foi, depuis un moment, lui aussi, ressentait un violent amour pour elle ; une idée qui lui traversa le cerveau, le fit rire. Il lui parut piquant de se servir du billet de cent francs que lui avait envoyé la Sang-Brûlé pour payer ce qu'il nommait en lui-même son dîner de noces avec la d'Avesnes.

— Je deviens tout à fait un homme, se disait-il. Je me ruine avec des cocottes...

L'idée qu'il donnait de l'argent l'enhardissait avec la jeune femme.

Il fit un peu de bruit, en frappant sur la porte.

Claire vint aussitôt :

— Vous vous impatientez, Charles, je vous en prie, encore une minute.

— Non, madame, veuillez m'écouter une minute... et excusez mon sans-gêne. Vous êtes assez bonne pour me prier de dîner avec vous. Voulez-vous me permettre de commander le dîner?

— Pourquoi? fit Claire étonnée et embarrassée.

— Ça ne vous fait rien, laissez-moi ; et, passant devant elle, il se trouva dans la petite chambre où la bonne attendait, il avait tiré de sa poche le billet, il le glissa dans la main de Fanny, en lui disant :

— Allez donc nous commander un bon dîner avec des écrevisses, c'est bien plus simple

Et il rentra dans le salon… Claire n'avait rien vu, elle était ennuyée de ce mouvement qui rappelait l'ancien Charlot, et elle disait à sa bonne :

— Tâche d'avoir des écrevisses…

La tapisserie du salon était retombée, la porte était fermée ; Charles, bien convaincu qu'il venait d'agir en grand seigneur, s'étendait plus à son aise sur le canapé.

Fanny montra à Claire le billet qu'elle avait dans les mains, en disant :

— Mais nous aurons tout ce que nous voudrons… Regardez.

— Qu'est-ce que c'est que ça ?… C'est à toi ?…

— Mais vous n'avez pas vu ? c'est monsieur qui vient de me donner cinq louis, en me commandant les écrevisses.

— Charles, ah ! c'est pour ça qu'il voulait te parler. Ah ! le pauvre garçon… Alors, allez vite, Fanny, commandez un bon dîner… bien vite.

— Tout de suite, madame.

Fanny sortit et Claire rentrant dans le salon… vint s'asseoir près de Charles, et l'embrassant, elle dit :

— Aujourd'hui ça passe… d'abord parce que je suis dans la dèche, mais une autre fois, non ; chez moi, c'est moi qui régale, et puis, mon pauvre Charlot, s'il fallait que tu payes ici, il t'en faudrait de l'argent… Mais je te croyais sans ressources.

Il était prêt à lui avouer que sa vengeance commençait en employant à s'amuser avec une maîtresse l'argent que lui avait donné la Sang-Brûlé. Mais la phrase resta sur ses lèvres, et dans le long baiser que lui donna Claire, elle ne put l'entendre.

— Nous ne serons pas ennuyés, j'ai fait dire que je n'étais pas là.

— Madame.

— Ah bien ? tu ne vas pas m'appeler madame toute la vie.

— Je ne demande pas mieux, ma belle Claire.

— A la bonne heure… Es-tu capable d'aimer vraiment, toi ? lui demanda-t-elle tout à coup.

— Mais oui, certainement!...

— Enfin, tu n'aimais pas tant que ça ta femme!...

Il eut été difficile et inconvenant pour Charles de dire le contraire ; il répondit donc :

— Non, je ne parle pas de ma femme, je l'ai épousée, elle était gentille, elle me plaisait, mais je n'en ai jamais été fou. Nous nous sommes fâchés, elle est partie de chez nous, et je n'ai même pas cherché à la revoir.

— Oui, je sais ça, la grande Julie me l'avait dit. Je l'aimais bien, moi, la grande Julie, elle m'amusait beaucoup les jours où elle apportait le linge, nous causions des heures entières, elle m'en contait de drôles... Elle se cachait de vous avec le plus grand soin ; il paraît que ta femme est une pimbêche de la plus belle eau.

— Écoutez, madame d'Avesnes, tout ce que vous me dites de m'an Julie me bouleverse.

— Oh ! je t'en dirai de bonnes qu'elle m'a racontées... Mais ne parlons pas de ça...

— Non, parlons de nous, n'est-ce pas, fit Charles devenant entreprenant et prenant Claire dans ses bras... parlons de nous. Je n'ai jamais aimé comme je vais vous aimer ; c'est un monde nouveau qui s'ouvre pour moi. Jamais je n'ai pu dire à une femme aussi belle que vous, Claire, je t'aime... je t'aime...

— C'est bien vrai... bien vrai... Montrez vos grands beaux yeux que j'y lise...

— Vois...

— Vos lèvres, que je les entende.

Enivré, charmé, obéissant comme un enfant, il offrait sa bouche. Alors il l'embrassa longuement, et comme il la tenait dans ses bras quand, enfiévrée, elle voulut se reculer, elle se sentit prise comme dans un étau. Charles avait les lèvres tremblantes, le regard humide, il ne pouvait balbutier que :

— Je t'aime !...

On entendit le bruit de la porte d'entrée qui se refermait, puis un toc-toc à celle du salon.

Claire sauta à terre.

Charles restait tremblant, hésitant.

Fanny disait, à travers la porte :

— Madame, c'est le dîner... où doit-on servir.

Elle courut ouvrir et la vit suivie d'un marmiton portant un panier.

— Sers-nous dans la salle à manger. Bien vite...

— Il reste avec moi pour faire le service, et mettre le couvert en deux minutes.

— Va !

Elle ferma la porte et retourna près de Charles, c'est elle alors qui se mit dans ses bras, en lui disant :

— Nous allons dîner tous les deux, tous les deux bien sagement, nous nous raconterons des histoires, puis après, monsieur, vous ferez de moi ce que vous voudrez... M'en voulez-vous ?

— Je t'aime...

— Et moi donc, fit-elle avec passion, prenant son visage entre ses mains, et l'embrassant.

Fanny frappa deux coups à la porte, et l'entr'ouvrit pour dire :

— Madame est servie.

III

SOUVENT FEMME VARIE...

Avec le jour, à l'aube, en été, elle était levée, la Sang-Brûlé, et elle descendait au travail ; quand les apprenties se levaient, quand les ouvrières arrivaient, depuis long-

temps elle repassait. C'est qu'elle s'était donné une lourde
tâche dans la vie. Elle voulait élever son enfant et faire
prospérer sa maison.

C'est qu'il s'était passé bien des choses depuis le procès.
D'abord, comme on n'avait plus à se gêner après la mort
de la grande Julie, on disait sur elle tout ce qu'on savait
et dame il y en avait long...

Elle finit par se dire que son pauvre Charles qui, sous
ses dehors d'enfonceur de porte, était si timide, pouvait
bien avoir été débauché par la grande Julie.

Puis, à mesure que le temps s'écoulait, il semblait que
la faute diminuait. C'était en riant que les gens parlaient
de l'aventure. On plaisantait la Sang-Brûlé qui, peu à peu,
habituée à ce souvenir, ne se fâchait plus. Un jour même
elle en rit, se rappelant la triste figure qu'avaient les deux
complices surpris par elle. De ce jour, ses intentions se
modifièrent.

Elle se dit que la vie n'était faite que de compromis.
Sérieusement elle avait voulu punir son mari de l'avoir
trompée, et sérieusement elle avait fait tout ce qu'il était
possible de faire pour le punir.

La réaction s'était produite avec la surprise de voir son
mari accepter si facilement la situation. En voyant grandir son enfant elle commença à se reprocher d'avoir si
vivement détaché à tout jamais son père d'elle.

Elle se trouvait, à cause de sa beauté singulière, souvent
en butte aux propositions des hommes qu'elle repoussait
avec indignation. Mais il ressortait de ces petits tracas
qu'elle ne pouvait toujours rester ainsi.

Et c'est avec effroi qu'alors elle considérait l'avenir.

Ainsi, n'écoutant que sa haine, que sa rage, elle avait
rompu avec la vie. Car la vie des jeunes, c'est l'amour, —
et l'amour pour une honnête femme, c'est l'époux...
Or, la Sang-Brûlé était honnête, et elle était femme, étant
jeune, elle avait des heures de désirs forcés.

En se séparant, elle n'avait pas envisagé qu'elle condamnait sa vie entière à la sagesse, et, à cette heure, elle

trouvait le sacrifice trop grand. Elle n'avait plus le droit d'aimer. Elle n'avait à espérer que la mort de son mari — ou le divorce.

Ainsi, femme pleine de désirs, elle s'était condamnée à vivre en chaste ; si elle fautait elle devenait la dernière des femmes, n'ayant pas d'excuse à sa chute.

La Sang-Brûlé regrettait ce qu'elle avait fait, et après avoir passé une longue nuit d'insomnie, une nuit de laquelle elle était sortie le corps las et les yeux bistrés, dans laquelle l'image de son mari n'avait cessé de la poursuivre dans ses rêves, le matin au lieu de descendre à l'atelier elle sortit; elle s'était dit qu'elle allait surprendre son mari, agréablement cette fois, car elle voyait le pauvre Charles vivant dans la plus affreuse misère.

Elle se rendit chez le marchand de vin où Charles avait l'habitude d'aller, et vit dans le comptoir Adolphe qui lui tira la langue; comme il se dirigeait vers elle, elle eut peur et jeta un cri. Le père Hutin accourut; voyant l'idiot, il cria :

— Veux-tu monter à ta chambre, je te défends de venir à la boutique.

Adolphe était déjà loin. Le père Hutin s'adressa à Aline.

— Qu'est-ce que vous voulez, madame Goduret ?

— Monsieur Hutin, on m'a dit que Charles venait souvent chez vous. J'ai à lui parler et voudrais savoir où il demeure.

— Ma foi, madame Goduret, depuis plus de quinze jours, nous ne l'avons pas vu. Je crains de l'avoir blessé un matin en lui disant qu'il était nécessaire qu'il trouvât vite de l'ouvrage. De ce jour, il n'est plus revenu et n'a plus reparu chez l'ami qui lui donnait l'hospitalité...

— Ah mon Dieu ! mais il ne lui est pas arrivé un malheur ?

— Il ne faut pas penser de ces choses-là ; un malheur, ça se sait tout de suite... Non, mais, il souffrait dans ce quartier où d'abord on lui parlait souvent de vous... Et puis, forcé de travailler, il a pris n'importe quelle situation et ne veut peut-être pas le dire.

— Ainsi, fit la Sang-Brûlé, tout à fait désolée, vous ne savez pas où je pourrais le voir.

— Pas du tout... Oh ! assurément un de ces jours il nous rendra visite... Si vous le voulez, je lui dirai.

— Oui, s'il vous plaît, dites-lui. Merci. Et elle partit, car elle avait besoin de pleurer. Elle rentra chez elle ; les apprenties n'étaient pas encore éveillées ; elle se mit à préparer la besogne. Puis, peu à peu, lassée, elle s'assit et s'accouda sur la table, la tête dans ses mains. Elle pensait :

— Non, je ne puis vivre ainsi ; il faut que je le voie ; il a assez souffert, il se repentira et je pardonnerai... Mais s'il ne voulait plus, lui... si, blessé et humilié de la séparation, il me repoussait... Oh ! non non, se répondit-elle en souriant, je sais qu'il m'aime... Mais si je vais chez lui, si je... je serai sa maîtresse, je ne veux pas de ça... Nous serions ridicules.

Les apprenties s'éveillèrent au coup de poing qu'elle frappa sur la table.

— Qu'est-ce qu'il y a, madame, exclamèrent-elles.

Elle répondit :

— A quelle heure se lève-t-on, ici ?

— Tout de suite, madame.

Et pour ne pas laisser voir son état de trouble, la Sang-Brûlé se hâta de remonter dans sa chambre. Là, elle courut à une armoire et en tira un petit livre, épais, qu'au bâillement des feuilles, au luisant du brochage, on pouvait juger souvent lu, et s'essuyant vivement les yeux, car elle avait pleuré, elle vint se placer près de sa fenêtre s'accroupit sur une chaise et le feuilleta.

C'est le Code qu'elle consultait, le Code qu'elle avait acheté lorsqu'elle s'était décidée à se séparer, et dans lequel elle allait chercher le remède au mal qu'elle y avait trouvé.

Elle y trouva qu'il était possible aux époux de se reprendre mutuellement, et alors elle ferma son livre. Tout ce qui s'était passé serait pour son mari une leçon — un mauvais rêve — elle, elle oublierait ; déjà le souvenir s'effaçait, et puis l'ennui, l'absence lui faisait désirer plus vivement chaque jour de revoir son Charles. Tout le personnel qui l'entourait s'était à peu près renouvelé ; on ne disait plus de méchancetés, et la grande Augustine répétait :

— Je lui avais dit, à Charles, de laisser faire le temps ; voilà l'heure venue — où est-il ?

Deux fois, par l'une et par l'autre, on apprit qu'on avait vu M. Charles, mais dans les beaux quartiers, et il était vêtu avec chic.

— Tant mieux, fit la Sang-Brûlé, il a quitté ses fréquentations, il est employé, maintenant, ce doit être un homme raisonnable.

La jeune ouvrière clignait de l'œil, n'osant en dire davantage, mais le signe avait été remarqué et, lorsque la Sang-Brûlé quitta l'atelier, la grande Augustine, agissant discrètement, appela l'ouvrière dans la petite pièce où l'on empaquetait le linge terminé et lui demanda :

— Tu as rencontré M. Charles ?

— Mais oui, comme je vous l'ai dit !

— Où ça ?

— Oh bien, je n'ai pas voulu dire ça à madame, ça lui ferait de la peine, il était très chiquement vêtu et n'avait pas du tout l'air d'un homme qui travaille , il était aux Folies-Bergère.

— Aux Folies-Bergère ?

— Mais oui, et vous savez, pas gêné du tout... allant, venant, causant avec les cocottes de l'endroit comme un habitué... J'en étais bleue ; j'aurais été seule, je serais allée lui parler.

— C'est pas possible...

— C'est si possible que si vous voulez... nous irons toutes les deux, ce soir, je parie que nous le rencontrerons.

— Tiens, c'est une idée, ça...

— Voulez-vous ce soir ?

— Oui, c'est le jour où nous avons notre soirée, mais ne dis pas un mot... et quoiqu'il advienne...

— Pardi! vous avez bien vu... je n'ai rien dit tout à l'heure.

— C'est vrai. Ce soir nous partirons ensemble.

— Pas moi. Je vais demander à madame à partir plus tôt, afin de pouvoir aller m'habiller, et vous me trouverez au coin de la rue Trévise...

— C'est ça... Je partirai aussi un peu avant pour en faire autant.

Elles reprirent leurs places à l'établi. Quelques minutes après la Sang-Brûlé appelait la grande Augustine et lui disait :

— Augustine, vous me feriez bien plaisir si vous vouliez vous occuper de savoir où demeure Charles ; de mon côté je cherche, et si l'on veut m'aider avant peu, je le saurai.

— Madame Aline, vous pouvez compter sur moi, ce soir même je vais m'en occuper, et je vous prie à cause de cela de me laisser partir plus tôt.

— Oui, oui, partez quand vous voudrez...

— Merci, madame.

Aline allait presque aussitôt causer avec Joséphine, la jeune ouvrière qui avait rencontré Charles.

— Fifine, voulez-vous me rendre le service de chercher dans le quartier où vous avez rencontré M. Goduret... afin de savoir où il demeure ?

— Si madame veut me laisser partir plus tôt ce soir, je me promènerai dans le quartier et j'aurai peut-être du nouveau demain.

— Mais quittez tout de suite si vous voulez, et occupez-vous de ça, il est absolument nécessaire que je le retrouve.

Les ouvrières sortirent quelques minutes après. Aline mettait dans ses désirs la même passion qu'en toute chose.

Dans la prévision de ce qui allait arriver, c'est-à-dire du retour du mari au foyer conjugal, Aline préparait bien des choses qui étonnaient, au reste, les ouvrières qui n'en avaient pas l'explication.

D'abord, ne voulant pas qu'il restât ombre du souvenir de l'aventure de la grande Julie avec son mari, elle faisait transformer la chambre. Elle en faisait une pièce toute nouvelle, dans laquelle elle voulait placer une nourrice avec son enfant.

L'enfant, elle voulait le reprendre à la maison, d'abord, parce que deux ou trois fois il était tombé malade et on le lui avait appris tardivement, et surtout parce qu'elle comptait fort justement sur lui pour attacher plus vivement son mari à la maison.

C'est l'enfant qui effacerait les taches du passé.

C'était décidé, elle ne pouvait plus longtemps vivre ainsi, et l'avait crânement déclaré à son avoué qu'elle avait été consulter ; elle avait besoin de son homme, trop honnête pour jamais avoir un amant, elle voulait reprendre son mari.

L'avoué lui avait observé que les motifs de la séparation avaient été graves. Il les rappelait : adultère du mari au domicile conjugal, injures et coups envers sa femme, inceste, entretien d'une concubine au domicile conjugal, dissipation des biens de la communauté.

La Sang-Brûlé était toute rouge en entendant énoncer les arguments dont elle s'était servi.

Mais elle n'hésita pas, et fit comme l'avocat, elle en profita pour défendre celui qu'elle voulait justifier, et dit :

— Depuis, j'ai appris bien des choses qui m'ont fait juger bien autrement les faits. Mon mari, vous avez pu le voir par l'indifférence avec laquelle il a tout accepté, est essentiellement bon et faible surtout, il se laisse facilement entraîner. J'ai appris tant de choses que j'excuse aujourd'hui Charles... J'oublie surtout. Vous dites les injures et les coups donnés, je dois avouer ce que je n'ai pas dit au tribunal, que si nous nous sommes injuriés, ce n'est pas lui qui a porté les coups, c'est lui qui les a reçus.

— Je me base sur votre argumentation...

— Je le sais bien, c'est pour cela que je vous explique

la cause du changement survenu en moi... Pour le reste,
il était bien naturel qu'ayant été maladroite en abandonnant la maison, il y demeurât avec ma mère, qui seule
était capable de me remplacer...

L'avoué eut un rire malin.

— Ce n'est pas plaisamment que je dis cela, je parle
pour conduire ma maison... La faute était grave, mais
ma mère l'a payée de sa vie, il n'y a pas de doute à ce
sujet, elle s'est tuée, sentant qu'elle ne pouvait plus vivre
ni avec lui, ni avec moi... Et à cause de cela le malheureux a subi de longs mois de détention. Il a bien cruelle-
ment payé ses fautes... les juges l'ont acquitté, je puis
bien lui faire grâce... le passé est trop terrible, il lui a
servi de leçon, et je crois pouvoir être assurée de l'avenir.

— Enfin, vous êtes bien décidée à vous remettre comme
avant.

— Oui monsieur.

— Cela est possible, et entraînera à presque autant de
démarches que la séparation.

— Qu'importe, d'abord assurés que nous arriverons où
nous voulons, nous n'avons pas besoin pour nous remettre
ensemble d'attendre jusque-là.

— Vous avez bien réfléchi.

— Oh! je suis décidée... Mais, songez donc, monsieur
l'avoué, quand ce ne serait que pour notre enfant, est-il
utile que plus tard il demande la raison qui sépare son
père de sa mère? ce serait affreux.

— La chose est d'une telle délicatesse, madame, que
vous me permettrez de me borner à vous obéir sans vous
donner de conseils.

On dit qu'en France tout finit par des chansons, excepté
cependant les conversations avec un avoué. Celui-ci, selon
la coutume de ses collègues, demanda des provisions à
Aline, qui dut lui verser cinq cents francs.

Ceci fait, il était urgent de retrouver son mari, dont
l'adresse était absolument nécessaire... Car ce qui rendait

surtout facile l'annulation du jugement, c'est qu'il avait été rendu par défaut.

L'avoué, en serrant l'argent, dit à Aline :

— Madame Goduret, je dois vous prévenir que, réussissant dans l'instance que nous allons commencer, vous ne pourrez plus obtenir une seconde fois la séparation.

— Oh ! je ne la demanderai pas.

— Il faut l'espérer.

— Si je me trompais, si les mêmes malheurs devaient me poursuivre, il est une séparation à laquelle on n'échappe pas : la mort...

— Il ne faut pas avoir de ces pensées-là.

Elle rentra chez elle, tranquille. Tout était en train. Les ouvrières furent quelques jours sans pouvoir le rencontrer. Un matin, Joséphine dit à sa patronne qu'elle avait vu la veille M. Charles.

— Oh ! il était très tard, je n'étais pas seule, et n'ai osé lui parler, mais l'ayant vu entrer dans une maison j'y suis allé ce matin. On ne connaît pas ce nom-là.

— Vous n'avez pas été adroite, Phifine. Vous auriez dû lui parler.

— Madame, je revenais du spectacle, j'étais avec ma mère.

— Eh bien ! vous auriez dit à votre mère que la personne à laquelle vous parliez était le mari de votre patronne, elle ne pouvait vous gronder.

— Vous avez raison, madame.

La vérité, c'est que Mlle Phifine était penchée au bras d'une maman à moustaches qui n'aurait pas été de si bonne composition que le jugeait Aline.

— Où l'avez-vous rencontré ?

— Dans la rue Richer, madame.

— Avait-il l'air misérable ?

— Oh ! non, madame, au contraire, il paraissait très élégant, je crois même qu'il était ganté.

— Comment, ganté ! vous vous êtes trompée, sans doute... Et il était seul ?

— Oui, madame... pour ça, il était seul, et je l'ai vu entrer dans une maison du faubourg Montmartre, je ne sais pas le numéro, mais je pourrai vous le donner demain.

— Et vous êtes allée dans cette maison, ce matin?

— Oui, madame. J'ai demandé M. Charles ou M. Goduret. On m'a dit qu'on ne connaissait pas ça. J'ai dit que c'était un garçon et on m'a dit que les appartements de garçon ne se louaient que meublés. Comme je répondis, quand on me demanda ce qu'il faisait, qu'il était ancien garçon boucher étalier, la concierge haussa les épaules et répéta: ce n'est pas ici — nos moindres appartements sont à deux cents francs par mois... Je me retirai, pensant en route que peut-être M. Charles logeait chez un ami ; ça sera difficile à savoir.

— Non, seulement il faut un peu d'adresse... et une pièce de cent sous. Si vous l'avez vu entrer là, hier au soir, tard.

— Oh ! il était une heure du matin.

— Evidemment, il rentrait se coucher. C'est donc là qu'il demeure. Phifine, vous allez courir faubourg Montmartre, voir le numéro et j'irai... Ou plutôt, attendez, je vais mettre un bonnet et aller avec vous jusque-là... Vous me montrerez la maison.

Moins d'une demi-heure après, Aline était chez la concierge du faubourg Montmartre et demandait :

— Vous avez, dans la maison, M. Charles Goduret?

— Nous n'avons pas ce nom-là, madame.

— Peut-être ne l'avez-vous pas directement pour locataire, mais il pourrait demeurer ici chez un de ses amis.

— Oh! madame, ce n'est pas ici comme à la Halle, je connais tous ceux qui entrent et qui sortent, et surtout ceux qui y couchent.

— Bien, monsieur. Alors, écoutez-moi...

Et en disant cela elle glissait la pièce de cinq francs dans la main du portier :

— M. Charles Goduret a vingt-huit ans, il en paraît trente-six.

Un très gentil garçon, blond, qui a une petite moustache rousse, des cheveux frisés et qui semble toujours sourire... puis, se rappelant ce que lui avait dit Phifine : il est assez élégant.

— Oh ! mais, c'est M. Duret, ça !

— Duret, dites-vous... oui, c'est votre nom raccourci, Goduret... Duret.

— Comme vous dites, Goduret... Duret.

— Il demeure chez vous ?

— Si c'est celui-là, M. Duret, il a un petit appartement au quatrième.

— Chez lui ?

— Comment chez lui ? Ah ! je comprends, non, un petit appartement *meublé*, il ne demeure ici que depuis une douzaine de jours, il est le représentant d'une grande maison de cuirs...

— Ah !

A mesure qu'elle entendait le portier s'expliquer, Aline se demandait s'il n'y avait pas là qu'une simple rencontre. Un appartement meublé au quatrième étage du faubourg Montmartre lui paraissait devoir être d'un prix bien élevé pour les ressources de Charles, puis on le disait représentant d'une grande maison de cuirs. Or, elle savait jusqu'où s'étendaient les qualités commerciales de son mari, et ne le croyait pas capable de représenter une maison.

Cependant, Phifine, consultée, assurait que c'était bien lui qu'elle avait vu rentrer la veille au soir.

Interrogé sur ce point, le concierge répondit que, effectivement, M. Duret ne rentrait jamais avant une ou deux heures du matin.

Le moyen le plus simple était donc de voir M. Duret lui-même, et Aline demanda :

— Vous m'avez dit que M. Duret demeurait au quatrième étage, je vais monter chez lui...

— Oh ! madame, il n'est pas là, ses affaires l'obligent
à partir le matin.

— Mais nous sommes encore au matin.

— Oh ! de très bonne heure ; tous les matins, avant
huit heures, il est parti.

— Bien, monsieur, je vous remercie... je viendrai le
matin. Veuillez, je vous prie, ne pas lui dire un mot de
ce que je vous ai demandé.

— Mais vous ne m'avez rien demandé.

— Vous pourriez lui dire qu'une dame est venue s'informer, prendre des renseignements sur lui et doit revenir pour le voir.

— Et vous ne le voulez pas... Ce n'est pas bien loyal
avec un locataire.

— Monsieur, c'est dans son intérêt que j'agis, dit la
Sang-Brûlé qui, comprenant, glissa dans sa main une
nouvelle pièce de cent sous. Et le portier dit aussitôt :

—Madame, je serai absolument muet, du moment que
cela paraît vous être agréable ; je me tairai.

La Sang-Brûlé, un peu agitée, sortit de chez le concierge, et interrogea encore Phifine, qui se garda bien de
lui dire qu'elle l'avait rencontré à la sortie des Folies-
Bergère ayant une femme au bras, avec laquelle il était
entré dans la maison.

— Mais vous pouvez être tranquille maintenant puisque
vous êtes certain de le voir demain.

— Oui, mais je ne m'explique pas comment il a pu,
dans sa situation, obtenir aussi vite cette position... je
n'aurais jamais pensé qu'il pût être représentant de commerce.

— Mais madame, M. Charles était boucher, il avait
des relations avec ceux qui achètent les peaux de bœufs
et de moutons et c'est probablement un de ceux-là, qui,
demeurant en province, l'a pris pour représentant à Paris.

Ce raisonnement était logique et Aline s'y rendit.

— C'est probablement ça, enfin je le verrai demain, et

souriante, pensant à la surprise agréable qu'elle allait faire à son Charles, elle rentra chez elle.

Chez le concierge du faubourg Montmartre, Aline, l'interrogeant, n'avait pas pris garde à une femme d'un certain âge qui, assise devant une table, la plume à la main, paraissait vérifier un compte. Elle avait paru écouter, puis, ne plus s'occuper après que de ses chiffres. A deux ou trois questions, elle avait eu des mouvements d'épaules. Lorsque le concierge avait un moment cherché depuis combien de temps le locataire Duret résidait dans la maison, la vieille femme, sans tourner la tête, avait dit :

— Une douzaine de jours.

Et ce détail avait assuré de nouveau à Aline qu'elle se trouvait avec les portiers mâle et femelle.

Or, la Sang-Brûlé avait à peine quitté la loge que le portier disait :

— Eh bien, madame Florentin, vous avez entendu, ce sont les mêmes que ce matin.

— Je ne sais pas du tout ce que cette petite femme-là peut être ! Elle est jolie, et elle a du sang...

— Il vaut mieux ne rien dire au jeune homme ?

— Non, non, et vous l'avez promis. Moi, vous comprenez, je ne connais que la d'Avesnes : c'est elle qui a loué pour lui, et c'est elle que je vais prévenir... Elle saura ce qu'elle doit décider...

— Oui, ça vaut mieux.

— Mme d'Avesnes vous dira ce que vous devez faire si elle revient, et vous savez qu'elle n'est pas ingrate quand on la sert.

— Oh ! la chère dame ! je suis à sa discrétion.

— Vous concevez Pipot, moi, je loue mon appartement à une clientèle ; c'est bien rare quand il y en a un de vide, parce qu'ils peuvent compter sur moi. Or, dans cette affaire, je ne connais pas M. Duret, mais seulemen Mme d'Avesnes, c'est elle que je veux servir.

— Vous avez vu aussi, madame Florentin, que je n'ai rien dit. Mme d'Avesnes est là-haut...

— Ah ! elle est là-haut.

— Mais oui, vous pensez bien que je n'allais pas raconter ça...

— Je crois bien. Ah bien ! je vais voir la petite Claire tout à l'heure et lui raconterai tout ça... Voyons, Pipot, voici mon compte, vous le vérifierez, ce sont toutes les fournitures du mois, et quand vous l'aurez examiné je vous remettrai l'argent.

Le portier fit un signe à la femme Florentin, celle-ci se tut et regarda, il lui montrait Charles qui descendait de l'escalier ; lorsqu'il fut sorti de la maison la Florentin dit :

— Il vaut mieux qu'il ne descende que maintenant... dix minutes plus tôt ils se rencontraient.

— Ça n'est rien parce qu'il descend seul.

— Vous croyez donc que l'autre est une maîtresse qui le poursuit ?

— Quand une jeune femme jolie cherche un homme jeune et beau garçon, quand elle se donne le mal de l'autre... on ne peut croire que ça.

— Raison de plus pour que je parle à la d'Avesnes.

— Vous montez ?

— Oui, tout de suite, j'ai de l'argent à toucher là-haut, et pendant ce temps-là, Pipot, vérifiez notre compte.

— C'est ça.

La Florentin sortit et monta allègrement les quatre étages. Elle avait la clef d'un vaste appartement occupan tout l'étage et qu'elle avait divisé pour le louer en petits appartements et en chambres meublées. La Florentin avait deux métiers : elle vendait des soieries et des bijoux, et elle louait des chambres meublées à la même clientèle, avec laquelle elle vivait tout à fait amicalement. Elle frappa à la porte du plus bel appartement, c'est-à-dire deux pièces ; une voix gaie s'écria :

— Voilà... attends un peu.

Et moins d'une minute après, mademoiselle Claire d'Avesnes apparaissait dans l'encadrement de la porte, vêtue seulement d'une chemise diaphane. En voyant une autre personne que celle attendue sans doute, Claire jeta un petit cri.

— C'est vous, Florentin... entrez vite. Je croyais que c'était mon amant qui remontait, ayant oublié quelque chose.

— C'est moi, ma chère enfant, sachant que vous étiez seule, car j'avais justement vu monsieur descendre, qui ai voulu vous souhaiter le boujour... Vous ne m'en voulez pas.

— Au contraire, j'allais m'habiller, vous m'aiderez.

— Vous êtes seule... Est-ce que monsieur doit remonter ?...

— Non... je dois le rejoindre tout à l'heure pour déjeuner... Mais ce ne serait pas une raison : un jour ou l'autre, il faudra bien que vous le voyiez... Ah ! ma chère, c'est plus qu'une toquade, comme je croyais... c'est une passion.

— Ah ! je vous vois venir, vous, vous allez encore faire des bêtises !

— Non ! non ! c'est un honnête homme.

— Figurez-vous que je venais vous parler de lui.

— Hein ! vous avez à me parler de Charles, fit Claire, stupéfaite.

— Pas absolument, mais enfin il est question de lui. Hier ! et pas plus tard que tout à l'heure, on est venu le demander ici.

— On est venu le demander ? Qui ?

— Deux femmes !

— Hein ! fit vivement la d'Avesnes, il a donné des rendez-vous à des femmes, ici ?

— Non ! ma chère, n'allez pas si vite, il n'est pas question de ça. Deux femmes sont venues prendre des renseignements chez le concierge.

— Ah !

— Elles demandaient si, dans la maison, ne demeurait pas un nommé Charles Goduret ?

— Ah ! elles le connaissent depuis longtemps alors.

— Oui.

— Madame Florentin, est-ce que vous avez vu ces femmes-là ? C'est à vous qu'elles se sont adressées ?

— Mais non, ma chère enfant, je viens de vous dire que c'était chez le concierge, le père Pipot. J'étais en train de faire mes comptes avec lui ; elles m'ont pris pour sa femme et ont parlé devant moi.

— Vous les avez vues ?

— Oui, comme je vous vois.

— Comment sont-elles ?

— Ça a l'air de deux ouvrières : l'une, plus jeune, qui paraît plus avancée que l'autre ; on dirait des blanchisseuses ; celle qui paraît s'intéresser le plus est assez jolie... il faut le reconnaître, elle est très bien même... brune, les traits fins, la tournure gracieuse, une fort jolie femme.

— Environ vingt-cinq ans ?

— C'est ça... oui ; l'autre, quoique mieux mise qu'elle, (ou du moins qui portait un chapeau, et elle, était en bonnet), paraissait être son ouvrière, et je crois l'avoir entendue en sortant l'appeler Phifine...

— C'est elle ? exclama Claire.

— Hein ! qui ?

— Rien, rien, Florentin. Je parle à moi-même. Et que veut-elle ? L'avez-vous deviné ?

— Oh ! ce n'est pas difficile. S'étant assurée que Goduret et Duret ne faisaient qu'un, elle a demandé l'étage auquel il demeurait, et voulait monter. Heureusement le père Pipot, qui savait que vous étiez rentrée avec lui hier, a dit qu'il n'était pas là.

— Il a eu tort.

— Hein !

— Et a-t-elle dit qu'elle reviendrait ?

— Oh ! elle doit revenir demain matin.

— C'est bien ça ?

— Oui, oui... Pipot lui a dit qu'on ne pouvait le trouver que le matin.

— Bien... madame Florentin, je ne puis vous raconter cette petite histoire...

— Mon enfant, je ne vous la demande pas. Contente si ce que je vous ai dit vous rend service.

— Oh ! le plus grand service, et je vous en remercie bien. Seulement, je songe à une chose. Cette femme peut écrire aujourd'hui. Demandez donc au concierge de ne pas remettre à M. Duret les lettres qu'il recevra pour lui aujourd'hui. Vous comprenez. Je sais bien qu'il faut qu'il le fasse, mais il peut retarder ça d'un jour... ou qu'il ne les lui donne que lorsque je rentrerai avec lui...

— Oh ! cela est facile. Vous n'avez pas d'autre recommandation à lui faire ?

— Non, pas maintenant... demain peut-être...

— Demain elle viendra... Que voulez-vous donc qu'il fasse ?

— Demain, mais qu'il lui indique la porte de l'appartement.

— Bien...

— Dites donc, Florentin, est-ce Que tous vos appartements sont loués ?...

— Non...

— Celui-là... le voisin de celui-ci, qui a une porte dans cette chambre...

— Il est libre... mais il est cher ; vous savez, c'est pour cela que vous n'avez pas voulu le prendre...

— Mais je ne le prendrais pas encore, j'en aurais besoin seulement pendant quelques jours... en le faisant communiquer avec celui-ci.

— Mon enfant, que ce soit huit jours, un jour ou dix jours, pour moi, c'est le même compte : je ne loue pas moins d'une quinzaine...

— Soit, une quinzaine, et...

— Et... je devrais vous prendre plus cher ; mais je vous compte, à vous, la moitié du mois. C'est à trois cents que je vous l'ai laissé ; les quinze jours c'est cent cinquante...

— Et je le prends tout de suite...

— Oh! tout de suite, si vous voulez. Je vais vous ouvrir cette porte-là qui communique, et je vous donne les autres clefs.

La Florentin sortit de la chambre, et dans la vaste antichambre qui était commune pour tous ses locataires, elle alla ouvrir un placard dans lequel elle prit les clefs.

La d'Avesnes, accroupie sur un lit, pensait à ce qu'elle venait d'apprendre, et concluait en disant :

— Ça sera gai demain.

La Florentin lui ayant remis les clefs, elle se fit répéter par elle tous les détails de l'interrogatoire fait par les deux femmes dans la loge du père Pipot. Puis, congédiant sa propriétaire, elle se leva et procéda lentement à sa toilette.

Elle était pensive, la belle d'Avesnes. C'est qu'elle envisageait avec calme les événements qui se préparaient. C'est que le caprice passager qu'elle avait pour le beau Charles était devenu tout à fait sérieux, et, ne pouvant le garder chez elle, elle lui avait loué un petit appartement, elle lui avait trouvé au quartier des Halles une place qui n'était qu'une sinécure.

Un de ses anciens amants avait un dépôt de cuirs à Paris. Tous les matins, de neuf heures à onze heures, des voitures arrivaient pour déposer et emporter des marchandises ; il cherchait un homme solide et exact qui, tous les matins, à heure fixe, ouvrirait le magasin, veillerait aux livraisons et aux chargements ; puis, cela fait, écrirait et lui enverrait aussitôt sous enveloppe le mouvement du jour. C'était bien l'affaire de Charles.

Claire avait dit à son vieil ami que c'était son beau-frère qu'elle voulait placer, et de là elle était partie pour faire augmenter le chiffre d'appointements qu'on voulait donner. Charles s'était laissé mener comme un enfant ; c'était un honnête homme, il n'aurait pas consenti à recevoir un centime des mains de Claire. Mais il pouvait bien accepter d'elle la recommandation qui lui procurait du travail et quatre cents francs par mois. Elle lui avait dit qu'une de ses bonnes amies lui louerait, sans lui demander d'avance, un petit appartement. Il avait accepté et Claire avait payé deux mois d'avance sans qu'il s'en doutât.

Pour occuper sa place, il était nécessaire qu'il fût toujours convenablement vêtu, et elle lui avait fait connaître des fournisseurs qu'il devait payer mensuellement. Charles était très soigné. Le concierge, en disant que chaque matin il partait pour se rendre à son bureau, n'avait pas menti. A huit heures, tous les matins, il partait de chez lui, et ce jour-là, il avait dit à Claire en la quittant :

— Habille-toi, je vais au magasin, j'en ai pour deux heures environ ; trouve-toi chez Brébant, à midi, nous déjeunerons.

Claire, depuis qu'elle vivait journellement avec Charles, avait un peu oublié la Sang-Brûlé. Elle ne pensait plus à se venger, ne songeant qu'à aimer... Et comme elle était dans les prémices de ses chaudes amours, elle vivait heureuse. Ce que venait de lui dire la Florentin l'avait bouleversée ; elle était bien décidée à lutter. Mais quelle serait l'issue de cette lutte, et n'allait-elle pas y laisser son bonheur !

Si cela devait être, la Sang-Brûlé le paierait cher, car elle était décidée à tout... Elle sentait qu'elle ne pouvait plus se séparer de son Charles ; sans lui la vie n'était pas possible.

Non, il valait mieux en finir. Que ferait-elle ? elle l'ignorait ; étant prête, c'était déjà beaucoup de ne pas être surprise, puis elle n'avait aucun ménagement à garder.

Il fallait, sans rien dire à Charles, le préparer à tout, il y avait des précautions à prendre, elle voulait bien pouvoir compter sur lui et l'espérait.

Elle ouvrit l'appartement qu'elle venait de louer, s'y promena, revint dans la chambre, et dit :

— A quoi cela me servira-t-il... Nous ne voulons pas

nous cacher... Nous n'avons pas de danger à courir.
Enfin, nous verrons. Il m'attend, et sans qu'il s'en doute,
il faut que je le prépare, dépêchons-nous.

Puis, montrant son petit poing :

— Oh! non! non! Tu ne l'auras plus, mon Charles. Je
peux prendre les amants des autres, mais on ne me
prend pas les miens...

Puis vivement, se drapant dans son manteau, et jetant
un dernier coup d'œil dans la glace, elle sortit, descendit
le faubourg Montmartre et rejoignit Charles, qui l'attendait au coin du boulevard, pour la mener chez Brébant.

IV

UN LEVER D'AURORE

La Sang-Brûlé avait passé une bonne journée, vivant
avec ses rêves, dans le roman qu'elle se faisait. Vive,
prompte, tout arrivait rapidement, et elle préparait la
maison pour cela. C'est à peine si elle s'occupait de l'ouvrage. Elle avait, nous l'avons dit, fait organiser la pièce
qu'occupait la grande Julie. La chambre prête, elle alla
au bureau de nourrices, en choisit une et l'emmena avec
elle pour chercher son enfant. Dans l'après-midi, l'enfant et la nourrice étaient installés dans la maison. On
travailla peu cette journée dans la maison Goduret, toutes
les ouvrières s'occupèrent du bébé, c'était à qui le ferait
rire et jouerait avec. La Sang-Brûlé ne se plaignit pas,
cela apprivoisait la nourrice et l'enfant.

La jeune femme monta chez elle et s'appliqua à tout mettre en ordre, afin que rien ne rappelât la séparation.

C'est que c'était bien justement qu'Aline était surnommée la Sang-Brûlé ; le matin seulement elle avait eu des nouvelles de son mari et elle était certaine que le lendemain elle le ramènerait chez elle et lui mettrait son enfant dans les bras.

Son mari s'était élevé comme façon depuis son départ, cela lui était agréable, il se mettait élégamment, et elle ne voulait pas qu'il fût gêné en la voyant ; elle employa tout le reste de la journée à se faire une toilette qui, sans être habillée, ne manquait pas de distinction, et la petite ouvrière était parisienne, c'est-à-dire qu'elle avait du goût et des doigts de fée.

Dans l'atelier, on observait discrètement ce qui se passait. Mais l'histoire était connue, et les ouvrières se disaient :

— C'est demain le retour du patron.

Sur une proposition d'Augustine, car pas plus elle que Joséphine, quoiqu'elles sussent que Charles avait des maîtresses, ne doutaient de l'empressement que ce pauvre Charles allait mettre au retour, les ouvrières décidèrent d'offrir un gâteau pour fêter la réconciliation. C'est-à-dire que l'on parla pour commencer d'un simple gâteau, puis on ajouta du vin, et enfin on alla jusqu'à un gâteau pour l'enfant. La collecte se fit discrètement, la grande Augustine se chargea de tout ; mais chaque ouvrière devait, en outre, avoir un bouquet, et il était entendu qu'on ne lui mettrait pas de fleurs jaunes pour éviter les blagues.

Le lendemain devait donc être une fête. Oh ! la Sang-Brûlé était préparée, son cerveau lui donnait toutes les joies du lendemain.

Dès l'aube, au jour, elle se lèverait pour tout ranger chez elle, commanderait à ses apprenties de faire un bon déjeuner pour onze heures, puis dans la toilette qu'elle s'était faite, elle partait faubourg Montmartre... Elle sonnait. Charles venait ouvrir.

Tableau !

Elle entrait ; lui, tendait les bras, elle se jetait dedans lui disant :

— Je te pardonne.

Et ils restaient longtemps embrassés, les lèvres contre les lèvres, pleurant et s'aimant. Elle savait bien la fin de cette émotion-là.

Deux ou trois heures après, ils descendaient, prenaient une voiture et revenaient au domicile conjugal. La paix était faite, le mariage rescellé... et alors que le prenant par la main, elle sentait qu'il tremblait en voyant qu'elle le dirigeait vers la chambre de Julie... Il devenait pâle en la voyant pousser la porte. Quand ouvrant les yeux il voyait... une petite chambre toute capitonnée, tendue de blanc, avec un lit, un berceau, près du lit de la nourrice, dans le berceau, l'enfant.

Elle voyait, la Sang-Brûlé, elle voyait Charles, fondant en larmes, se précipiter vers l'enfant, tombant à genoux devant le berceau ; c'est elle qui prenait l'enfant, qui le lui tendait et leurs lèvres se rencontraient sur les petites joues roses.

La journée lui parut interminable ; enfin les ouvrières partirent et elle monta dans sa chambre, elle passa une grande heure près de son enfant, puis se retira chez elle.

Quelle nuit ! oh ! le menteur qui dit qu'une mauvaise nuit est tôt passée... Elle ne pouvait dormir, et tout ce qu'elle avait vu sous un aspect riant, tout ce qu'elle avait préparé avec l'espérance de la réussite, était triste et sombrait.

Charles menait une vie de débauche qu'il ne voulait plus quitter. Il refusait de la recevoir et, pensant à son profit, il disait que, séparé légalement, il était libre et que sa femme n'avait pas le droit de se présenter chez lui, la menaçait même de la faire arrêter.

Elle s'éveillait alors en sursaut, le corps moite de sueur, elle se dressait sur son lit, regardant autour d'elle avec effroi, puis un soupir de satisfaction sortait de sa poitrine et elle souriait. Ce n'était qu'un cauchemar. Elle se rendormait plus heureuse alors, c'était un nouveau désenchantement. Elle se retrouvait avec Charles, mais que celui qu'elle revoyait était changé, qu'il ressemblait peu à l'homme qu'elle avait quitté. Celui qu'elle retrouvait s'était habitué à une vie et à un monde bien au-dessus d'elle, elle se sentait petite auprès de lui, son regard lourd éteignait sur ses lèvres le sourire et la familiarité. Elle ne savait que lui dire, n'osait lui parler de revenir avec elle, pensant qu'il refuserait ; elle était glacée par le calme avec lequel il disait :

— Ce n'est pas moi, c'est vous qui avez fait cette situation. Vous avez voulu vous défaire de moi, vous m'avez débarrassé de vous, je suis libre, absolument libre par vous, et je ne puis m'expliquer la visite que vous me rendez. Entre nous, c'est un duel d'inertie, au premier qui mourra. Devant le monde, pour vous dégager, vous avez dit de moi tout le mal possible, quand on m'a attaqué lorsque vous me saviez innocent, vous ne m'avez pas défendu... Il vous est possible de pardonner une infidélité, mais je ne me sens pas le cœur de pardonner ces ingratitudes et ces lâchetés. L'amour que j'avais pour vous est passé de l'extrême à l'extrême, je vous hais autant que je vous aimais... Je vous demande en grâce de m'oublier.

Et cela elle l'entendait : la voix était si méprisante, qu'elle s'éveillait encore et se trouvait heureuse de constater qu'elle rêvait. Elle avait le cœur serré ; un moment elle se demanda :

— Est-ce un pressentiment ?... Oh ! c'est trop bête, ça !

Et elle sauta du lit, et courut vers son enfant qu'elle entendait pleurer. Ce qui est une fatigue, le réveil de l'enfant pleurant la nuit, fut pour elle une consolation ; elle le prit dans ses bras, le berça, le cajola, lui parlant de son père, et l'enfant, peu habitué à ces caresses, à ces tendresses, s'abandonna et se rendormit ; alors, elle n'osa plus le remettre dans son berceau, et dit à la nourrice, un peu surprise de cette assistance :

— Je vous le rapporterai s'il se réveille, je vais le coucher avec moi.

Elle regagna sa chambre, et, avec mille précautions, se coucha tenant l'enfant sur son cœur. Elle s'endormit ainsi — et son sommeil fut doux. Ne rêvant plus de Charles, elle rêva du petit être qu'elle tenait dans ses bras, qu'elle voyait grandir et qu'elle entendait lui dire :

— Maman, je t'aime.

Elle s'éveilla encore, et regarda autour d'elle, le calme lui revint ; le jour naissait, et les premières lueurs de l'aube, en amenant la clarté, chassèrent les noires insomnies ; elle se leva, et, en chemise, elle alla ouvrir sa fenêtre. La grande ligne grise paraissait dans le ciel noir, avec un coin lumineux, vers le levant.

Elle resta accoudée sur la fenêtre, heureuse de l'impression de fraîcheur qu'elle ressentait après la fièvre de la nuit.

Si elle s'habillait pour aller trouver Charles... Elle regarda la pendule, il était à peine quatre heures ! Que ça ? Le mieux était de se reposer. Elle se recoucha, et trouva ce bon sommeil du matin qui repose tant. Elle s'éveilla à six heures. Elle descendit à l'atelier préparer et distribuer l'ouvrage à tout le monde.

Elle avait bien envie de raconter ce qu'elle allait faire, toutes les ouvrières le savaient, et cependant elle n'osait pas, et se disait :

— Si je ne réussis pas, s'il me repousse, je suis ridicule.

Et elle se taisait, préférant faire une fausse surprise.

Mais les ouvrières étaient indiscrètes, comme des parents à héritage ; voulant que *madame* sût bien qu'on n'ignorait pas ce qui se passait, la grande Augustine dit :

— Après l'ouvrage que vous avez distribué il ne restera pas grand'chose à faire tantôt, on va abattre ça bien vite.

— Oui ! oui ! enlevez ça en deux temps, vous ne le regretterez pas, disait la Sang-Brûlé.

— Nous allons préparer le déjeuner... vous revenez déjeuner?

— Mais je crois bien...

— N'importe quoi, dit négligemment Augustine avec intention.

— Non, non, Titine... je mange mal depuis quelques jours, faites un bon déjeuner.

— Un bon déjeuner, quoi, madame?

Les ouvrières clignaient de l'œil entre elles, Aline ne le vit pas et affecta de dire naturellement :

— Des huîtres... Je vais en commander en partant une bourriche. Une belle entrecôte avec des pommes ; de la salade.

— Ah !...

La Sang-Brûlé s'empressa de dire :

— Il n'y a que les huîtres qui me font manger.

— Ah! dit tranquillement Augustine, le pauvre monsieur Charles, c'est lui qui adore ça, et qui ne laisse pas sa part.

La Sang-Brûlé ne répondit pas ; elle se hâta de monter à sa chambre, et commença une toilette aussi raffinée que celle d'une courtisane.

Une demi-heure après, quand elle reparut dans l'atelier, il n'y eut qu'une exclamation d'admiration. Et vraiment elle la méritait, la Sang-Brûlé. Elle était adorablement belle. Elle était Parisienne et savait bien faire aller une robe, elle ne sacrifiait pas à la sottise des laiderons tout nerfs et tout os, qui croient qu'une fine taille est une beauté.

Elle était fière d'être femme, la Sang-Brûlé, fière de sa beauté, et ce n'est pas à la mode qu'elle demandait ce qui manque à la poupée à Jeanneton.

La Sang-Brûlé, disions-nous, était si belle, que les ouvrières ne purent retenir un cri d'admiration en la voyant paraître. Après avoir embrassé son enfant et fait ses recommandations, surtout celles relatives au déjeuner, qui devait être prêt vers onze heures, elle serra la main d'Augustine et de Phifine et, se sauvant, elle leur dit :

— Maintenant, je vous dégage, vous pouvez tout dire à ces demoiselles.

Et elle partit en courant; depuis la veille les deux ouvrières avaient tout raconté à leurs camarades.

Le départ d'Aline termina la journée de travail.

Ces demoiselles s'occupèrent de la petite fête qu'elles préparaient pour la rentrée du mari coupable.

Lorsqu'elle sortit de la grande cour, passant dans la rue, les hommes se retournaient sur elle, ne cachant pas leur impression; elle était heureuse de ce murmure d'admiration soulevé sur ses pas, qui lui présageait l'effet qu'elle produirait sur celui auquel était destinée sa coquetterie.

Marchant vite, elle arrivait au quartier Montmartre; tout bas elle se répétait son entrée, et riait de l'effet qu'elle allait produire.

Oh! son cœur battait bien fort lorsqu'elle demanda au père Pipot :

— M. Charles Duret est-il chez lui?

— Oui, mademoiselle.

Elle dut mettre une main sur son cœur pour continuer. C'est que la partie s'engageait, il n'y avait plus à reculer. Elle interrogea :

— Vous n'avez pas dit qu'on était venu le demander?

— Je vous l'avais promis; non, mademoiselle.

— A quel étage demeure-t-il?

— Au quatrième. En ouvrant la grande porte, vous vous trouvez dans une antichambre, c'est la première porte à gauche en face de vous.

— Bien, merci.

Aline monta lestement... plus doucement à chaque étage, en se reposant un peu sur le palier. A ce moment elle regrettait de ne lui avoir pas écrit et donné un rendez-vous, cela eût été si simple, et elle n'aurait cette crainte à cette heure. Elle était devant la porte. Elle frappa. Presque aussitôt on vint ouvrir. C'était une bonne, à laquelle elle demanda :

— Monsieur Duret?

— C'est ici, madame. Monsieur est en train de s'habiller.

— Allez lui dire qu'une dame veut lui parler tout de suite.

— Bien, madame.

Aline, anxieuse, n'osait faire un pas, s'attendant à voir une porte s'ouvrir et son mari paraître. C'est la bonne qui revint.

— Monsieur vous demande une minute... madame, et il vient. Si vous voulez entrer.

Et la bonne la fit passer dans un petit salon, puis partit, laissant Aline seule.

V

L'AMOUR EST FAIT DE HAINE

Charles vivait le plus heureusement du monde; il adorait la belle d'Avesnes d'un amour sincère.

Jamais il n'avait ressenti avec les autres ce qu'il éprouvait près de Claire. L'amour sincère et puissant qu'il avait pour la Sang-Brûlé ne pouvait se comparer à ses émotions avec la d'Avesnes. Dans le langage, dans l'expression, c'était une comédie pleine d'exagération. Claire lui avait persuadé qu'elle était une femme du monde, victime d'un mari brutal qui l'avait chassée du domicile conjugal après avoir mangé sa fortune; et était toujours en procès avec lui pour obtenir la restitution d'une partie de ses biens. Elle était soutenue dans sa lutte par un vieux parrain, dont elle consentait à lui parler, mais duquel elle désirait qu'on ne reparlât plus.

Mais à son Charles, elle ne voulait rien cacher; il devait tout savoir, devait être convaincu que, quoi qu'on dise, elle était digne de lui.

Charles croyait tout, et il avait même dit :

— Si jamais il y en a un qui va trop loin, tu sais, je suis là.

Elle lui avait fermé la bouche d'un baiser.

Et comment n'aurait-il pas cru, le pauvre garçon? jamais il n'avait rencontré personne chez elle. Le mal qu'il savait, c'était sa femme qui le lui avait dit. Ça n'était pas celle-là qu'il croirait.

La veille du jour où nous sommes arrivés, Claire n'avait pas quitté son amant, ils avaient à peine dîné pour aller au théâtre le soir, mais ils avaient soupé avant de rentrer.

Malgré l'heure tardive à laquelle ils s'étaient couchés, Claire s'était éveillée tôt, et avait aussitôt éveillé son amant, se plaçant dans ses bras, cherchant ses caresses.

C'était jouer avec le feu. Claire le savait. Toutes les ardeurs de la jeunesse couvaient en lui, et il était prêt à rendre au centuple les caresses qu'on lui adressait. C'est l'amour qui l'éveillait, l'amour dévorant de la chair. Un moment, il la regarda ; en entendant ses cris inarticulés, en voyant ses torsions désordonnées, il crut qu'elle allait avoir une crise de nerfs, mais elle se jeta à son cou, l'embrassant et lui demandant haut :

— Mon Charles, n'est-ce pas qu'il n'y a sous ce front que j'embrasse qu'une pensée, qu'une image?

— Oui, la tienne...

— Je suis ta femme, moi.

— Ma femme, ma vraie petite femme!

— Oh! je t'aime.

Elle le tenait dans ses bras; elle eut un revirement subit, et d'un mouvement rapide, comme si elle était surprise, elle ramena les couvertures sur son corps.

Il la regardait stupéfait.

— Mais qu'as-tu donc?

— Tu n'as pas entendu du bruit derrière cette porte?

— Là? l'appartement n'est pas habité. Si quelqu'un est venu regarder par la serrure, tant pis pour lui.

— On a frappé, je t'assure, dit Claire, feignant d'avoir peur et se blottissant dans le fond du lit.

— Gros bêta, la porte est fermée en dedans... Tu vas en être certaine, je vais aller mettre des effets devant la serrure...

— Essaie si la porte est bien fermée...

Pendant que Charles sautait du lit, Claire se redressant, rejetant ses couvertures, se pelotonnant comme une fauve prête à s'élancer, les cheveux épars sur ses seins nus, les yeux ardents, la bouche frémissante, ses grands cheveux blonds lui faisaient une crinière léonine. La bête guettait sa proie.

Charles, bien naïvement, et avec un léger haussement d'épaules, s'était levé ; à tout hasard il avait enfilé son pantalon, et il portait un fauteuil devant la porte où il voulait mettre des effets qui bouchassent le trou de la serrure. Il laissa le fauteuil pour s'assurer d'abord que la porte n'était pas ouverte, le verrou qui se trouvait de son côté était fermé. Il le tira, tourna la clef et la porte s'ouvrit.

Il jeta un cri en voyant, accoudée sur l'angle de la porte, sa femme, la Sang-Brûlé, qui les yeux brûlants, la bouche crispée, l'air égaré, lui criait :

— Gredin!...

Lui, balbutiant, n'osait fermer la porte, absolument bouleversé par la rencontre, ne trouvant rien à dire que :

— Qu'est-ce que tu fais là, toi?

La Sang-Brûlé, vacillante, se recula en disant :

— Tu as su que je te cherchais et tu m'as attirée ici.

— Moi?...

Claire riait et elle cria :

— Charles, fiche-moi donc ça en l'air ; elle a dû payer

cher le concierge pour nous voir... eh bien ! elle en a pour son argent, elle n'a pas à se plaindre... Ferme et viens.

Charles paraissait abruti. Il regardait sa femme, il était terrifié par cette nouvelle surprise.

La Sang-Brûlé avait cru un moment qu'elle allait tomber raide aux pieds de son mari ; un froid mortel avait couru jusque dans ses moelles ; elle avait des injures plein le cœur et ses lèvres n'avaient trouvé que : Gredin ! Quand elle l'avait reconnu dans le lit de la d'Avesnes, il lui avait semblé qu'elle était prise d'une paralysie de la mâchoire. Elle avait voulu crier, et n'avait pu articuler un mot. Alors, se sentant sans force, Aline s'était caché le visage dans les mains et avait pleuré.

En la voyant ainsi, Claire descendit joyeusement du lit. Sa rivale était humiliée, vaincue ; elle allait lui faire payer cher les injures subies.

Sautée sur le tapis, elle avait revêtu vivement une large robe de chambre, et venant se placer carrément devant sa rivale, elle s'écria :

— De quel droit, madame, venez-vous nous espionner ?... C'est trop fort, cette femme qui vient jusque chez mon amant.

La Sang-Brûlé s'était remise un peu ; son regard se fixait plein de mépris sur celle qui lui parlait, et c'est menaçante, mais menaçante à ce point que Charles et Claire d'Avesnes reculèrent devant elle, qu'elle dit :

— Je vous défends de parler de mon homme en disant : mon amant.

— Votre homme ! lui ! Je vous demande pardon, madame, Charles est libre... Sa femme c'est moi ! moi, qui vous dis : Venez donc le prendre.

Et Claire, se plaçant crânement entre la Sang-Brûlé et Charles, défiait sa rivale.

D'une voix sourde, Aline, après avoir regardé la d'Avesnes de la tête aux pieds, lui dit :

— Vous avez raison, il est libre, il est séparé de moi ! Il a le droit de vivre avec une fille... la loi est plus indulgente pour lui que pour moi, je suis condamnée à vivre seule... Il est à vous, et je ne viens pas chercher à vous le prendre, gardez-le... Ce n'était pas le mari que je cherchais... c'était le père... mais de ce jour je dirai à son enfant qu'il est mort.

— Je ne veux pas... cria Charles.

Claire comprit que le terrain sur lequel on allait s'engager n'était pas avantageux pour elle, et elle reprit aussitôt :

— Il n'y a pour vous, madame, ni mari ni père... le père de qui, est-ce qu'il le sait... la preuve !

— Misérable !

— Oh ! pas de gros mots, pas d'histoire. Je sais la vie que vous menez...

La Sang-Brûlé écoutait comme suffoquée, anéantie en s'entendant traiter de la sorte. Claire continuait :

— Oui, la vie que vous menez, et cette scène qui se passe aujourd'hui, voulez-vous que je vous _en_ dise le motif... Vous avez dans vos noces l'espoir d'un nouvel enfant. Vivant séparée, vous ne voulez pas cependant qu'on dise la fille... ce que vous dites pour moi... Vous avez imaginé de retrouver votre mari.

— Taisez-vous, misérable, taisez-vous... Au nom de notre enfant, fais-la taire.

— Vous ne le tromperez plus, madame. Hier vous êtes venue ici. Vous avez défendu au concierge de dire que vous étiez venue. Vous vouliez trouver votre époux au lit le matin... et, pour le séduire, vous avez fait quelques frais de toilette... Vous espériez qu'en vous voyant, il vous accueillerait et vous étiez prête à oublier la séparation. Vous vous remettiez avec lui pour le matin, pour la journée. Vous repreniez votre place dans le lit et vous alliez crier partout demain que vous étiez enceinte de ses œuvres.

— Vous me laissez dire cela par cette fille !...

Charles était atterré ; le raisonnement perfide de la

d'Avesnes lui paraissait logique... On se moquait encore de lui.

En s'entendant injurier, en voyant celui qu'elle aimait s'occuper si peu d'elle, la Sang-Brûlé sentit le sang lui monter au cerveau. Elle ne se sentait forte, la petite blanchisseuse, que lorsqu'elle ne mentait pas. Elle voulut parler franchement, et vive, résolue, elle s'avança sur eux en disant :

— Vous êtes la dernière des créatures, et en cherchant à retenir l'homme que j'avais, vous me prouvez bien que j'étais une sotte, l'homme qui consent à aller avec vous ne peut plus être le mien. Oh ! n'essayez pas de crier, je crierai aussi fort que vous... Il y a des choses qu'on ne peut dire de moi. Je suis une honnête femme et je vis de mon travail... Vous êtes une putain, et vivez de prostitution.

— Saleté...

— Ah ! assez... et la Sang-Brûlé levait la main. Claire eut peur et se précipita dans les bras de Charles, toujours à moitié hébété...

— Quand un homme consent à te toucher... il est jugé... Je croyais que l'homme dont je porte le nom ne s'abaisserait jamais si bas; si je croyais au travailleur habitué à ne vivre que du pain qu'il gagnait... aujourd'hui il me répugne et me fait honte...

— Qu'est-ce que tu veux dire, la Brûle ? — fit tout à coup Charles, devenu rouge sous l'injure.

— Ah ! je te croyais muet comme ceux qui servent à te qualifier...

— Mais elle t'appelle poisson, fit la d'Avesnes.

— Ah ! assez ! la Brûlé... je suis libre, je pense. Tu vas ficher le camp.

— Oui, tu es libre, bien libre ; mais d'aujourd'hui seulement. J'avais regretté ce que j'avais fait... On me disait que tu étais malheureux et je rêvais de toi, franchement, loyalement, je te le déclare, je te cherchais, je voulais te retrouver pour te dire je te pardonne, et te ramener près de ton enfant...

Charles la regardait, tout tremblant, ému. Claire le vit et dit :

— Près duquel, celui que vous allez mettre au monde ?

Charles serra Claire sur sa poitrine... et Aline dit avec amertume :

— Tu me laisses encore insulter par cette fille...

Claire riposta :

— Cette fille est la vraie femme de Charles, madame ; vous êtes séparés, il a des droits sur vous, et vous n'en avez pas sur lui... C'est mon amant, et je puis vous le dire en face. Je ne suis pas de celles qui, par jalousie, accusent leur mère de vol ; moi, au contraire, je refuse de servir de témoin... Je ne suis pas de celles qui accusent leur mari d'assassinat, pour pouvoir se séparer et s'emparer du bien commun.

— Mais vous êtes de celles qui font commettre des crimes aux hommes... Vous êtes deux misérables de vivre l'un avec l'autre ; elle ira le soir gagner ton pain.

— Ne redites pas ça, vous... fit Claire menaçante.

Mais la Sang-Brûlé se contenait avec peine ; la menace de la fille poussa sa colère à l'extrême ; s'élançant, elle la poussa vers le lit en criant :

— C'est toi, traînée, toi qui oses me menacer !

— Ne me touchez pas.

— Qui m'arrêterait ?... Lui, et elle défiait son mari. Voyons, Charles, viens donc la défendre...

Charles, tout niais, dit :

— Crie donc pas comme ça. Tout le monde va monter; et il courut vers la porte pour s'assurer qu'on ne bougeait pas dans l'escalier.

Aline s'était précipitée sur Claire. L'une était une robuste, l'autre une chétive, et la lutte n'avait pas été longue au pied du lit. La tenant sous son genoux, elle avait déchiré la grande robe de chambre, levé la chemise et la fouettait. C'est le tableau que vit Charles en se retournant.

— A chacun son tour de donner des spectacles aux autres, cria-t-elle.

— Ah! en voilà assez, fit Charles, et il l'arracha de dessus sa victime... Allons, va-t'en...

Et il la jetait vers la porte. Mais Claire s'était relevée, échevelée, la bouche crispée, l'œil injecté de sang, criant :

— Oh! salope, tu ne sortiras pas d'ici.

— Viens donc, disait la Sang-Brûlé, je vais recommencer dans la rue...

— Je ne veux pas qu'elle sorte, Charles.

Au contraire, celui-ci avait ouvert la porte, cherchant à pousser Aline au dehors...

— Fiche le camp, ou malheur à toi !

Claire venait de trouver sur la cheminée un poignard éventail japonais, elle le brandissait en criant :

— Charles, tue-la!... tue-la!

La Sang-Brûlé s'étant dégagée, ouvrait son corsage et disait à son mari auquel Claire tendait l'arme :

— Tue-moi... comme tu as tué ma mère.

C'était la première fois que l'accusation lui venait nettement de sa femme. Il devint livide; saisissant le couteau que Claire lui tendait, il eut quelques secondes d'hésitation. La Sang-Brûlé, déchirant robe et chemise au corsage, montrait ses seins nus, il pouvait frapper, un éclair rouge avait voilé ses yeux, et lorsque Aline, s'avançant vers lui, s'offrait de nouveau, en tendant sa poitrine, et que Claire cria :

— Mais tue-la donc !

Il crut qu'il n'allait pas résister... et se recula pour jeter l'arme. Mais, il revint aussitôt, brutal, grossier, il bouscula la Sang-Brûlé, la frappant, la poussant au dehors en disant :

— Va-t-en... va-t-en, tu me rendrais fou... Ah! tu me crois assassin !... Va-t-en... j'ai pitié de toi.

— Mais ne sois donc pas lâche, hurlait la d'Avesnes.

— Allons, va-t-en... va-t-en...

— Frappe-moi, oui, c'est ainsi que tu es maintenant, frappe.

— Ah ! ne dis pas cela, je le ferais.

— Et depuis une heure tu me martyrises.

— Mais tue-la donc !... donne-moi mon couteau, et la d'Avesnes, décidée, s'avançait. Charles avait sa femme dans ses mains et la portait jusqu'au palier; elle se débattait, et lui dit sur le carré :

— Tu n'es qu'un misérable... Oui, c'est bien toi qui as tué ma mère...

— Oh ! tu veux que je tue, toi...

— C'est ton métier, maintenant... Tu vis des femmes d'abord et tu les tues ensuite.

Il ne put se contenir, prit la Sang-Brûlé par le col et la jeta dans l'escalier. Celle-ci, en dégringolant l'étage, jeta un grand cri. Il rentra, effrayé de ce qu'il venait de faire, et s'arrêta sur le pas de la porte.

Il fit rentrer avec lui Claire d'Avesnes qui, folle de rage et de haine, brandissait le poignard japonais, disant :

— Je vais en finir !

— Tais-toi, Claire, rentrons, rentrons vite.

Il prit la jeune femme dans ses bras robustes et malgré sa résistance, ses menaces, l'emporta dans leur appartement, effrayé du scandale qui se produisait dans la maison, car, sur tous les paliers, les portes s'ouvraient et les locataires en costume du matin cherchaient à s'expliquer ce qui se passait.

En voyant une femme échevelée, le corsage déchiré, dégringoler les marches pour venir tomber sur le palier au-dessous, ils sortirent tous croyant à un crime. On releva la Sang-Brûlé, on la fit asseoir sur une des banquettes qui se trouvaient à chaque étage et l'on s'empressa autour d'elle.

Aline était comme suffoquée, elle avait été si brutalement jetée au bas de l'escalier qu'elle était tombée la face contre terre et le sang, jaillissant du nez, l'avait inondée ; ceux qui la soignaient étaient épouvantés. C'est en vain qu'elle cherchait à dire un mot, elle ne pouvait plus parler.

Le concierge était monté, et parlait tout bas à plusieurs locataires, leur expliquant ce qui se passait :

— C'est une scène de jalousie...

— Mais, vous pensez bien que du moment où ça en arrive à ce point-là, c'est la fin.

— Comment, la fin ?

— Oui, je vais faire prévenir le propriétaire que je lui donne le choix entre mon départ et celui de cette loueuse de chambre.

— Mais on assassine, maintenant, dans la maison ? disait un autre.

En passant de l'eau sur le beau visage de la Sang-Brûlé, on avait reconnu qu'elle n'avait aucune blessure ; mais ses yeux restaient clos. Se sentant entourée d'amis, de protecteurs, et, tout abasourdie de sa chute, elle s'abandonnait. Les gens la croyaient évanouie.

Un des locataires ayant dit au concierge :

— Mais ça ne peut pas en rester là. Allez chercher le commissaire, il faut qu'on dresse un procès-verbal, cette malheureuse a été la victime de quelque guet-apens... vous la voyez déchirée, débraillée, décoiffée et sanglante.

Pipot semblait peu désireux de faire venir le commissaire de police.

— Il vaut bien mieux que je me plaigne au propriétaire, sans faire venir la police dans la maison.

La Sang-Brûlé, qui s'était redressée, dit doucement :

— Vous avez raison. Je vous en prie, n'allez pas chercher la police ; ce que vous prenez pour un délit, un crime, n'est qu'un accident... Je suis tombée.

— On entendait crier, se disputer...

— Justement, c'est en me disputant sur une affaire toute particulière, que j'ai fait un faux pas et suis tombée dans l'escalier... mais, ce n'est rien, je vous remercie de vos soins, messieurs, et je vais partir.

— Vous ne nous ferez pas croire... lorsque nous l'avons vu, qu'on ne vous menaçait pas d'un couteau et qu'on ne vous a pas jetée dans l'escalier.

— Je n'ai pas à défendre les gens dont vous parlez... pour moi je crois avoir fait un faux pas et je suis tombée.

Elle vit alors son corsage déchiré, sa chemise ouverte, sa chemise dont elle avait honte à cette heure, car elle l'avait choisie très fine et toute garnie de dentelles, elle avait même passé en coulisse un ruban jaune... elle était honteuse de se trouver ainsi décolletée sous les regards de tous ; faisant un suprême effort, elle remercia, et se levant voulut prendre la rampe pour descendre.

Un jeune homme, qui était venu à son secours un des premiers, l'avait relevée lorsqu'elle était tombée sur le palier, — il sortait de chez lui se rendant à ses affaires, — la voyant vacillante lui dit tout bas :

— Voulez-vous, madame, me permettre de vous offrir le bras pour descendre ?

A ce moment, la porte se rouvrait au-dessus.

La d'Avesnes se penchait sur la rampe criant :

— C'est la femme de mon amant... Elle est séparée d'avec lui... et fait la noce... elle est enceinte, elle est venue pour faire croire qu'elle avait des relations avec son mari... Vous attesterez, vous qui nous avez vu la jeter en bas de l'escalier, de la façon dont elle a été reçue, la sa...

— Mais, jour de Dieu !... tais-toi donc, dit Charles, en la prenant dans ses bras et l'emportant, en essayant d'étouffer ses injures jusque dans sa chambre, dont on entendit la porte se refermer brusquement.

Sous le coup de cette nouvelle injure, la Sang-Brûlé crut qu'elle allait s'écrouler. Ses regards tombèrent sur le jeune homme qui lui offrait son aide. Elle vit le coup d'œil haineux qu'il jeta à la d'Avesnes, penchée sur la rampe, et devina qu'elle avait là un appui, un ami. Elle appuya son bras sur le sien et, se soutenant d'une main sur la rampe, elle descendit. Une voiture de maître attendait à la porte. Le cocher ouvrit la portière, et sans qu'elle pensât à résister, le jeune homme l'avait fait monter et lui demandait :

— Où voulez-vous qu'on vous conduise, Madame?

Elle examina celui qui lui parlait comme si elle ne le comprenait pas, étonnée, ne le connaissant pas, et confuse de la façon respectueuse dont il lui parlait. Regardant autour d'elle, se voyant en voiture, elle pensa que le jeune homme allait monter près d'elle et s'offrait à la reconduire.

Lorsqu'il lui demanda de nouveau :

— Madame, vous vous rendez chez vous?

— Mais, oui, monsieur, je veux m'y rendre seule, je vous remercie, je ne veux pas...

Elle essayait de descendre. Il l'en empêcha et, toujours doucement, et surtout avec politesse :

— Madame, dans l'état où vous êtes, il serait imprudent de marcher; vous allez vous rendre seule chez vous, veuillez me dire votre adresse.

Elle regarda encore celui qui lui parlait, et, obéissant elle dit :

— Je demeure rue des Poissonniers...

— Bien. Au revoir, madame.

Et fermant la portière il donna l'adresse au cocher, en ajoutant :

— Puis vous viendrez me prendre au bureau.

Le jeune homme, à travers les vitres, salua respectueusement la Sang-Brûlé interdite, qui lui rendit son salut, et la voiture se mit en marche.

La jeune femme éprouvait une sensation douloureuse de la chute énorme qu'elle avait faite de tout un étage. Elle avait fait des efforts surhumains pour cacher le mal qu'elle ressentait. Si elle était encore vivante, c'était une chance, ayant failli se briser le crâne sur les marches, et c'est son mari qui l'avait traitée ainsi. Cela, c'était le comble. On avait voulu l'assassiner; elle avait vu briller le couteau dans les mains de l'un et de l'autre. Puis après, lorsqu'elle l'avait défié, tendant sa poitrine à ses coups, il avait eu peur du sang. Il l'avait saisie à la gorge et l'avait jetée en bas des escaliers... Et elle avait pensé que cet homme l'aimait encore. Elle rêvait qu'il vivait pauvre dans son honnêteté, pendant qu'il était aux crochets d'une fille. Celle qui l'avait chassée était la créature qui un jour l'avait insultée, l'accusant d'avoir encouragé les amours de sa mère pour se séparer de lui.

Elle pensait à tout ce qui s'était passé et crut qu'elle avait été inconsciemment victime d'un complot. On l'attendait, on l'avait reçue dans une pièce voisine, connaissant bien la curiosité des femmes, sachant bien qu'entendant du bruit elle en voudrait connaître la cause. C'était fini, elle ne pouvait désormais échapper, lorsqu'elle évoquait l'image de son homme, au répugnant tableau au milieu duquel elle le retrouvait toujours.

La voiture allait rapidement, et ses cahotements à peine sensibles étaient comme des bercements. La Sang-Brûlé s'y abandonnait ; s'étendant bien sur les coussins, elle reposait avec bonheur ses membres endoloris. Regardant autour d'elle, le petit coupé de maître dans lequel elle se trouvait lui sembla bien luxueux. Qu'ils étaient heureux les gens riches !

La pensée de son mari et de sa maîtresse la quitta, et toute préoccupée de la voiture dans laquelle elle se trouvait riche, elle songea à celui qui l'avait obligée d'y monter.

C'était un fort gentil garçon, très élégant, d'aspect sympathique et doux ; en lui parlant il avait un air protecteur qui aurait fait supposer qu'il connaissait sa vie douloureuse.

Cet homme avait été bon pour elle, c'est lui qui l'avait ramassée sur le palier. Elle ressentait l'impression de sa main, lorsque, dans son corsage dégrafé, il avait cherché la ceinture pour la dénouer.

C'était lui le plus empressé autour d'elle.

Il lui semblait même qu'elle l'avait entendu dire aux autres personnes assemblées autour d'elle :

— C'est cette créature qui loue des chambres là-haut... On ne sait quel monde elle reçoit...

— Cette malheureuse est peut-être une ouvrière qui venait réclamer l'argent qu'on lui devait...

Le jeune homme avait dit :

— Il y a là-dedans une méchanceté de femme. N'avez-vous pas entendu l'une réclamant son amant... et celle-ci parlant de son mari...

La Sang-Brûlé, en se souvenant de tout cela, trouvait qu'il était fort bien le jeune homme. Elle eut un instant l'envie de se pencher pour voir s'il n'y avait pas une couronne sur les panneaux de la voiture ; mais, elle remarqua tout à coup devant elle, placés sur une petite boîte, des allumettes, un journal sous bande, et un paquet de cartes de visite. Elle en prit une et lut :

HENRI DUCHATEAU

Faubourg Montmartre.

— Henri, répéta-t-elle, comme pour bien graver le nom dans sa mémoire, puis, s'assurant que le cocher ne la regardait pas, elle prit une des cartes et la glissa vivement dans sa poche. Elle était devenue toute rouge, et dans la rapidité du mouvement elle s'était fait mal tant elle avait les membres endoloris. C'est parce qu'elle était étendue moelleusement sur les coussins d'une bonne voiture, qu'elle ne ressentait rien des souffrances qu'elle avait endurées.

Elle avait jeté un petit cri de douleur et s'était étendue dans la voiture, tenant la main dans sa poche sur la carte qu'elle venait de prendre et restait ainsi les yeux demi-clos ; peu à peu le sourire revint sur ses lèvres, comme si elle faisait un rêve heureux. Elle se plaisait tant dans ce petit coupé, elle s'y trouvait si bien qu'elle était prête à croire qu'il lui appartenait, qu'elle cherchait les moyens par lesquels cela pouvait arriver, et cela lui paraissait facile lorsqu'elle se rappelait le doux visage de celui qui l'avait protégée, qui l'avait conduite jusqu'à sa voiture, qui s'était incliné poliment devant elle ; elle se souvenait qu'en la fixant ses yeux avaient un regard étrange ; elle sentait encore une pression de main qui l'avait embarrassée, elle souriait toujours, les yeux clos, et ses lèvres s'entr'ouvraient pour dire :

— Henri !

Tout à coup il y eut un choc, la voiture s'arrêtait, et dans tous ses membres elle avait ressenti le contre-coup ; elle ouvrit les yeux, le rêve s'envola rapide. Quand le cocher ouvrit la portière, la Sang-Brûlé avait les sourcils froncés, les lèvres serrées ; d'un coup d'œil elle avait regardé le quartier misérable où elle devait vivre, et ses douleurs lui rappelaient ce qui venait de se passer, la réalité enfin.

Elle fit tous ses efforts pour descendre et marcher droite, mais la douleur était trop vive dans une jambe et elle boitait.

Le cocher, après lui avoir offert ses services pour la conduire jusqu'à son appartement, ce qu'elle refusa, gênée déjà par les voisins qui étaient sur le pas de leur porte, lui demanda si elle avait des ordres à lui donner ; sur sa réponse négative, il remonta sur son siège et partit.

Alors la Sang-Brûlé se dompta, s'imposant, malgré ses souffrances, de marcher droite jusqu'au fond de la cour, chez elle enfin. En pensant à ce qu'elle avait dit en partant à ses ouvrières, et à la piteuse façon dont elle rentrait, la douleur aidant, de grosses larmes coulèrent de ses yeux, puis des sanglots grondèrent dans sa gorge et, toute à sa douleur, vaincue, elle s'abandonna et marcha péniblement pour arriver jusqu'à la porte de l'atelier, où un cri de joie salua son arrivée.

Les voisins, placés sur leur porte, avaient échangé entre eux des signes de stupéfaction : le petit coupé faisait son effet, et le père Hutin avait dit :

— Eh bien? ça n'a pas été long... elle ne se refuse rien maintenant, le petit coupé... plus que ça de chic!... Heureusement qu'elle l'avait aujourd'hui pour revenir... elle ne tient plus debout et est saoûle... Elle vient d'un déjeuner fin, et regardez si elle est chiffonnée...

— Elle est encore tout échevelée.

— Ils étaient pressés et ne se donnaient pas le temps de se dégrafer, ils déchiraient tout... Maintenant, ils ne peuvent plus se reprocher rien l'un à l'autre. La femme vaut le mari.

— Ça devait finir comme ça.

— Vous avez beau dire, ça dégoûte de faire du bien.

— Sait-on ce qu'est devenu Charles ?

— La petite Phifine le rencontre souvent avec une cocotte des Folies-Bergère.

— Ah! ben, c'est du propre. L'homme et la femme se font entretenir chacun de son côté.

— Jamais je n'aurais cru ça de Charles.

— Personne ne l'aurait cru.

— Un homme à la mer... dit le père Hutin en riant.

Les deux voisins rirent avec lui et l'un ajouta:

— Il revoit son pays natal.

On rit plus fort, et l'honneur des deux malheureux fut enterré.

Le Sang-Brûlé avait ouvert la porte de l'atelier et, presque défaillante, elle restait accotée sur l'huisserie, et comme elle regardait ainsi l'entrée de la rue des Poissonniers, les ouvrières crurent que Charles la suivait, payait la voiture ; ils ne la voyaient que de profil, elle pleurait et semblait vaciller sur ses jambes, mais pensant que c'était l'émotion, joyeusement elles criaient plus fort :

— Vive la patronne!...

Toutes tenant un bouquet s'avançaient pour l'offrir. La grande Augustine dit alors :

— Allons, madame, le déjeuner est prêt. Vous devez avoir faim, prenez place.

Aline fit un effort pour lever la tête, et les supplier de ne pas achever, et elle vit deux places, tout entourées de fleurs, avec la grande chaise de l'enfant entre eux et l'enfant tout souriant et bégayant déjà :

— Papa... papa...

C'était trop. Elle se sentit glisser pour tomber sur ses genoux et se cramponnant aux chaises, à la table, elle se traîna à genoux et vint jusque devant son enfant, laissant tomber sa tête sur lui, elle gémit.

— Oh! mon Dieu! mon Dieu! Vous ne me ferez donc pas grâce!

C'est alors que, stupéfaites, les ouvrières, vivement émues, commencèrent à comprendre et remarquèrent sa pâleur livide et les traces de coups sur son visage, puis son corsage déchiré, son col égratigné... la grande Augustine se portant vivement au secours d'Aline qu'elle voyait prête à s'évanouir, la souleva, l'assit sur une chaise, près de son enfant; soutenue, Aline revint à elle, et quand la grande Augustine lui demanda ;

— Mais qu'est-il donc arrivé, madame?

— Il m'a chassée; il a voulu me tuer... il est le maq... de la d'Avesnes.

— Monsieur Charles, lui un... Oh !

— Oh!... c'est pas possible.

Le Sang-Brûlé fondit en larmes. Le doute pour elle n'était pas possible, on avait transformé son homme. Il n'était plus le même comme tenue, comme allure... Il était dirigé, mené, conduit par Claire d'Avesnes. Qui pouvait lui avoir donné l'argent nécessaire à la vie qu'il menait? C'était elle, le doute n'était pas possible, qui lui avait donné à lui, ce travailleur, sortant de prison, sordidement vêtu, le moyen de s'habiller presque à la dernière mode; c'était elle, toujours elle. Charles avait renoncé à tout... il reniait son passé, sa vie d'honnête homme... Il était déshonoré, elle ne devait plus le voir.

Les ouvrières qui l'entouraient étaient pleines de sympathie pour elle; on s'offrait à la servir, à la venger, elle ne répondit pas ; mais l'idée d'en finir était dans son cerveau, il fallait à tout prix mettre une barre entre le passé et le présent.

D'une voix sombre, la tête un peu en avant, l'œil sans regard, la Sang-Brûlé dit :

— Calomnie, méchanceté, mensonges, je n'ai rien voulu croire. Depuis sa sortie de prison, sa pensée ne me quitte pas. J'avais voulu d'abord en finir à jamais, et je me le suis reproché presque aussitôt, j'avais cru que le tribunal n'accorderait pas si facilement ce que je demandais. C'est surtout la naissance de mon enfant qui avait tout changé en moi.

« J'ai oublié les fautes commises pour ne me souvenir que du compagnon de travail que j'avais... que j'aimais... Ai-je été assez bête, assez sotte, me suis-je assez rendue ridicule.

Alors se levant, elle raconta rapidement, avec un accent dramatique qui bouleversa celles qui l'écoutèrent, la scène qui s'était passée faubourg Montmartre, ne s'expliquant pas elle-même comment elle vivait après la chute qu'elle avait faite, puis elle retomba sur sa chaise ; son enfant s'éveillait, elle le prit dans ses bras et l'embrassa, il répéta la phrase qu'on lui disait tous les jours dans l'idée du retour de son père :

— Papa Charles.

Alors la Sang-Brûlé le regarda et lui dit :

— Papa Charles est mort ! et elle l'embrassa.

Et toute frissonnante, essayant de se dégager de ce souvenir, elle dit :

— Allons, mesdemoiselles, je vous remercie tout de même de l'intention, nous n'allons pas laisser perdre le déjeuner, il faut oublier ça... c'est à vous de le rendre joyeux. A table.

Elle donna l'enfant à la nourrice. Toutes les ouvrières se mirent à table ; la Sang-Brûlé faisait des efforts pour oublier. Elle vit alors le couvert mis et le fauteuil vide placé à côté d'elle et, cette fois encore, de grosses larmes coulèrent de ses yeux.

— Vite... vite, enlevez ça... C'est fini maintenant, je suis veuve !

On s'empressa d'enlever le couvert et, faisant des efforts pour sourire, la Sang-Brûlé raconta comment elle était revenue en coupé de maître, que tous les voisins la regardaient. Elle ajouta qu'elle était décidée à quitter le quartier. Elle avait trop souffert pour continuer la vie qu'elle menait, toute de travail et de tracas. Son intention était de se débarrasser de la maison, trop fatigante pour elle. Elle l'avait prise, ayant avec elle sa mère et son mari, et seule elle n'y pouvait suffire ; de ce jour, elle cherchait acquéreur, et si ces demoiselles entendaient parler de quelqu'un, elle les priait d'y penser.

Si elle pouvait se débarrasser de ce fonds de blanchisserie, en pleine prospérité, ce serait dans de bonnes conditions, et avec l'argent qu'elle placerait et son travail personnel, elle parviendrait à élever son enfant, auquel elle voulait se consacrer tout entière.

On s'explique bien que le déjeuner ne fut pas très gai. Les bouquets avaient été jetés dans un coin, et on versait le café lorsque la Sang-Brûlé demanda à ses ouvrières la permission de se retirer, en même temps que la grande Augustine envoyait chercher le médecin.

C'est que si, sur le coup, dans l'ardeur de la lutte, la jeune femme n'avait rien senti, le mal venait plus fort ; son visage qui n'était que rouge se couvrait de marques noires des coups reçus. On la coucha.

La grande Augustine était près d'elle, lorsque Phifine vint lui dire que si elle voulait ne pas le vendre trop cher, elle était prête à lui acheter son fonds au comptant.

Un peu étonnée, Aline lui dit son prix, et elles prirent rendez-vous pour terminer le lendemain.

— Vous savez, Madame Charles, c'est sérieux demain ; ce sera oui ou non. J'aurai l'argent.

— Bien.

La grande Augustine lui demanda alors ce qu'elle comptait faire.

— Je l'ignore, répondit la Sang-Brûlé. Mais je veux changer de quartier et de nom. Je reprends le nom de ma mère. Madame Aline Marin... et de ce jour je me considère comme veuve.

Toutes les ouvrières restaient niaises devant cette douleur, mais n'osaient plus intervenir tant elles étaient émues... C'était un grand silence troublé par des sanglots.

TROISIÈME PARTIE

LES ENFANTS DU LAVOIR

1

LE TRAVAIL, C'EST LA LIBERTÉ

Mlle Phifine, en achetant la blanchisserie Goduret, n'avait jamais pensé à faire de sa maison un pensionnat sévère. Ouvrière, elle avait souffert de la sévérité du patronnat, et s'était bien promis, le jour où elle pourrait s'établir à son compte, de faire une maison modèle, de réaliser enfin ce refrain de chanson : le travail, c'est la liberté.

Elle avait de bonnes intentions, Mlle Phifine; mais le but avait été dépassé.

Naturellement, c'était l'amant de la jeune ouvrière qui avait fourni les fonds. Celui-ci était invisible, ne venant chez sa maîtresse que le soir, après le départ des ouvrières.

On avait tout augmenté, deux chevaux et une énorme voiture pour livrer le linge, puis une petite voiture, dont l'amant de Mlle Phifine avait fait cadeau par-dessus le marché, et dans laquelle, tous les deux jours, la jeune fille allait se promener au bois avec lui...

Déjà Mlle Phifine était connue de tout Paris. C'était une excentricité que cette petite femme à la mode, véritablement blanchisseuse, qu'on voyait le soir au bois et le matin au lavoir.

Il est vrai que l'atelier ne ressemblait plus à un véritable atelier de blanchissage. La plupart des ouvrières anciennes, presque toutes, étaient parties. Ce n'était pas sur la place, près de la rue Française, qu'on allait les chercher; elles étaient embauchées par camaraderie, et il eut été difficile de trouver parmi elles la classique ouvrière portant le peigne d'argent, ayant sa poignée, son fer et son petit morceau de laine.

L'heure du travail était *ad libitum*, celle où l'on arrivait. On comptait son temps à l'heure. Ces demoiselles avaient toutes des costumes, des chapeaux et des gants. Le costume de travail était tout à fait provocant, les camisoles et les chemises étaient finement brodées, il y manquait quelquefois un bouton en haut, mais jamais la moindre tache. On recevait dans l'atelier les amis, — et souvent dans la journée deux ou trois gommeux se faisaient initier au travail des blanchisseuses; — ce n'était plus chez le marchand de vin, mais au café et chez le pâtissier, que l'on allait chercher les consommations offertes à ces dames.

Les ouvrières, en parlant à leur patronne, ne disaient que:

— Oh! ma petite patronne chérie...

— Patronne adorée...

Et Phifine était la plus heureuse femme du monde, elle avait ce qu'elle avait rêvé, elle vivait gaîment, joyeusement, et personne ne pouvait ajouter une injure à son nom, elle menait la vie qu'elle voulait, mais elle travaillait.

Elle ne le cachait pas, et disait nettement qu'elle ne

serait jamais l'esclave d'une cliente qui n'était pas plus
qu'elle. Si le linge était terminé le jour de la livraison on
le portait, sinon on le distribuait le lendemain, quelquefois deux jours après. Des pratiques avaient quitté la
maison. Bah! Phifine avait dit:

— Nous en avons de trop, il peut en partir encore...

Ce qui plaisait surtout à Phifine, c'est que le soir elle
trouvait toujours autour d'elle trois ou quatre de ses
ouvrières prêtes à l'accompagner, et celles-là étaient des
compagnes agréables qui la respectaient, la flattaient, la
faisaient valoir enfin... elle était au-dessus d'elles.

L'ancienne blanchisserie Goduret prospérait; était-ce
par la clientèle de la blanchisseuse ou de Mlle Phifine?
Nous n'avons rien à dire là-dessus. C'était une blanchisserie qui avait du chic... Les vieilles laveuses que l'on
employait, car ces dames ne lavaient pas, elles lissaient
seulement, avaient bien un certain mépris quand elles
venaient à l'atelier, mais ces demoiselles n'y voyaient
rien.

La grande Augustine était partie avec sa patronne
Aline, et depuis, le fonds ayant été payé comptant, jamais
on n'avait revu la Sang-Brûlé, jamais on n'avait entendu
parler d'elle. On croyait qu'elle avait quitté Paris.

Au contraire, Charles avait été revu plusieurs fois, mais
de nouveau transformé, misérable, malheureux; il s'était
plaint de ne pouvoir trouver d'ouvrage nulle part.

Il croyait toujours que sa femme était établie rue des
Poissonniers; personne n'ayant osé lui raconter son départ et la vente du fonds.

Il avait honte de lui-même, car il était forcé de reconnaître que ce n'était qu'à Claire qu'il devait la vie. Celle-
ci, lassée d'un caprice qui durait depuis longtemps, lui
avait dit dans un mouvement de mauvaise humeur qu'il
lui coûtait assez d'argent.

Il avait relevé la tête et dit qu'il travaillait. La d'A-
vesnes avait eu un mouvement d'épaules navrant. Charles

s'était troublé et avait à moitié compris, alors elle avait ajouté :

— Tu comprends bien qu'en restant avec toi, en ne voyant pas ces messieurs... c'est vingt-cinq louis par semaine que je te sacrifie...

— Que tu me sacrifies, avait exclamé Charles, la bouche ouverte.

— Oui, mon petit Charlot, je n'ai pas à te le cacher. Depuis que je suis avec toi, tu me coûtes au moins cinquante louis par semaine ; je ne te les reproche pas, mais je voudrais voir la fin de ça, — l'amour, ce n'est pas nourrissant...

On ne reçoit pas, lorsqu'on s'y attend le moins, des reproches semblables. Charles était devenu rouge du col à la racine des cheveux, et il avait aussitôt protesté en disant :

— Tu me prends pour un autre ! Moi... moi tu m'as donné de l'argent, mais tout ce que je gagne je l'ai mangé avec toi, mais j'ai toujours travaillé et je n'ai jamais eu un sou à moi.

— Travaillé... ta place !... Voyons, tu devais bien penser que ça ne pouvait durer. Un emploi où il suffisait d'un homme de peine, auquel on donnait quatre-vingts francs par mois, que je te faisais payer six cents francs en disant que tu étais mon frère... sitôt qu'il a su la vérité... tu comprends qu'il t'a remercié.

— Comment, cet homme qui me payait... était ton amant !... Misérable !

— Oh ! pas de grands mots pour nous fâcher... c'est avant que tu aurais dû le voir... Il ne manque plus que ça, c'est que tu m'injuries. Tu me coûtes assez cher, je pense.

En apprenant ça, il crut qu'il allait devenir fou !... Mais le bruit s'en répandit, enveloppant Charles d'une auréole écailleuse... ce qui fut une raison pour qu'il trouvât de nouvelles maîtresses avec lesquelles il se fâchait le lendemain en voyant la pensée qu'elles avaient de lui.

Mais cette vie de travail conventionnel, d'oisiveté lucrative en avait fait tout à fait un paresseux ; c'est vainement qu'il cherchait une place, il ne pouvait y rester.

Insensiblement, de la chambre meublée qu'il habitait, il était arrivé à demeurer dans un honteux garni, avec la misère pour compagne, la misère dans toute son horrible cruauté. Se couchant souvent sans souper, et se réveillant le matin sans savoir où il irait déjeuner. Il pensait souvent à la Sang-Brûlé, mais il comprenait que de ce côté tout était à jamais fini.

La misère donne de mauvaises pensées, et, affamé, sans ressources, il pensa que sa femme était heureuse et pouvait l'obliger... Au reste, dans leur séparation, elle avait tout gardé ; elle avait quelques meubles à lui, entre autres choses, un gros dictionnaire Larousse, péniblement acheté mensuellement, qui représentait cinq ou six cents francs, qui ne lui servait pas à elle, et qu'il pourrait revendre au moins moitié s'il l'avait, ce qui lui permettrait de se relever un peu et de trouver une place.

Cette idée était trop agréable pour qu'il ne s'empressât pas de la mettre à exécution. Il se rendit un soir rue des Poissonniers. Ne voulant être vu de personne, il arriva jusqu'à la grande cour ; voyant au-dessus de la porte, au lieu de : Blanchisserie Goduret, — Blanchisserie parisienne, il se dit que sa femme ne pouvait plus se servir de son nom depuis leur séparation, et que pour éviter de raconter des histoires désagréables, elle avait tout changé.

Il entra. De la porte de la cour, on entendait rire et chanter, danser même, et le vitrage de l'atelier jetait une grande clarté dans la cour.

— Il paraît qu'on fait la noce chez ma femme, fit-il avec amertume. Ça me va assez pour ce que je vais réclamer.

Et se redressant audacieux, s'apprêtant au scandale, prêt à tout, — la misère est mauvaise conseillère, — il se dirigea vers l'atelier. Il vit, assis au milieu, des jeunes gens élégamment vêtus ; toutes les ouvrières avaient abandonné l'établi et les entouraient. Il se coiffa un peu sur le côté, marcha en se balançant sur les hanches pour se donner l'air casseur. Il n'avait rien à ménager, et il attendait sur le seuil l'effet qu'il allait faire. Il rentra. Il y eut parmi ces demoiselles un cri de surprise et un peu d'effroi. Nous l'avons dit, la plupart des anciennes ouvrières de la Sang-Brûlé avaient quitté la maison en voyant quelle allure on lui donnait. Toutes celles qui les avaient remplacées, plus coquettes que les premières, n'étaient pas connues de Charles et ne le connaissaient pas. Les hommes s'étaient levés, montrant manifestement que la surprise leur était désagréable et qu'ils désiraient n'avoir aucun rapport avec les gens de la sorte de celui qui se présentait.

Charles, ayant partout cherché sa femme du regard, restait tout décontenancé. Une des ouvrières s'élança vers la porte pour évincer l'intrus, disant :

— Qu'est-ce que vous demandez, vous ?

— Je veux parler à ma femme.

— Tiens, s'écria Phifine, c'est M. Charles.

Et rassurant les jeunes gens :

— C'est mon prédécesseur.

Deux ou trois ouvrières dirent en même temps :

— Ah ! M. Charles !

Celui-ci se trouvait tout honteux, et changeant de manière il se découvrit et tint sa casquette à la main d'un air embarrassé.

— Mais, monsieur Charles, votre femme ne demeure plus ici depuis longtemps. Vous ne le saviez pas ?

— Non, je ne me suis jamais occupé d'elle... Qu'est-il donc arrivé ?

— Ne voulant pas continuer à travailler, elle m'a vendu la blanchisserie et je ne l'ai pas revue depuis...

— Ah !... et Charles, plus embarrassé, dit : Et c'est chez vous ici ; excusez-moi, messieurs, mesdames... —

La belle Phifine avait été blessée de l'air méprisant avec lequel la Sang-Brûlé avait quitté la maison, très blessée

en voyant des ouvrières la remercier en disant : Nous ne
travaillons pas dans une boîte comme ça... Elle en voulait à Aline de n'être jamais venue revoir la maison
qu'elle avait remontée chiquement, — ainsi qu'elle disait
— et l'occasion se trouvant de lui faire payer ça, elle n'y
manqua pas. Au reste, elle ne mentait pas : ce qu'elle disait, toutes ses ouvrières et elle-même en étaient assurées.
Si la Sang Brûlé avait consenti à vendre son fonds, c'est
qu'elle ne voulait plus travailler; se trouvant libre, elle
voulait se faire entretenir. Quand Charles lui dit :

— Je vous demande bien pardon de vous déranger...
Vous êtes en fête, mais je ne savais rien, et voulais avoir
des nouvelles de ma femme.

— Vous ne voulez pas faire de bêtises, au moins?

— Oh ! non ! C'est fini. Je veux lui réclamer des objets
qui m'appartiennent et dont elle n'a que faire. Savez-vous
ce qu'elle fait et où elle demeure ?

Pour être plus à son aise et ne pas gêner ces messieurs,
en même temps que pour permettre à Charles de parler
plus librement, Phifine dit :

— Allons dehors, nous pourrons causer.

Charles s'empressa de se rendre à son désir; dans la
cour, il respira plus librement.

— Où demeure-t-elle?

— Monsieur Charles, je serais bien embarrassée pour
vous répondre. Depuis le jour où j'ai pris possession de la
maison, que je lui ai payée comptant, je ne l'ai jamais
revue et nous n'avons jamais entendu parler d'elle.

— Il y a longtemps qu'elle a quitté?

— Assez longtemps, puisque vous vous souvenez qu'elle
a été un matin pour vous demander de vous remettre
avec elle. Vous demeuriez faubourg Montmartre ; elle
vous a surpris avec Mme d'Avesnes.

— Oui, oui, fit Charles ennuyé.

— C'est trois jours après qu'elle m'a cédé le fonds...
Elle était rentrée ici meurtrie, brisée, jurant de se venger...

— Ah!... Est-ce qu'elle connaissait quelqu'un ?...

— Je ne crois pas, à ce moment-là... Mais quand elle est revenue de chez vous, on l'a ramenée dans une voiture de maître.

— Une voiture de maître !

— Oui ; et le jour où elle est venue pour toucher son argent, quinze jours après, elle n'a pas osé venir jusqu'à la porte, mais le coupé l'attendait sur le boulevard de la Chapelle, et elle était d'une élégance !

— Ah ! Et vous ne savez où je pourrais avoir quelques renseignements sur elle ?

— Oh ! du tout... A cette heure-ci, et puis nous sommes en fête, je ne puis rien demander. Venez demain dans la journée à l'atelier, je m'informerai près de ces demoiselles si l'une ou l'autre l'a vue... On n'en parle jamais.

— C'est ça ; je reviendrai demain dans la journée.

— Je pense. Je chercherai l'adresse de celui qui a fait notre vente, qui a dressé les actes, son homme d'affaires. En allant chez lui, vous saurez où elle demeure.

— Oui, et c'est bien plus simple.

— Eh bien, à demain, monsieur Charles, et pas de bêtises. Ah ! vous savez, vous en avez vu d'assez dures, et si je savais que ce soit pour faire encore quelque folie de vengeance... je me le reprocherais toute ma vie.

— Mademoiselle Phifine, tout cela est très vieux ; c'est une affaire d'intérêt qui me fait agir. Qu'elle me rende mes affaires et je la laisse tranquille ; c'est tout ce que je veux lui demander.

— Et c'est tout ce que vous avez de mieux à faire.

— Merci, mademoiselle Phifine ; excusez-moi. Au revoir.

— Au revoir.

Il partit plus triste, plus tourmenté. N'étant plus avec la d'Avesnes, il pensait à sa femme, et apprenait qu'elle se permettait d'agir comme elle le voulait. Cela était logique, simple, naturel, et pourtant il ne pouvait l'accepter. Non, il ne voulait pas que cette femme qui n'était plus la sienne le trompât. Cette seule idée de la savoir avec un autre homme le bouleversait. Et en sortant de chez leur ancienne ouvrière, il était furieux, il maugréait :

— D'abord, de quel droit a-t-elle vendu le fonds... c'est là qu'elle devait rester et travailler... Elle est mère, elle élève notre enfant et reçoit chez elle un homme qui l'entretient... Oh ! c'est trop fort ça, et nous aurons une explication !

Sa colère continua quelques minutes, mais elle ne pouvait durer ; le bon sens reprenant le dessus, il était obligé de reconnaître qu'il n'avait rien à voir dans les agissements de sa femme. Il pouvait, il est vrai, si elle vivait avec un autre homme, la faire arrêter, mais c'était tout.

Ce qui se passait ne venait que par lui. Sa femme ne pouvait pas vendre le fonds de commerce qu'elle avait acquis de la liquidation de sa séparation de biens sans son consentement. Mais il se souvint alors que des amis lui avaient dit avoir lu, affiché au tribunal de commerce, un jugement le condamnant et déclarant qu'il était sans domicile connu.

C'était vrai, non seulement sa femme paraissait ignorer sa demeure, mais encore il avait changé son nom ; elle avait plus simplement obtenu du tribunal le droit de vendre.

Ainsi, il se trouvait n'avoir aucun recours contre elle. Il en était convaincu, mais il voulait la revoir ; l'impossibilité dans laquelle il se trouvait de la rencontrer augmentait ce désir.

Il se posa cette question, le niais :

— Est-ce que je suis encore amoureux d'Aline, que j'en suis jaloux ?

Et il se répondit en haussant les épaules : Aimer sa femme, oublier ce qui s'était passé, après ce qu'elle lui avait dit surtout.

Non.

Mais il ne voulait pas qu'elle fît mal, et, comme il sentait bien que ce rôle était ridicule après la conduite qu'il avait eue, il disait :

— Ça n'est pas pour moi, je m'en fiche, mais c'est pour l'enfant, et nous allons voir ça...

Ce qui lui paraissait surtout pénible, c'était le manque de considération ; il se sentait souvent méprisé, et il lui était si difficile de justifier la façon luxueuse avec laquelle il avait vécu, qu'il était obligé de laisser dire, ne trouvant que des incrédules lorsqu'il voulait raconter sa place si lucrative et ses fournisseurs si débonnaires. Il rentra chez lui le soir, essayant de n'être pas vu du maître de son garni, qui lui dit que c'était la dernière nuit qu'il couchait s'il n'apportait pas d'argent le lendemain. Il raconta que la personne chez laquelle il devait toujours aller le soir même était absente ; assurément le lendemain il la rencontrerait ; il avait un rendez-vous et il rapporterait de l'argent.

Cela fut balbutié péniblement, car il souffrait, le pauvre diable, il n'avait pas mangé le soir, et il ne mentait pas : il comptait revoir sa femme le lendemain, et plus que jamais il était décidé à exiger d'elle son dictionnaire, ou à l'obliger à le lui payer.

Il avait un motif absolu pour revoir la Sang-Brûlé. Il gagna sa chambre, ne pensant qu'à ce qu'il allait faire le lendemain, trouvant souverainement injuste cette loi qui avait permis à sa femme de s'attribuer le bien commun, et s'affermissant ainsi dans sa volonté de réclamer ce qui était à lui.

Il passa une mauvaise nuit ; au petit jour, il était levé ; il courut à la blanchisserie, rue des Poissonniers, mais Mlle Phifine ne se levait pas si matin, et les ouvrières ne commençaient pas à une heure où elles auraient pu troubler le sommeil de leur patronne.

Il avait été fort bien reçu la veille par Phifine. Celle-ci lui avait paru désirer le revoir, il insista près de la femme de ménage pour qu'elle allât dire à Mlle Phifine que c'était lui.

La ménagère revint deux minutes après, disant qu'elle avait été mal reçue, que madame se moquait pas mal des affaires de M. Charles, et, pour éviter qu'il ne revînt encore l'ennuyer, elle lui donnait l'adresse de l'homme d'affaires en question, et elle remettait une carte à Charles tout décontenancé. C'est que Charles avait cru positivement que Mlle Phifine désirait le revoir, que le rendez-vous pour le lendemain n'avait d'autre but, et il se trouvait humilié par le peu de considération qu'il avait inspiré.

Il prit la carte, et, surmontant la douloureuse impression qu'il avait ressentie, il sortit en s'excusant d'avoir réveillé Phifine. Il était bien temps.

Il se rendit à l'adresse qu'on lui avait donné. Là, on lui déclara que l'étude n'ouvrait qu'à neuf heures. Il dut revenir. Enfin, sans difficulté, aux premiers mots par lesquels il manifesta le désir de voir sa femme, on lui donnait l'adresse où demeurait celle-ci.

Tout fiévreux il y courut, et c'est tout piteux qu'il écouta la concierge lui répondre :

— Depuis le commencement de la saison, madame est partie avec sa fille au bord de la mer. Si vous voulez lui écrire, je puis vous donner son adresse.

— Mais son appartement est toujours ici ?

— Non, non, elle ne reviendra pas ici, elle n'y a demeuré qu'un terme.

Charles ne répondit pas, il était anéanti ; il n'avait pas pensé à cette chose si simple : l'absence ! Toutes ses espérances étaient bouleversées. C'est machinalement qu'il prit des mains de la femme l'adresse qu'elle venait d'écrire. Il sortit en grondant, injuriant sa femme, et se trouvant dans la rue, il se demanda ce qu'il allait faire, pour manger d'abord, le soir il s'occuperait du gîte.

Il était encore assez tôt pour qu'il pût trouver une corvée à l'abattoir, cela lui donnerait toujours de quoi déjeuner. Il se dirigea vers La Villette ; près d'arriver, il rencontra un de ses anciens amis, bien mis, bien soigné, dont la cravate et la casquette indiquaient un changement de profession.

Autrefois, il l'aurait repoussé, n'aurait pas répondu à son salut; il lui tendit la main, et celui-ci en parut ravi.

— C'est vrai, mon vieux Charles, que tu as eu des ennuis?

— Oui... et ça n'est pas fini.

— Avec ta femme ?

— Oui. Nous sommes séparés. On a tout vendu, le fonds; elle a emporté le ménage... Ah! ça n'est pas gai.

— Ah! mon pauvre vieux... et qu'est-ce que tu fais par ici ?

— Je suis sans travail. Je viens voir si je trouve quelque chose.

— A l'étal ?

— Dam! c'est mon métier.

— Ah! c'est moi qui ne retournerai plus là-dedans... As-tu déjeuné?

— Non, pas encore, fit Charles un peu tremblant.

— Veux-tu déjeuner avec moi...

— Je veux bien...

— Viens, nous allons déjeuner tout de suite...

— Ça me va, j'ai très faim.

Il prévenait son ami, qui n'allait pas manquer de remarquer son appétit.

— Je dois déjeuner avec ma petite femme, ça ne te fait rien ?

— Oh! rien! répondit Charles, qui devint tout rouge...

— Comment aurait-il reçu autrefois une pareille proposition. Maintenant, chacun pourrait le voir attablé avec ce garçon taré et cette fille, quelque prostituée du quartier... Mais la faim lui mordait les entrailles... et puis c'était un jour de sauvé.

Ils se dirigèrent vers un marchand de vin, dont la

clientèle spéciale rassura Charles en l'épouvantant : il ne serait pas rencontré.

Ils s'attablèrent ; quelques-uns des clients vinrent serrer la main de l'ami de Charles, qui se nommait Polyte. On but quelques apéritifs, racontant des petits tracas de ménage récemment survenus, dont le récit faisait rougir le malheureux Charles.

En causant, Polyte ayant dit que son ami était un travailleur sans occupation qui cherchait une place, un de ces... *messieurs* dit qu'on lui en avait offert une, des gens de sa famille, mais il refusait... C'était dans les pompes funèbres. Si l'ami de Polyte voulait, il en disposait en sa faveur. Charles était très gêné : une place venant par cette voie... et n'osait refuser. Le jeune homme obligeant prit une plume, écrivit l'adresse à laquelle il devait se présenter, au nom de quelle personne et enfin, c'était le comble, une lettre de recommandation dans laquelle il parlait de lui comme d'un vieil ami.

Charles remercia et serra la main qu'on lui tendait.

La maîtresse de Polyte était fort bien, très élégamment vêtue, n'ayant point l'air du tout de ce qu'elle était, la voix seule étant atrocement éraillée. Quand Polyte lui présenta Charles, en disant qu'il allait déjeuner avec eux, elle lui sourit et le remarqua.

La jeune femme se pencha vers Polyte et lui dit :

— Si j'avais su que tu avais un ami, j'aurais amené Louise, elle était libre...

— Tiens, c'est une idée, ça, fit Polyte qui, content d'avoir trouvé une amitié, voulait la fêter. Ça serait drôle ça, en venant, que tu trouves une place, et que nous faisions une petite noce.

— Comment ça ?

— Ma femme a une amie qui va venir déjeuner avec nous ; tu vas te consoler.

Elle sortit vivement. Polyte disait :

— Tu n'a pas à t'inquiéter, c'est moi qui t'offre ça ; et il cria : Garçon, un couvert de plus.

Charles se dit, pour excuser sa lâcheté :

— Qui saura cela ? personne ; c'est une débauche d'un jour. Je ne les reverrai pas demain... Et puis, je suis libre... un homme peut bien se trouver avec une fille... Cette maison est trop mal fréquentée pour que je risque d'y rencontrer quelqu'un de connaissance.

Polyte disait au garçon :

— Mets-nous le couvert dans un cabinet, là-haut.

Cette dernière recommandation plut à Charles. Il devint plus gai. Après tout, y avait-il motif à s'effrayer ? On lui offrait à déjeuner ; celui qui lui faisait cette offre n'était pas bien estimable, mais la situation dans laquelle il se trouvait ne lui permettait pas d'être difficile. Tout cela était plus factice que réel ; aussi, dès qu'il se trouva dans le petit cabinet, à l'abri des regards des clients habituels, il se trouva tout à fait à l'aise ; la gaieté lui revint.

La maîtresse de Polyte survenant, amenant son amie, dit gaiement :

— Nous voici. Il était temps, elle partait...

— Mes petites chattes, fit Polyte, vite, défagottez-vous de vos manteaux, de vos chapeaux, et à table, car notre ami Charlot crève de faim. Hein ! Charles, c'est un beau brin de femme, la Louise.

Charles, nous l'avons dit, était tout à fait apprivoisé, et prit le manteau de Louise en disant :

— Oh oui ! vous êtes bien belle.

— Tu peux y goûter, dit en riant Polyte.

— Je ne demande que ça... Et il la prit par la taille.

Elle pencha sa tête rieuse sur lui et, tendant ses lèvres, dit avec indifférence :

— Si vous voulez...

Ils s'embrassèrent.

— Maintenant que la présentation est faite, dit celle que Polyte appelait sa petite femme, à table.

Pendant que les deux hommes disposaient les places, les deux femmes échangèrent un signe d'yeux. L'une demandait à Louise ce qu'elle pensait de Charles, et celle-ci, d'un sourire et d'un mouvement de tête, affirmait qu'elle le trouvait bien.

Il se retrouvait tout à coup devant une table bien servie, entouré de femmes dont le moindre geste faisait faire froufrou à la soie, dont le moindre mouvement faisait se répandre une forte odeur d'opoponax et de poudre de riz à la maréchale; il était à jeun depuis la veille; il avait pris quatre ou cinq apéritifs; son cerveau, séché par les tourments, se trouvait inondé de parfums. C'était déjà l'ivresse. L'ivresse qui commençait bête pour s'augmenter sans cesse.

Il oublia tout : passé, présent, avenir. Il s'abandonna à la joie d'un beau jour, passé mi-partie dans le petit cabinet particulier du marchand de vin de La Villette et mi-partie dans la campagne... Ah! ils n'étaient pas difficiles comme campagne, la plaine Saint-Denis suffit à leur églogue; on se vautra dans l'herbe fraîche à l'heure du grand soleil, on y dormit, pour revenir le soir dans le même petit cabinet de La Villette dîner. Le marchand de vins dit qu'on était venu demander Mme Louise. Celle-ci pâlit et parla bas à Polyte et à son amie; on ne dit rien à Charles...

— Tu t'en f...? dit Polyte.

— Oh oui !

— Et ben, v'là tout, ça fait le compte.

On remonta dîner. Charles n'existait plus : ivresse des sens et du cerveau, il était comme un fou.

Il se trouvait rajeuni de dix ans, comme au temps où, à l'Assommoir, il se plaisait à faire des tours de force pour humilier les camarades.

Le soir, pendant qu'ils dînaient, l'homme qui était venu demander la Louise dans la journée était revenu, il avait su par ses camarades ce que le marchand de vins avait refusé de lui dire : que la Louise, avec son amie, Polyte et un autre homme étaient dans le cabinet du premier. Il s'était aussitôt dirigé vers l'escalier, suivi par ces... *messieurs*, curieux de voir ce qui allait se passer. Il était entré sans frapper dans le cabinet; la Louise, en le voyant, s'était jetée épouvantée dans le coin le plus éloigné, l'homme avait dit en s'adressant aux autres :

— Ah! c'est toi, Polyte... et la Zoé qui me faites de ces tours-là... nous recauserons de ça... Allons, oh! Louise, filons et vite.

Charles était comme abruti, on marchait dans son rêve et on l'éclaboussait. Tout ce qu'il avait de mépris pour ces gens lui monta à la tête ; il allait, sur un, pouvoir payer bravement toutes les nausées de la journée; il lui sembla qu'il allait racheter sa bassesse, en voyant ces gens à hautes casquettes, groupés sur l'escalier, qui regardaient la scène d'un air moqueur ; il vit tout rouge.

Il se leva, calme, étendit le bras devant Louise en disant :

— Louise est avec moi...

Le grand gaillard qui réclamait la femme, un assez beau garçon, s'il n'eût eu le visage gravé par la petite vérole, eut un mouvement d'épaules, et riant avec mépris, il dit :

— Je ne voulais rien vous dire... Vous n'avez pas été adroit de parler...

— Et pourquoi donc ?

— Parce que vous allez descendre...

— Mais oui. C'est moi qui vais te descendre... moi... tu entends, sale maq...

Il y eut un mouvement de stupeur. C'est que rapidement Charles enfiévré avait retiré sa jaquette et l'avait jetée sur la table, il montrait l'escalier, plus pressé que l'autre d'en finir. Les deux femmes s'étaient rapprochées et se tenaient embrassées.

Polyte s'était levé et avait dit à Charles :

— Je suis avec toi.

— Oh! je n'ai besoin de personne... lui; et le banc après s'ils veulent...

— Je veillerai toujours... viens.

D'un signe d'yeux il prévenait les deux femmes que

pendant la mêlée il était prudent de fuir. Mais la Louise ouvrit la fenêtre et voulut voir ce qui allait se passer.

C'est que celui que l'on appelait le Gravé était un hercule ; on le craignait et on le respectait, et c'était la première fois qu'on voyait un homme se placer devant lui et le défier.

Charles n'avait écouté que sa colère ; il n'avait pas regardé l'homme, il avait passé une journée d'ivresse, de fièvre, pendant laquelle ses nerfs l'avaient tourmenté : il allait les satisfaire.

En mettant le pied dans la rue, il dit :

— Veux-tu là ou là ?... choisis ton terrain ; c'est toi qui y seras couché tout à l'heure, le Salé !

Les deux ou trois apostrophes de Charles lui faisaient autant d'ennemis dans l'aimable société, qui cependant craignait, mais n'aimait pas le Gravé.

— Tu fais trop le malin, toi ; tant pis pour toi...

— Moi, il faut que tu me connaisses avant que je ne commence à te pêcher. Je suis Charles Goduret, connu là, en face, à l'abattoir... Moi, je tenais un bœuf par les cornes et mettais mon genou sur son front ; moi, je tenais un bœuf sur mes épaules pendant qu'on le tuait du coup de mailloche... Nous allons voir ce que je vais faire avec un poisson...

— En v'là assez, cria le Gravé en s'élançant sur son adversaire, qui évita le coup en se jetant sur le côté pour se trouver aussitôt devant et répondre par une rentrée de coups de poings qui glissa sur le nez et l'oreille, mais fit jaillir le sang.

— Ah ! on est adroit, alors, et on croit qu'on va faire bibi... dit le Gravé, qui, s'étant remis en garde, se précipita sur Charles.

Ils se saisirent tous les deux, et ce fut épouvantable.

II

LA DÉGRINGOLADE

Lorsque Charles se réveilla, il était sous le poids d'une lassitude inexplicable ; chaque mouvement qu'il faisait amenait une douleur, il regarda autour de lui, cherchant à reconnaître le lieu où il se trouvait, mais il faisait nuit.

Il respirait une atmosphère chaude, toute chargée d'arômes ; il étendit un bras, rencontrant une tapisserie il la souleva, il respira mieux, mais ne distingua guère plus. Il vit cependant près de lui le corps d'une femme, elle était nue, et le clair des chairs la faisait ressortir. Il se souvint un peu. C'était la belle Louise, il était chez elle. En regardant encore, il vit une ligne lumineuse en face de lui ; se levant, il vit que c'était le jour qui glissait entre les rideaux. Il souleva à demi la tapisserie, et regarda autour de lui.

La pièce était la banale chambre, dite *riche*, d'un hôtel garni ; il le devina en ne voyant ni vêtements pendus, ni chiffons traînant sur les meubles. Tous les flots de jupons brodés de dentelles de Louise s'entassaient sur une chaise.

Il faisait grand jour. Charles estima qu'il était plus de midi. Et il se disposait à s'habiller, mais, au premier mouvement, ses douleurs le reprirent, alors, il retourna vers le lit et s'y étendit, s'accoudant sur l'oreiller, la tête dans sa main.

Il faisait des efforts surhumains pour se souvenir ; il se

rappelait bien la matinée, le déjeun er providentiel qu'il avait trouvé, puis sa conquête, sa journée joyeuse, le retour au cabaret... Ah oui !... il se souvenait.

Le souteneur de celle qu'il avait avec lui s'était présenté et les rôles s'étaient changés. C'est lui qui avait soutenu la grande Louise... Ils étaient descendus, on avait fait cercle autour d'eux, ils s'étaient battus... Quel combat ! Le Gravé n'était pas de force avec lui, et il avait essayé deux coups de traître. Alors, Charles avait perdu la tête, il avait pris le Gravé dans ses bras de fer, et, à moitié étouffé, il l'avait jeté sur le pavé, se précipitant dessus et tapant de son poing comme d'une mailloche, il frappait partout où il voyait la chair. On avait dû l'arracher de dessus sa victime, et le faire sauver, car la police arrivait pour relever le corps du Gravé, qu'on dut porter à l'hôpital. Heureusement personne ne connaissait Charles.

Polyte l'avait emmené loin de là, et, une demi-heure après, les deux femmes les rejoignaient, rapportant le paletot et le chapeau de Charles. Alors, on avait convenu, dames et hommes, de ne pas retourner dans le quartier avant une huitaine, car on allait peut-être chercher celui qui avait presque tué le Gravé. Les femmes ne rentreraient pas chez elles surtout, car c'est par elles qu'on commencerait les recherches. Mais, pour passer ces huit jours, il fallait de l'argent. Louise en avait, et elle donna son porte-monnaie à Charles en disant :

— Au reste, il faudra que tu payes tout à l'heure, car nous allons dîner. Maintenant que nous sommes tranquilles, garde le porte-monnaie.

Et elle le lui mit dans la main qui, tremblante, restait ouverte.

— Serre-le donc, tu vas le laisser tomber.

A ce souvenir, de grosses gouttes de sueur perlaient sur le front du misérable ; il avait mis le pied sur le bord de l'abîme et il glissait, il glissait toujours... Ainsi, dans ce monde qu'il méprisait, par l'incident de la veille, il était devenu une célébrité. Par sa journée, sa soirée, sa nuit, il ne pouvait plus injurier les autres : il était dans le banc.

Est-ce qu'il va accepter cette vie-là? Cette journée folle et honteuse, il peut l'oublier, il n'est point obligé de la conter. Comment est-il descendu si bas! Non, il cherchera de l'ouvrage; il se souvient que la veille au matin on lui a donné une lettre pour être employé dans une mairie... il ira... Non! non! il ne vivra pas ainsi. Charles, essuyant les grosses gouttes de sueur qui perlent sur son front, se demande avec effroi ce qui arriverait si, le Gravé mourant, on venait l'arrêter comme meurtrier.

Il laissa tomber sa tête dans l'oreiller, pleurant à chaudes larmes et voulant étouffer ses sanglots. Car, en pensant à tout cela, il voyait toujours dans un coin, écoutant et le regardant avec mépris, la Sang-Brûlé, sa femme, portant son petit enfant...

Décidément, il faut qu'il s'arrache à cette existence; gémissant, il se redressa. Mais ses sanglots et ses mouvements ont réveillé la grande Louise qui, souriante, passe ses bras autour de son col, et lui offre le plus doux baiser du monde.

La Louise aimait Charles. Elle l'avait trouvé gai et naïf, et toute une journée elle l'avait considéré comme une jolie poupée. Lorsque le soir elle l'avait vu se redresser devant celui que tous redoutaient; lorsqu'elle avait vu dans son regard cet éclair de défi; lorsqu'elle avait vu celui qui depuis le matin n'était que douceur et caresse, jeter sur la table son paletot, trousser ses manches, puis dire en se plaçant en face de lui :

— Choisis ton terrain, Salé, c'est toi qui seras couché là tout à l'heure.

Elle avait vu l'homme se transformer. Il était beau et bon, elle le savait... mais, il était brave et fort! Oh! ce fut de cet instant une adoration.

Eh dame! elle savait aimer, la Louise. Elle tenait son Charles dans ses bras, et comme il souffrait des coups-de la veille, c'est par des caresses et des baisers qu'elle effaçait ses douleurs... Charles était bien résolu à ne pas accepter cette vie, ces amants payés lui faisaient honte, mais il se trouvait sans force devant la sincérité de l'amour de Louise.

Il se demandait déjà, en s'abandonnant, s'il ne pouvait à la fois être l'amant de la Louise et travailler. Est-ce parce que cette fille était perdue qu'il ne pouvait, pendant le temps que durerait son caprice, la garder comme maîtresse ?

Pourquoi donc pas, puisqu'il gagnait sa vie, puisqu'il travaillait, puisqu'il l'aidait au besoin, on ne pouvait rien dire. Car, dans son cerveau, l'imagination l'emportait ; il avait déjà la place qu'on lui avait proposée, il y gagnait ce qui était nécessaire, et ayant une maîtresse peu coûteuse, il vivait.

C'était sa justification, qu'il faisait mentalement sous les baisers de Louise, qui lui disait :

— Je t'aime, mon Charlot... tu es mon petit homme maintenant.

Il fallait toujours momentanément accepter la situation pour quelques jours avec sa belle maîtresse ; seulement il ne savait comment lui dire que, s'il consentait à entrer avec elle dans cette chambre, il voulait y venir seul. Il balbutia, mais la Louise comprit, et croyant y voir un mobile de jalousie, elle en fut fière et lui dit :

— Non, mon Charlot, ici nous vivrons tous les deux, seuls, comme deux jeunes mariés qui s'aiment ; songe donc que si on interroge le Gravé...

Charles plissait son front en l'entendant parler avec ce calme des incidents de la veille ; elle continuait naturellement, ne supposant pas que ce qu'elle disait pouvait blesser quelqu'un.

— Si on interroge le Gravé, il dira que c'est à cause de moi que ça est arrivé, espérant me pincer avec toi. Il est donc nécessaire que je me cache jusqu'à sa sortie de l'hospice. Heureusement, j'ai de l'argent ; nous ne serons pas ennuyés, et nous allons passer huit jours comme deux amoureux.

Chaque phrase de Louise humiliait le malheureux sans qu'elle le vît, et sa résolution fut absolument prise de se rendre à l'adresse qui lui avait été donnée. Il lui dit :

— Le temps que tu vas te lever et t'habiller, je vais aller faire une course... et je te reprendrai...

— Oh ! — elle fit la moue. — Pourquoi ? Attends-moi. Nous sortirons ensemble, d'abord tu ne peux rester comme ça.

— Pourquoi ?

— Vois tes effets, ton linge.

Charles regarda : sa chemise, déchirée, était tachée de sang et ses vêtements étaient en loques.

Louise continua :

— Hier, tu m'as dit que tu n'avais rien chez toi et nous avions convenu que nous irions dans un magasin, ce matin, pour te revêtir. Tu me disais même que cela était nécessaire parce que tu avais une place en vue.

Charles baissa la tête. Il ne se souvenait pas. La veille, il avait seulement accepté la situation et le matin il ne protesta pas, se disant :

— Si je me présente à la mairie, fichu ainsi, il est certain qu'on me repoussera... Il faut encore en passer par là.

Et il dit à Louise :

— Tu sais, Louise, je ne suis pas un... Gravé, moi !... j'accepte, mais en ami, c'est-à-dire, c'est de l'argent que tu me prêtes et que je te rendrai à la fin du mois.

— Es-tu bêta de t'occuper...

— Ah ! mais non, sans ça je refuse... et je ne serai ton amant qu'à cette condition.

Les grands yeux de Louise se fixèrent sur lui et, un peu étonnée, elle dit :

— Ah !... tu n'es pas un lâche ?...

La Louise se leva, et accompagnant Charles, s'appuyait sur son bras avec amour, penchant sa tête sur son épaule ;

Charles remarquait bien qu'on les regardait, mais il n'avait pas la force de se dégager, tant il trouvait de plaisir, de charme surtout dans cet abandon.

Le soir, il remontait l'avenue de Villiers avec Louise, lorsqu'il vit le visage étonné de la Sang-Brûlé qui le regardait. Il eut honte d'être rencontré au bras d'une femme si élégamment vêtue et baissa la tête.

— Eh bien, qu'est-ce que tu as ?

— Moi, rien, je pense que j'ai oublié aujourd'hui la course importante que je devais faire.

— Laquelle ?

— Une place que je dois avoir...

— Oh ! tu as bien le temps...

Il ne répondit pas, n'osant tourner la tête de peur de revoir ce regard étonné fixé sur lui...

Ils passèrent la soirée comme des amoureux. Louise parlait d'aller au théâtre, mais Charles dit qu'il ne tenait plus debout ; c'était par des efforts constants de courage qu'il se soutenait. Louise dit en riant :

— Puisque tu le veux, nous rentrerons coucher de bonne heure.

Charles passa une nuit de fièvre ; il rêvait sans cesse de la Sang-Brûlé, de son enfant, dont il sentait chaque jour l'amour grandir en lui. Il s'éveilla de grand matin, encore sous le charme de son rêve, et en regardant autour de lui il souffrit...

Les paroles de Phifine lui revenaient bien, mais il ne voulait pas y croire... Non, sa femme était et restait une honnête femme, lui seul était un misérable, indigne du bien qu'on avait tenté de lui faire, et cependant il n'était ni mauvais, ni méchant, il était entraîné...

Il se leva sans bruit, pris d'une résolution subite ; pendant que Louise dormait, il allait courir à cette mairie voir ce qu'était cette place qui lui était offerte.

En moins d'une heure, il était rendu près de la personne désignée, et celle-ci lui avait répondu :

— Monsieur, ce n'est pas chez nous qu'il y a des places,

c'est aux Pompes funèbres : il faut vous rendre à l'administration ; on nous a seulement chargés, si nous le pouvions, de leur envoyer du monde.

Charles prit la lettre que l'employé lui donna et se rendit à l'administration des Pompes funèbres. Il resta un peu confus lorsqu'on lui dit ce qu'on gagnait. Deux maladies épidémiques ravageaient le quartier, le métier manquait de monde et on cherchait des aides porte-morts, ce qu'on appelle croque-mort.

A ce mot, Charles sentit des frissons se glisser dans ses veines. On lui dit le chiffre d'appointements, les conditions du travail... mais ce qui l'effrayait, c'était le métier lui-même. Il dit à l'employé qu'il reviendrait le lendemain.

— Vous savez, monsieur, que nous avons de nombreuses demandes, c'est à cause de votre recommandation que je vous donnerai tout de suite une place... or, il vaudrait mieux me répondre tout de suite.

Charles balbutiait ; il ne voulait pas s'engager aussi vite, parce qu'il avait besoin de se concerter avec sa femme. Ce mensonge fut pris au sérieux.

— Eh ! bien, venez demain, pour me dire oui, et vous commencerez aussitôt .. c'est-à-dire d'ici un ou deux jours.

Charles se retira, bien désolé ; c'était là cette place, qu'il voyait si brillante, qui devait amener le relèvement de sa vie et l'avenir.

Il était tout honteux en descendant, et résolu à attendre, afin de choisir un métier moins lugubre. Sous la porte cochère, il se croisa avec un croque-mort, lequel jeta un cri d'exclamation :

— Tiens, Charles :

— Oh ! mon Dieu. C'est toi, Corvin, dit Charles en pressant la main de son ami, tout en paraissant surpris de lui voir ce costume.

Corvin vint au-devant de ses questions :

— Mon cher Charles... Ah ! tu me regardes. Ce costume

te semble drôle. J'avoue que je ne pensais pas le porter
jamais... On ne choisit pas...

— Ainsi, tu es croque-mort ici ?

— Oui.

— On m'offre la même place... Est-ce possible ?

— Pardi, est-ce qu'on ne se fait pas à tout... Et puis,
ça n'est pas si dur que ça. Nous travaillons beaucoup en
ce moment, à cause de l'épidémie ; mais sans cela, c'est
très doux, on peut se coucher tôt et se lever tard, et en
dehors du traitement, avec un peu d'adresse, on a de bons
pourboires...

— Dis donc, Corvin, je voudrais te parler longuement,
pas aujourd'hui ; quand as-tu quelques heures à toi ?

— Ce soir, demain, si tu veux.

— Demain, à pareille heure, au petit café, en face.

— Allons-y d'abord aujourd'hui, nous serons certains
de ne pas nous tromper demain.

— A quelle heure ? demanda Charles, suivant son ami.

C'est tout à fait désenchanté, désillusionné, que le malheureux revint à la chambre où Louise, inquiète de ne
l'avoir pas trouvé à son réveil, l'attendait ; il lui dit qu'il
avait été faire des démarches pour la place qu'il avait en
vue, mais il se garda bien de lui dire ce qu'elle était.

Louise avait à faire des emplettes dans des magasins ;
il en profita pour aller faire, lui, quelques courses, entra
chez un marchand de vin et écrivit une courte lettre à la
Sang-Brûlé, dans laquelle il lui demandait une entrevue.
Il savait qu'il avait mal agi avec elle, le reconnaissait et
s'en repentait, mais, disait-il, la vie ne pouvait durer
ainsi, il n'avait pas encore vu son enfant et il désirait le
voir. Il lui déclarait qu'on lui avait raconté qu'elle ne vivait pas seule, il en avait beaucoup souffert, mais n'avait
pas le droit de se plaindre, en ayant donné l'exemple. Il
espérait qu'elle ne lui refuserait pas la grâce de voir son
enfant, il demandait réponse poste restante. Sa lettre ca-
chetée, il la porta à la poste et se dirigea vers son ancien
atelier. C'était jour de travail, les ouvrières étaient plus

coquettement vêtues qu'en tout autre maison, mais elles travaillaient également.

Charles y fut reçu gaiement; il dit aussitôt à Phifine qu'il venait pour avoir des nouvelles de sa femme.

Celle-ci lui répondit :

— Monsieur Charles, ma parole d'honneur nous ne la voyons jamais, et moi, qui sors beaucoup, je ne la rencontre même pas. Ah! ça, vous conservez donc toujours l'idée de vous remettre ensemble.

— Oh! moi, non! je sais bien que cela est impossible, après ce qui s'est passé, mais je désire voir notre enfant. Maintenant je n'aurai plus de famille, la loi ne me le permet pas tant que nous n'aurons pas le divorce. Je n'ai à aimer que ce petit être et veux le voir, au moins.

— Ça, c'est d'un bon cœur, et personne, pas même elle, ne peut vous le refuser... Laissez-nous votre adresse, et si on rencontrait, ou si par hasard madame Charles venait, on la lui donnerait, et il ne faut pas vous attrister pour ça. Justement, monsieur Charles, nous plaçons des billets pour notre bal.

— Quel bal?

— Voyons, vous en êtes un des fondateurs : Les Enfants du Lavoir.

— Ah! c'est vrai. Et un nuage de tristesse passa sur le front du jeune homme à l'évocation de ce souvenir des temps heureux. C'était un bal de société, qui avait lieu deux fois par an, l'un costumé, en hiver; l'autre paré, en été.

— Venez-y donc, vous y retrouverez vos anciens amis; vous savez, dans la partie, on ne vous en veut pas. Comme on sait que votre femme vit à sa fantaisie de son côté, ça a changé beaucoup de jugements. Vous retrouverez là les anciens, sans compter que vous nous ferez danser...

— Vous avez raison, les occasions de s'amuser sont rares, mieux vaut en profiter. En me retrouvant là, au milieu de vous, je me croirai être encore à autrefois.

— Voulez-vous plusieurs billets?

— Oh non ! un cavalier et sa dame seulement...

— Ah ! ah ! un cavalier et sa dame.

Sur cette remarque, si simple et gaiement faite, Charles rougit ; il craignait qu'on ne lui demandât le métier que faisait celle qu'il devait amener.

Phifine lui donna ses billets, à titre de souvenir.

— Vous avez le droit de venir au banquet, y viendrez-vous ?

Il hésita un peu et dit :

— Non, vous comprenez mademoiselle Phifine, si j'amène avec moi une dame, je puis le faire au bal, mais la mettre à table au milieu d'anciennes amies de ma femme ça ne serait pas propre.

— Vous avez raison, monsieur Charles, et je ne vous le conseille pas, d'autant qu'il y a un tas de mauvaises gales qui ne manqueraient pas de chercher à faire des méchancetés.

— Oui, et si je vais là c'est pour m'amuser et non pour faire du scandale.

— Oui, et vous savez, je compte sur vous pour danser.

— Certainement, mais pour quand le bal ?

— C'est pour samedi prochain.

— Dans trois jours !...

— Oui. Voyez votre billet, et toujours au même endroit, dans le jardin de l'Elysée-Ménilmontant.

— D'aller là, voyez-vous, ça va me faire rire et pleurer.

Charles sortit de chez mademoiselle Phifine pour aller retrouver celle qu'il n'osait appeler, ainsi qu'elle le voulait : « Ma petite femme ».

Il lui raconta qu'il avait pris des billets pour un bal de société.

Louise en fut enchantée ; elle promit de se mettre modestement et de faire honneur à son petit homme.

L'aveu qui sortait constamment de ses lèvres, de sa honteuse situation, faisait souffrir Charles, alors qu'elle croyait lui donner des preuves d'amour. Ils allèrent dîner, passèrent la soirée dans un café-concert et rentrèrent chez eux.

Autrefois il existait beaucoup de ces sociétés de prolétaires, qui, voulant honnêtement s'amuser en famille, donnaient des bals de société, où ils pouvaient conduire leurs filles, ne devant y rencontrer que des amis ou des gens connus des amis, ayant tous intérêt à ce que la société y fut toujours choisie. Il nous souvient d'avoir été quelquefois à ces bals, toujours pleins d'entrain et de franche gaieté entraînante : le bal des Épicuriens, le bal de la Lice chansonnière, le bal des Enfants de la gaîté. On y nomme des commissaires chargés de maintenir l'ordre et veiller sur la décence ; qui oublierait qu'il est là en famille est aussitôt expulsé.

En y conduisant la Louise, Charles n'était pas tout à fait dans les conditions du programme ; mais, en pareil cas, le pavillon couvre la marchandise, personne ne savait ce qu'était la Louise ; Charles devait la faire passer pour ce qu'elle était autrefois : couturière.

Dans le rêve qu'il poursuivait, il se voyait au bal, dans le jardin de l'Élysée-Ménilmontant, rencontrant la Sang-Brûlé, qui là, à cause du lieu et pour éviter le scandale, serait obligée de l'écouter et de lui parler avec douceur.

Le bal était pour le surlendemain, il s'y voyait déjà. Louise dormait, croyant que Charles faisait comme elle ; mais afin d'être plus calme, celui-ci continuait son rêve.

Au jour, il se leva ; il avait hâte de se rendre à la poste restante, rue Jean-Jacques-Rousseau, voir s'il avait une réponse à sa lettre.

Louise dormait profondément. Il ne l'éveilla pas et sortit. Décidément, c'était une obsession ; il lui était impossible de chasser la pensée de sa femme et de son enfant.

Charles arriva à la poste et la trouvant fermée, il se promena dans le quartier, se demandant anxieux si la Sang-Brûlé lui répondrait. Alors, il jugea sa conduite, il avait été bien cruel pour elle, lorsqu'il avait vécu avec la d'Avesnes. L'épouvantable scène dans laquelle il avait failli la tuer lui revenait. Comment pourrait-il jamais se justifier d'une telle action ?

Il se dit bien, ce qui était la vérité, que ce n'était pas lui qui avait organisé ce guet-apens, c'était la d'Avesnes... Oh ! assurément, jamais Aline ne lui pardonnerait ça. Car c'était bien de ce jour-là que datait leur malheur.

C'était la dernière tentative qu'elle avait faite pour le revoir. Quand il se croyait méprisé, haï, elle lui pardonnait, elle venait apporter le pardon... et c'est en revenant de là qu'elle avait vendu la maison, et — il n'osait penser à cela, — qu'elle s'était vendue elle-même. C'était lui qui en était la cause. Il retourna à la poste. Le bureau n'était pas encore ouvert, mais il attendit. On lui remit une lettre du courrier du matin. Il eut un soupir de bonheur en la prenant et sortit vivement pour la lire. Comme son cœur battait, comme sa main tremblait lorsqu'il brisa l'enveloppe !

La lettre était courte ; il lut en pâlissant :

« Monsieur,

» Vous ne verrez votre enfant que le jour où il ne pourra rougir de son père, — le jour où vous vivrez de votre travail. — Je ne parle jamais à mon enfant de son père. Je suis veuve.

» ALINE. »

Il restait terrifié, tenant dans sa main tremblante le papier où il espérait trouver une consolation. Il se redressa cependant, et dit :

— Elle a raison... Allons, il faut en finir avec cette existence-là. Et, résolu, il se souvint du rendez-vous pris la veille avec son ami Corvin. Il s'y rendit. Une heure après, il était embauché, il se rendait au magasin où l'on devait, pour le surlendemain (jour où il commencerait), lui préparer son costume.

Puis, décidé à en finir avec Louise, il retourna chez lui, et fut étonné de ne trouver que Polyte dans la chambre.

— Que veux-tu? fit-il contrarié.

— Eh! mon vieux, je suis resté pour t'expliquer ce qui se passe; je l'ai promis à Louise. Le Gravé est sorti le surlendemain de l'hospice, tout ça est fini; il dit que tu es fort et voilà tout. Donc, il n'y a plus de danger que la police s'en mêle. Louise est rentrée chez son patron. Elle a laissé une lettre pour toi.

— Merci, fit Charles.

— Descends-tu... nous allons prendre un verre et nous irons ensuite.

— Non, je ne peux pas, il faut que j'écrive.

Polyte paraissait un peu embarrassé, s'attribuant d'être la cause de l'air ennuyé de son ami.

— Mon vieux, il ne faut pas m'en vouloir, tu conçois, la vie n'était pas tenable pour ma femme!...

Charles ne l'entendait pas, il répéta :

— Je te remercie, je vais écrire, je te reverrai bientôt.

Polyte sortit, Charles se trouva soulagé; il avait à peine compris ce que l'autre lui avait dit, mais ce qu'il comprenait c'est que Louise était partie... Il était libre, sans explication, sans scène. Il allait obéir à la Sang-Brûlé.

Il vit alors sur le coin de la table la lettre que Louise avait écrite pour lui; il la prit en rechignant, — elle était lourde, — il déchira l'enveloppe, et deux pièces d'or tombèrent...

La lettre lui glissa des mains, et il s'affaissa comme écrasé de honte.

III

UN AMI

Lorsque la Sang-Brûlé, meurtrie, brisée, humiliée, était rentrée chez elle en revenant de la tentative de réconciliation qu'elle voulait tenter, nous l'avons vue se résoudre en quelques heures à vendre le fonds qui la faisait vivre et qu'elle avait si péniblement établi.

Nous la connaissons assez, la malheureuse ; une fois de plus elle justifiait son sobriquet. — N'était que son sang brûlait, elle voulait rompre à tout jamais avec le passé, et vendait tout sans songer au lendemain, sans se demander ce qu'elle ferait pour élever son enfant. Elle avait quitté la rue des Poissonniers sans tourner la tête, ne voulant plus regarder derrière elle. Elle avait loué une chambre sous le nom de Mme veuve Marin, le nom de sa mère.

C'est seulement la veille du jour où elle devait aller toucher le prix de son fonds qu'elle avait pensé qu'il lui était impossible de rien faire avec si peu d'argent. Elle allait être forcée de retravailler dans sa partie, ce qu'elle ne voulait pas.

Le soir, elle rentrait chez elle. Elle avait momentanément gardé la nourrice qui veillait son enfant, lorsque la concierge l'appela et lui remit une carte en lui disant que le monsieur reviendrait le soir même.

Elle lut sur la carte : Henri Duchateau.

Elle eut un tressaillement, le rouge lui couvrit le visage

Elle se demanda comment cet homme avait pu découvrir son adresse.

Malgré la reconnaissance qu'elle lui avait, pour sa protection, malgré la sympathie qu'elle ressentait pour lui, elle fut blessée de la poursuite, elle dit à la concierge :

— Lorsque ce monsieur se présentera, vous lui direz que je ne reçois personne. Vous lui direz que je refuse absolument de le recevoir.

Et toute bouleversée, elle grimpait les trois étages pour monter chez elle. Elle avait eu dans le coupé une demi-heure de vertige, de folie, mais son honnêteté avait repris le dessus... Sa vie entière avait été consacrée à un homme; elle avait été trompée, c'était fini. Elle n'aurait que cet amour dans sa vie, et elle en serait morte, elle se serait tuée si elle n'avait eu son enfant.

En arrivant chez elle, en prenant le petit être dans ses bras, elle s'était sentie encore plus forte, et, malgré elle, avait dit à l'enfant, comme s'il pouvait la comprendre :

— On pourra dire ce qu'on voudra de ton père, mon enfant; mais tu n'auras jamais à rougir de ta mère.

La Sang-Brûlé passa une nuit d'agitation; les idées qu'elle avait eues dans le petit coupé lui revenaient en rêve et elle les repoussait... Jamais... jamais elle n'aurait d'amant.

Le lendemain, elle touchait le complément de la somme qui lui était due et il allait falloir vivre avec cela !

Elle était tourmentée ainsi, en se demandant ce qu'elle allait faire. C'est-à-dire faire l'impossible. Elle se retrouva dans la situation où elle se plaçait souvent, regrettant ce qu'elle avait fait la veille en n'écoutant que son sang brûlé... N'eût-il pas mieux valu garder cette maison qui la faisait vivre et qui lui aurait permis de bien élever son enfant, d'autant qu'elle conservait avec elle la sympathie générale. D'un coup de tête, elle avait vendu, et ne savait plus ce qu'elle allait faire.

Elle se disposait à sortir pour se rendre à la maison de blanchisserie, toucher son argent, lorsque la concierge monta chez elle et lui remit une carte ; elle la lut et parut stupéfaite.

— Dites à cette dame de vouloir bien prendre la peine de monter.

Sur le visage de la jeune femme, un doux sourire s'étendait et disait :

— Allons, il y a encore du bon en ce monde.

Le nom qu'elle avait lu sur la carte était : Mme H. Duchateau, et elle avait bien compris ; elle avait mal jugé le brave homme qui l'avait fait reconduire chez elle. Elle s'était méprise sur ses intentions, lorsqu'elle avait reçu sa carte. Et M. Duchateau, pour la rassurer sur lui, envoyait sa femme.

En quelques minutes tout fut expliqué. M. Duchateau avait vu la jeune femme faire une chute telle qu'il avait redouté des suites graves ; il avait raconté l'aventure à sa femme. Ça avait été le sujet de conversation de toute la maison, au reste, pendant la journée. La jeune madame Duchateau avait chargé son cocher d'aller aux informations. Là, on avait appris combien la Sang-Brûlé était digne d'intérêt, on l'avait fait rechercher et son mari venait la veille se mettre à sa disposition. La façon dont en avait reçu sa carte, l'avait ravi ainsi que sa jeune femme, en les assurant que Mme Aline Marin était bien digne de l'intérêt qu'elle leur avait inspiré.

Or, les deux jeunes femmes s'étaient vite entendues.

Aline était montée dans le coupé près de la jeune madame Duchateau ; elle l'avait conduite jusqu'au boulevard et l'avait attendue ; — ce qu'on avait remarqué, nous ne le savons ; — puis Mme Duchateau avait décidé Aline à venir avec son enfant et la nourrice passer quelque temps à la campagne, dans une propriété à eux.

Aline, ravie, charmée de cette sympathie spontanée, avait accepté, et pendant deux ou trois jours on avait pu la voir très élégamment vêtue, aux courses et au Bois, dans un équipage de maître, ayant à son côté Mme Duchateau, et devant elle sa nourrice et son enfant. C'est de cela qu'était venu le bruit qu'elle était richement entretenue. Et ma foi, la Sang-Brûlé, forte d'elle-même, ne faisait rien pour détruire ce bruit, car elle se doutait bien qu'un indifférent irait le répéter jusque dans les oreilles de son mari.

L'amitié loyale de M. et de Mme Duchateau lui avait rendu courage et espoir. M. Duchateau était un observateur, il avait du premier coup d'œil deviné un drame dans la vie de la jeune femme. Il s'était fait raconter son existence, et, philanthrope de bon conseil, il lui avait rendu l'espoir en l'assurant que son mari n'était point un malhonnête homme. C'était un homme faible, un jouisseur, qui se laissait facilement entraîner, qui avait toujours besoin d'une direction ; surveillé, dirigé, il n'aurait fait que le bien : abandonné il s'en allait à vau-l'eau.

Elle fut bouleversée et pleura lorsqu'il lui dit que peut-être le mal arrivé avait pour cause son caractère violent, emporté, et sa nature qui n'écoutait que son sang brûlé.

Toute la vie de la pauvre femme n'avait eu que cela pour guide.

Elle était heureuse cependant d'entendre M. Duchateau défendre son mari.

Elle avait exposé les faits à M. Duchateau, et celui-ci lui avait encore répété que Charles était un inconscient, mais non un assassin.

Aline vivait heureuse, avec ses riches amis, au bord de la mer, mais cette vie inactive la lassa, se trouvant à charge, malgré ce qu'on lui dit, et elle voulut retourner à Paris. Mme Duchateau en montra quelque chagrin et voulut l'obliger à rester, mais son mari lui dit :

—Laisse-la... c'est la faire souffrir que lutter contre son désir ; qu'elle fasse ce qu'elle veut, elle nous reviendra bien vite.

— Cependant, elle est très heureuse avec nous.

— Trop peut-être ! il faut qu'elle agisse, qu'elle travaille, qu'elle souffre même.

On la laissa faire. Aline revint à Paris quelques jours avant que Charles ne lui adressât sa lettre. On s'en souvient.

Un jour. Charles, au bras de la Louise, avait cru la voir. Il ne s'était pas trompé. Elle était revenue ainsi que l'avait prévu M. Duchateau, pour souffrir. Car, le voyant avec une femme aussi extravagamment vêtue pour être à son bras, elle avait voulu savoir ce qu'était cette femme. Elle avait appris la vérité... C'était la fin ! elle s'était dit qu'elle ne devait plus penser à cet homme, et, ma'gré ce que lui avait dit M. Duchateau, tout le passé lui était revenu, elle se disait qu'un homme consentant à en arriver là était capab'e de tout...

Elle avait reçu la lettre, elle en avait été émue et surprise.

Il y avait de ces bouleversements immédiats dans la Sang-Brûlé.

Elle avait largement pleuré. Charles pensait à eux, il pensait à son enfant, même au milieu de ce monde honteux.

Cependant, elle ne pouvait lui permettre de le voir, et sembler approuver la vie dégoûtante qu'il menait. C'est alors qu'elle lui avait écrit...

Ceux par lesquels elle faisait chercher des renseignements vinrent lui dire qu'au reçu de sa lettre, il avait chassé de chez lui la femme avec laquelle il vivait depuis quelques jours, la Louise, et s'était mis immédiatement à la recherche d'une place. Il disait partout, ajoutait-t-on, qu'il entrait à la mairie, dans les premiers jours de la semaine.

Elle apprit également qu'il avait pris des billets pour le bal des *Enfants du Lavoir*. Elle se souvenait des heures agréables qu'elle y avait passées la première année de leur mariage, et décida qu'elle irait. Elle alla trouver une des fondatrices, comme elle, et lui demanda un billet. Son ancienne amie lui dit qu'elle ne pouvait lui en donner qu'un seul, *de dame.*

Elle eut un triste sourire et répondit :

— Ma chère amie, c'est ce que je demande. Si j'en prenais un autre, c'est que ce serait pour mon mari.

— Vous savez, fit l'amie, sentant qu'elle l'avait blessée, c'est que le règlement est formel et on ne peut bien s'amuser à son aise qu'en l'observant.

— A ce bal, et partout ailleurs, on ne me rencontrera jamais au bras d'un homme. Je suis séparée de mon mari, je vis seule depuis ce jour, et je n'ai pas de mystère à garder. Si je me rends à ce bal, c'est parce que je sais que M. Charles Goduret s'y trouvera.

— Ah! je ne le savais pas. Ne m'en voulez pas, Aline.

— Oh! pourquoi vous en vouloir? On vous a raconté ce que je suis; on dit que je suis entretenue... l'avenir me justifiera.

— Vous êtes votre maîtresse... vous êtes libre... et vous n'avez pas besoin de justification.

La Sang-Brûlé remercia et sortit navrée. C'était elle maintenant qu'on méprisait.

Mais elle était résolue, elle ne voulait pas qu'on pût rien lui reprocher. Son mari voulait voir son enfant, elle avait dit ses conditions et immédiatement il y avait souscrit. Elle voulait le voir, se disant comme Charles : Il n'y a pas moyen qu'une entrevue en ce lieu amène un scandale.

Là ils pourraient parler froidement de l'avenir et si, ainsi qu'on le lui avait dit, Charles avait trouvé une place, immédiatement elle lui promettait que le lendemain, mais sur la voie publique ou dans un square, il rencontrerait la nourrice et l'enfant; elle se méfiait d'elle et ne voulait pas s'y trouver.

La Sang-Brûlé rentra chez elle et s'occupa de la toilette qu'elle allait revêtir le lendemain pour aller au bal des Enfants du Lavoir.

Aline était femme, et malgré ses tourments, ses tracas,

ses douleurs, elle restait coquette : en s'occupant le soir de la toilette qu'elle devait revêtir le lendemain, elle fouilla ses armoires, elle retrouva sa robe de noces, et c'est sur elle qu'elle fixa son attention.

Elle attachait une certaine superstition à ce vêtement qu'elle n'avait vêtu que le jour où elle s'était légitimement donnée à son homme, et il lui semblait que la circonstance était bien choisie pour en faire une robe de soirée.

La nourrice et l'enfant dormaient. La Sang-Brûlé cousait à la lumière de sa lampe, souriant à la pensée du but qui la faisait veiller si tard. Les heures s'écoulaient sans qu'elle s'en aperçût. Elle s'était mise à son aise pour travailler : il faisait chaud dans la chambre étroite où la nourrice et l'enfant reposaient, et Aline n'avait gardé que son jupon ; à mesure que son travail avançait, elle l'essayait sur elle-même, rectifiant à coups de ciseaux, assemblant avec des épingles la merveille d'élégance et de simplicité qu'elle se préparait.

Le petit jour la fit sourire de plaisir. Elle avait fini son travail, et revêtant sa robe, elle s'amusait à regarder son ouvrage dans la glace de son armoire.

A la même heure, Charles était devant l'armoire à glace de sa chambre meublée et, tout frémissant de se voir ainsi vêtu aux lueurs grises du jour naissant, il disait :

— Ce vêtement me glace jusqu'aux moelles... Si elle me voyait ainsi... elle se sauverait épouvantée... Il faut que je travaille, car je veux revoir mon enfant.

Charles débutait le matin dans l'administration des Pompes funèbres... il avait reçu la veille son habillement, et devait se trouver à sept heures, à la mairie, pour prendre les ordres.

Rien ne pourrait peindre ce que le misérable ressentit en glissant sur sa peau l'uniforme lugubre du croquemort. Dans cette chambre chaude, dans l'atmosphère de laquelle on sentait encore les parfums de la femme, il lui semblait que ce vêtement était glacé et qu'il sentait le chlore, il frissonnait sans cesse.

Il avait hâte de quitter la chambre, espérant que le plein air chasserait ses idées noires. Il lui semblait dans la rue que tout le monde le regardait et s'écartait répulsivement de lui, il pressa le pas marchant la tête basse. Il arriva le premier au bureau, et dut attendre. Comme il ne savait pas se guider, il entendit des employés dire en le désignant :

— C'est à cause de l'épidémie, la petite vérole et les angines couenneuses, il y a eu pas mal de croque-morts de fauchés et on a de la peine à en trouver. On prend ce qui se présente...

Le bureau s'ouvrit, on le présenta aux trois collègues qu'il devait aider, et il partit avec eux, se sentant plus aisé en leur compagnie.

On le conduisit dans une maison de la rue d'Allemagne. Il se laissait mener, obéissant et suivant ses nouveaux compagnons. Celui qui semblait diriger les autres avait paru enchanté en le voyant, il avait même dit

— A la bonne heure, il est solide celui-là.

Dans la maison de la rue d'Allemagne on s'écartait d'eux, sans que ses nouveaux amis y prissent garde. Celui qui dirigeait lui dit en montant l'escalier :

— Vous savez, à cause de la famille, il faut être triste, comme si ça vous touchait... On dit: oui, à tout ce qu'ils demandent.

Charles eut un mouvement de lèvres, mais il ne parla pas.

On était devant la porte. L'ancien frappa. On vint ouvrir, et le couloir, obstrué par la famille, se vida aussitôt à la vue des uniformes. Ils entrèrent. Charles était livide et tout tremblant. Un homme, la face rougie par les larmes, dit :

— Messieurs, venez par ici. Ils suivirent, traversant un salon, une salle à manger, pour arriver dans la chambre mortuaire. Malgré les fenêtres ouvertes, l'air était em-

pesté. Sur le lit un cadavre hideux, gonflé, décomposé;
devant le lit le cercueil béant. L'homme donna un drap
à l'ancien en lui disant :

— Vous allez l'ensevelir. . Ayez-en bien soin...

— Oh ! comptez sur nous, monsieur, répondit d'une
voix émue, larmoyante, le croque-mort...

— Vous n'avez besoin de rien ?

— Non, monsieur.

Le parent se retira.

Le vieux croque-mort ferma la porte et dit :

— Allons vite là, les enfants !

Il avait pris une serviette et l'avait mise en bâillon sur
la bouche du cadavre...

Charles le regardait terrifié...

Les deux collègues habitués prirent le drap et en tinrent
un bout aux deux extrémités du lit, prêts à le glisser sous
le corps.

— Allons, vite, toi, le nouveau, prends les pieds. Dépêchons-nous. Il schlingue raide celui-là...

Charles était comme un homme ivre, vacillait en marchant, mais il obéissait; imitant absolument ce que faisait
l'ancien, il se plaça au pied du lit, le vieux se trouvait à
la tête et commandait.

— Prends-le sous les genoux, — comme ça, — moi, je
le liens sous les aisselles, une, deux, vite, passez le drap.

Ils avaient levé le corps, et les deux croque-morts
avaient glissé le drap, puis replacé le cadavre. Alors,
avec la tranquillité de gens habitués à cet exercice, ils
avaient été prendre les deux autres coins du drap qu'ils
tendirent. Le vieux avait recouvert le corps de la partie
du drap glissé par ses aides, et, se plaçant à la hauteur
des épaules, commanda à Charles, qui sentait une sueur
glacée mouiller son front :

— Le nouveau, place-toi aux jambes et roule-le comme
moi.

Charles obéit.

Et l'on roula le cadavre dans le drap... presque sans un

pli: Oh! c'était un artiste, l'ancien, et il eut un sourire de satisfaction en regardant son ouvrage, et en lissant un peu le drap aux endroits où il aurait pu onduler.

Charles crut qu'il allait s'écrouler ; il alla rouvrir la fenêtre et s'accouder une seconde sur l'appui.

Pendant ce temps, le corps était couché dans la bière. Le vieux croque-mort avait retiré le bâillon, écarté le drap comme une capuche de moine. Cela avait duré à peine quatre minutes. Il sortait de la chambre, et s'adressant aux parents assemblés devant la porte, pleurant, il disait en pleurant avec eux :

— Avant de fermer le cercueil, si vous voulez lui dire adieu...

Le parent qui les avait conduits rentra seul dans la chambre, il regarda le cadavre, fondit en larmes, s'agenouilla, le baisa au front et pieusement rejeta le drap sur le visage, puis, silencieux, debout, il attendit qu'on eût vissé le couvercle.

Charles était toujours à la fenêtre, l'horrible scène à laquelle il venait d'assister l'ayant bouleversé et ému à ce point qu'il sanglotait, plus bruyamment à lui seul que tous les parents du mort.

Les trois croque-morts qui vissaient la bière allaient éclater de rire en voyant la sensibilité de leur nouveau collègue; ils échangèrent un regard et achevèrent leur triste besogne.

On descendit le corps. Le travail parut moins pénible à Charles, d'abord parce qu'il était la fin de l'œuvre... Le corps exposé, ses trois collègues firent le nécessaire. Il devait y avoir une heure d'exposition, l'ancien lui dit :

— Venez-vous avec nous?

— Où allez-vous ?

— Chez le marchand de vin. Là nous allons déjeuner. Vous savez que nous allons au cimetière d'Ivry et ne serons pas libres avant une heure.

— Allons...

Ils se rendirent chez le marchand de vin. Attablés, les trois hommes dirent en riant à Charles :

— Vous savez, vous êtes fort pour le coup de la larme... Mon petit, savez-vous ce que ça nous vaut, ça. On nous avait donné dix francs, sur le carré, ils m'ont rappelé et j'ai entendu qu'on disait : Oh! les braves gens! Il faut leur donner la pièce... et on m'a redonné dix francs! Ça nous fait chacun cent sous. Nous pouvons déjeuner.

— Je ne vous comprends pas...

— Tu n'es pas du métier et tu t'es conduit comme un roublard. Avoir l'air de partager la douleur de la famille, tout est là...

Charles commença à comprendre ; ses camarades prenaient pour une scène de comédie les larmes que lui avait arrachées le douloureux métier qu'il était obligé de faire.

Après avoir partagé l'argent, le vieux croque-mort avait commandé le déjeuner : on le servit : c'est-à-dire que l'on apporta sur la table un jambonneau ; le garçon plaça devant chaque croque-mort un verre et un litre de vin.

Ce fut l'ancien qui coupa le jambonneau. Les camarades en prirent chacun une tranche. Charles les regardait et fit comme eux ; il en prit une tranche, qu'il plaça sur son pain, la tenant avec son pouce, et, le couteau de l'autre main, il se servit.

Il voyait ses collègues manger de bon appétit. les entendait causer et rire, sans comprendre ce qu'ils disaient, et il voulait ne paraître pas plus dégoûté qu'eux. Cependent, à chaque bouchée, il sentait le vinaigre avec lequel, après l'ensevelissement, il s'était lavé les mains, et revoyait le cadavre tuméfié, empesté, qu'il avait soulevé et roulé ; il lui semblait que ses mains étaient encore poissées de cet attouchement.

Il mangea peu, et se fit servir café et eau-de-vie pour se remettre le cœur et lutter contre les nausées. On vint les prévenir que le commissaire des morts était arrivé ; ils sortirent aussitôt. C'était la levée du corps. Guidé par le vieux, Charles se mit en tête, à côté de lui, et marcha. On allait, après la cérémonie religieuse, à Ivry. Charles, en marchant, pouvait s'isoler ; il pensait, et se voyait déjà au bal du lendemain.

Au cimetière, il reçut de ses camarades une nouvelle pièce de cinq francs ; décidément, la place était lucrative. Ils revinrent à la mairie, — ils devaient se rendre à deux heures au boulevard Ornano, pour aller de là à Auteuil, — les trois hommes eurent une exclamation d'effroi. Seul, Charles les suivit indifféremment. Boulevard Ornano, l'épouvantable scène se renouvela. Charles la jugea plus froidement, s'abandonnant au service.

La journée finie, quand il rentra dans sa chambre, il était épuisé ; là, triste... cependant, il était satisfait, il avait gagné sa nuit. Sa nuit ne fut qu'un cauchemar, il se réveilla au matin plus fatigué que la veille, ayant dans son songe lutté avec les gens qu'il avait enterrés. Il se leva au petit jour et prépara ses vêtements pour le soir, puis, il revêtit son lugubre costume et se rendit au travail. La journée lui parut plus pénible et plus longue que la veille. Enfin elle se termina. En rentrant chez lui, il trouva une lettre de Louise, lui rappelant qu'il devait la conduire au bal et le menaçant, s'il ne venait la chercher, de ne pas y aller.

Cette menace l'emplit de joie... il était assuré de ne pas voir Louise.

IV

EN AVANT DEUX !

Les jardins de l'Elysée-Ménilmontant étaient splendidement éclairés.

Le banquet des Enfants du Lavoir venait de finir, et aux préludes de l'orchestre des groupes nombreux se promenaient dans la fraîcheur du soir.

On pouvait facilement reconnaître celles des invitées qui, venues seulement pour le bal, attendaient l'annonce du quadrille, de celles qui ayant assisté au banquet étaient un peu dépeignées, les visages avaient déjà le rire du plaisir, les collerettes étaient déboutonnées, d'aucunes même chiffonnées.

Les hommes qui étaient venus au banquet n'étaient pas la jeunesse de la société; les jeunes gens n'arrivaient qu'à l'heure du bal, un plaisir que ne goûtaient guère les vrais Enfants du Lavoir. Ceux-là avaient surtout en vue, dans la fête, le banquet auquel ils faisaient honneur dans la bonne mesure. Ce qu'ils tortillaient de viande, ce qu'ils cachaient de légumes, les Enfants du Lavoir, ils auraient fait rougir des habitués de table d'hôte, et ce qu'ils buvaient !... Mais, ça était une gloire de vider proprement son verre.

Ce jour-là on promenait, dans l'Elysée, des toilettes et des coiffures qu'on ne trouverait plus que dans les magasins de costumes du théâtre du Palais-Royal.

Ces dames avaient des robes amaranthe, des jupons

gorge-de-pigeon, puis la familiale robe de soie achetée pour le lendemain de noces et qu'on met à toutes les fêtes de famille, portant toujours sa date d'époque au milieu des modes nouvelles, les bijoux étranges qui ont brillé sur le cou des mamans et grand'mamans.

Les hommes, superbes dans la redingote solide qui leur rappelle la taille qu'ils avaient à vingt-cinq ans, et qui les serre impitoyablement, bridant sur les bras à en faire éclater les coutures, serrant les poignets en faisant gonfler les mains déjà suffisamment proportionnées, les chapeaux étonnants, immanquablement penchés sur l'oreille, et tremblant à chaque mouvement.

Comme cela est gai, joyeux, comme tout cela s'amuse de franc cœur, et personne ne se trouve ridicule, excepté la jeunesse. Mais c'est à eux qu'elle fait pitié.

On sortait de table, disons-nous, et, comme dans la chanson, le champagne avait coulé, ce qui n'empêche que, en attendant le signal du chef d'orchestre, les hommes, les commissaires et les membres fondateurs, insignes à la boutonnière, sont rangés devant le comptoir du marchand de vin d'en face et se font servir des bouteilles. Ce sont les femmes et les demoiselles qui tour à tour viennent les chercher.

— Voyons, on va danser, venez donc !

Les jeunes danseuses sont filles de précaution, elles ont autour de la taille un mouchoir ou un foulard en ceinture. Dame, on n'est pas pendu pour suer des mains, et ces messieurs des Enfants du Lavoir n'aiment pas beaucoup à mettre des gants... On protège ainsi le corsage.

L'orchestre, enfin, joue le prélude qui appelle les danseurs et c'est un branle-bas général. Tout le monde court à la recherche de sa danseuse.

C'est à ce moment que Charles fit son entrée dans le bal. Tout occupé de chercher celle qu'il espérait y rencontrer, et déjà embarrassé de savoir comment il l'aborderait, il ne remarqua pas qu'il était l'objet d'une certaine curiosité.

Il rencontra Phifine, et lui rappela qu'elle lui devait
une valse, puis les ouvrières et les anciennes ouvrières de
a femme. Comme toutes lui parlaient d'elle, c'est surtout
eur société qu'il recherchait.

Il retrouva ses anciens voisins, et ne fut pas peu étonné
le s'entendre féliciter sur sa nouvelle conduite. Le mar-
hand de vin, le père Hutin, était là avec son fils Adolphe,
'idiot. On avait déjà deux fois été obligé de faire des-
endre l'imbécile grimpé dans les arbres, d'où il guettait
urtout les femmes recherchant l'ombre pour mille rai-
ons particulières.

Le marchand de vin avait dit amicalement à Charles :

— A la bonne heure, enfin, tu as renoncé à voir la
lique que tu fréquentais, et tu es rentré en place... Main-
enant on peut te parler comme à un honnête homme.

— Ah ! vous savez ça ?

— Tiens, pardi... tu es employé à notre mairie.

— Oui.

Il fut satisfait de remarquer qu'on ne savait pas positivement quel était son métier, il passait pour être employé
dans l'administration.

Il fut invité à boire avec ses anciens amis et observa
que si le jugement porté sur lui s'était modifié, il n'en
était pas de même de sa femme, contre laquelle tous paraissaient avoir de mauvaises préventions.

Il était tard lorsque la Sang-Brûlé fit son entrée dans
le bal et ce fut un véritable succès de curiosité et d'admiration. Aline fut entourée par ses anciennes ouvrières
— lesquelles lui dirent que Charles Goduret était là —
elle devint un peu pâle, mais elle dit tranquillement :

— J'aurais plaisir à le voir.

Ces demoiselles parurent un peu surprises.

Aline faisait le tour du bal, lorsqu'elle se trouva face à
face avec Charles... Celui-ci tremblait, elle souriait, il balbutia :

— Vous allez bien ?

Elle répondit :

— Aujourd'hui, tu ne vas pas m'injurier et me battre...

— Oh ! Aline... tu ne pardonnes pas...

— Oh non ! je ne pardonne pas ça...

— Aline, j'ai été bien coupable, bien misérable, je t'en demande pardon et je voudrais avoir avec toi une explication...

— Une explication ?... Tu sais que nous ne pouvons avoir entre nous à régler que des affaires d'intérêts... Nous ne sommes plus rien l'un à l'autre, nous sommes séparés.

— Oui, oui, je sais cela... Mais, si je ne suis plus ton époux, je suis toujours le père de notre enfant...

— Ah ! et c'est de lui que tu viens me parler...

— Oui, Aline, c'est de lui, je te l'ai dit dans ma lettre...

— J'y ai répondu...

— Par une méchanceté...

— Par une vérité... C'est que je suis étonnée que tu y penses si tard à ton enfant, tu ne t'es guère occupé comment et avec quoi je l'élevais, le pauvre petit.

— On nous regarde... On croit que nous nous disputons.

— Tu as raison... Donne-moi le bras et allons sous les bosquets, nous pourrons causer plus librement.

Ils se rendirent, bras dessus bras dessous, dans un des bosquets du fond du jardin. Beaucoup de ceux qui les connaissaient les regardaient en souriant malicieusement. Puis ils disparurent dans les massifs, on les oublia.

Tout à coup au milieu d'un quadrille, on entendit un cri de femme.

— Au secours ! suivi d'un cri terrible de douleur, qui épouvanta tout le monde.

Le quadrille cessa, et l'on se précipita vers le fond du jardin, du côté où le cri avait été entendu, guidé encore par un bruit de vitres qui se brisaient.

On arriva sous un berceau et ce fut un cri d'épouvante quand on vit étendu le corps de la Sang-Brûlé, la gorge ruisselante de sang...

— Oh ! son mari l'a tuée !... le gueux... le misérable.

On portait la jeune femme vers les salles pour lui donner des soins. Un homme s'écria :

— Mais, voilà Charles.

En effet, à quelques pas était étendu le corps du mari, la face gonflée et le bas de la figure couvert de sang. On s'empressa autour de lui et chacun s'interrogeait, se demandant l'explication de ce mystère.

Le comité du bal des Enfants du Lavoir était consterné. Et déjà on n'échangeait que des plaintes et des reproches. C'était toujours la même chose qui arrivait. On donnait trop facilement les billets. Quelques-uns observaient bien que Charles, Aline étaient membres fondateurs, mais on répondait aussitôt que par leur conduite ils s'étaient aliéné tout le monde et, s'ils ne l'étaient officiellement, ils étaient officieusement rayés de la liste des Enfants du Lavoir.

Les récriminations ne changeaient rien à la situation ; tout le monde était venu pour s'amuser, il fallait éviter que la catastrophe atteignît tout le monde.

Les membres fondateurs et les commissaires du bal se réunirent et décidèrent que Mme Goduret serait immédiatement portée chez elle, puis on s'occuperait de son mari, mais la fête ne serait pas interrompue.

Pendant ce temps, la Sang-Brûlé avait été portée dans une salle et un médecin, appelé en toute hâte, avait jugé la blessure grave, mais non mortelle. Vainement cependant, il avait tenté de lui faire reprendre connaissance ; une fièvre intense lui faisait dire des choses folles ; elle ne nommait personne.

Tout le monde avait remarqué, et on se le répétait, que la jeune femme avait reçu un coup de couteau comme sa mère à la gorge ; plus heureuse la lame n'avait point coupé l'artère carotide... et le procès du meurtrier de la grande Julie était revenu aux lèvres de tous.

Le docteur le permettant, Mme Goduret avait été placée sur une civière et portée chez elle.

Goduret avait été transporté dans la grande salle ; en quelques minutes il avait repris connaissance, et aussitôt il s'était pris la tête à deux mains en gémissant :

— Ah ! mes enfants, quel coup !... Comment peut-il faire ça ! Ça doit être le même, l'amoureux de la mère Julie, un clown. C'est le même coup. Je n'ai rien vu, j'ai senti... puis un nain qui sautait par-dessus moi, et m'en renvoyait un autre... Ça fait un drôle d'effet quand on ne s'y attend pas. Quel gaillard ! ça vous frappe comme un marteau ; on croirait que tout se disloque et casse.

Ceux qui entouraient le jeune homme étaient étonnés, car on attribuait la tentative criminelle à l'époux outragé. Mais Goduret ne savait rien de l'état de sa femme ; il la demandait, il voulait lui parler, et on lui laissait ignorer qu'elle était gravement blessée, la croyant perdue.

Charles avait été attaqué d'abord, ce qui rendait l'aventure inexplicable.

— Ainsi, vous n'avez pas vu qui vous a mis en cet état ?

— Du tout... Faites venir la Sang-Brûlé, elle vous le dira. Nous causions tranquillement sous le bosquet, j'étais à ses genoux, je ne rougis pas de dire tout ça, ce n'est pas une histoire d'amoureux malheureusement. Je lui demandais pardon du mal que je lui ai fait endurer. Elle m'obligea à me relever ; je lui dis : à la condition qu'elle me permettrait de l'embrasser ; elle dit :

— Eh bien, oui ; mais relève-toi vite.

— Je me relève, lorsque j'entends comme si on sautait sur la table ; je me retourne et je reçois là, entre les deux yeux, le même coup de tête ou de poing que j'ai reçu un matin dans la boutique. Je veux me défendre, je reçois un coup de pied dans l'estomac, qui me coupe la respiration et m'envoie rouler à cinq ou six pas de là... Mais Aline, elle a eu peur ?

— Oui, mais c'est passé.

Le comité des Enfants du Lavoir sortait de séance, décidé à éviter tout ce qui pourrait troubler la fête. Un agent vint parler au président et lui demanda :

— Mᵐᵉ Goduret, n'ayant pas pu ou voulu dire son domicile, a été transportée à l'hospice.

— Bien, monsieur.

— Et le coupable ?

— Oh ! c'est son mari. Nous le croyons.

— C'est plus que probable. Il est encore ici. Nous allons procéder à son arrestation...

— Tenez, le voici, fit le président des Enfants du Lavoir, en montrant Charles, qui, la face rouge, se disposait à rentrer dans le bal.

— Oui, oui, dit l'agent, ne craignez rien.

Et l'appelant :

— Monsieur Goduret ?

Charles vint aussitôt :

— Voulez-vous sortir avec moi, j'ai à vous parler.

Il lui glissa son bras sous le sien et entraîna le jeune homme indifférent.

Arrivé dehors, lui montrant un fiacre ouvert, autour duquel deux agents veillaient, il lui dit :

— Au nom de la loi, je vous arrête ; montez là.

Sans qu'il fît la moindre résistance, il était hissé dans la voiture, assis entre les agents et conduit au Dépôt.

Le président du comité des Enfants du Lavoir arrivait dans le jardin et criait joyeusement :

— Allons, tout est fini... En place pour le quadrille... et en avant deux !

Le bal reprenait aussitôt son agitation. La belle Phifine était toute bouleversée, elle venait de rencontrer dans le bal Claire d'Avesnes qui ne lui avait pas caché sa haine pour Aline.

— En voilà une qui ne l'aime pas... Au fait, qu'est-ce qu'elle vient faire ici, aujourd'hui ?...

Comme elle était un peu surexcitée, elle raconta à ses amies sa rencontre et l'entretien qu'elle venait d'avoir. On lui conseilla aussitôt de prévenir le président, car, paraissait-il, le meurtre restait à l'état du mystère. Charles avait été trouvé, aussi, étendu, blessé, sans connaissance, près de celle qu'on voulait faire passer pour sa victime.

Phifine n'hésita pas ; elle alla raconter l'aventure au président. Celui-ci prévint l'agent, et, quelques minutes après, Claire d'Avesnes était informée que quelqu'un la demandait et voulait lui parler.

Croyant que c'était Charles qu'on venait de libérer, elle s'y rendit. Un agent lui mit la main sur l'épaule, et, la faisant monter dans le fiacre qui attendait :

— Allons vite, montons, et pas de bruit...

— Pour qui me prenez-vous ? cria Claire, en se défendant.

— La belle, ça n'est pas malin, ça nous oblige à être méchant. Taisons-nous.

Et en disant ces mots, l'agent lui avait mis la main sur la bouche.

Un autre, sorti de la voiture, la bâillonnait et la hissait sur la banquette.

L'arrestation avait à peine duré quelques minutes, sans attirer l'attention de personne. Et l'on entendait la voix du commissaire du bal :

— En place, les danseurs, en place pour le quadrille.

Il était trois heures du matin, on allait prendre un rafraîchissement, lorsque le président des Enfants du Lavoir monta sur une chaise et déclara :

— Mesdames, messieurs, on m'informe à l'instant que l'état de Mme Goduret est satisfaisant ; sa blessure, quoique grave, n'est pas mortelle. Son mari, que nous accusions à tort, vient d'être mis en liberté, et l'auteur du crime, une femme... (c'était une vengeance) est arrêtée. Elle a tout avoué.

Il y eut, dans l'assemblée, un long murmure de soulagement, de satisfaction.

Mme Goduret était sauvée.

C'était tout ce que l'on demandait.

Charles parut à ce moment : il fut salué par des bravos, et quatre de ses amis le prirent, et le hissant sur leurs épaules le portèrent en triomphe pour le déposer au pied de l'orchestre, où Mlle Phifine vint le trouver en lui disant :

— Dites donc, monsieur Charles, c'est ma valse.

Le commissaire des Enfants du Lavoir criait :

— En place, messieurs les valseurs !

QUATRIÈME PARTIE

LE CROQUE-MORT

I

SUITE DU BAL

Nous avons dit que la Sang-Brûlé ayant dû être transportée à l'hospice, on l'avait conduite à l'hôpital Saint-Louis. Dans les rares moments de calme et de lucidité qu'elle paraissait avoir, c'est vainement qu'on lui avait demandé son domicile. Elle avait refusé de répondre.

En arrivant à l'hospice, l'interne de service avait visité avec attention la blessure. Elle était absolument sans danger; mais l'état de la malheureuse femme était plus grave, et il était difficile de se l'expliquer; dévorée par la fièvre, elle ne prononçait que des paroles incohérentes, puis tout d'un coup, elle se redressait, se raidissait au risque de retomber et de se briser le crâne, comme si elle voulait échapper à un ennemi invisible.

On dut toute la nuit laisser près d'elle une garde-malade; c'est seulement lorsque le petit jour se montra, qu'elle parut se calmer. Quand il fit tout à fait jour, elle s'endormit.

En s'éveillant, elle vit à son chevet une jeune femme, une des malades qui s'était intéressée à elle en entendant dire qu'on avait tenté de l'assassiner.

La Sang-Brûlé regardait autour d'elle, — une chambre à quatre lits, — sans s'expliquer où elle se trouvait et faisait de vains efforts pour se souvenir. La jeune femme, qui l'observait, lui dit qu'elle pouvait être rassurée, se trouvant en lieu de sûreté, à l'hôpital Saint-Louis, où elle avait été amenée la veille dans la soirée.

— Dans la soirée, hier... répétait-elle, cherchant à se souvenir.

— Oui! Et vous étiez dans un bal de société, à Ménil-montant... un misérable a tenté...

— Oh! taisez-vous... fit-elle vivement en mettant la main devant ses yeux comme pour éviter le tableau.

La jeune femme reprit:

— On nous a dit tout cela hier... Vous êtes fâchée avec votre mari, un jaloux, qui est venu vous trouver à ce bal, et après cette scène, vous a frappée d'un couteau.

— Mon mari!

— Oui, n'est-ce point cela?

— Oh! madame! Mais le pauvre homme, on ne l'a pas amené avec moi ici...

— Non...

— Oh! mon Dieu, que lui est-il arrivé? Peut-on interroger quelqu'un ici?

— Il est trop tôt, tout le monde dort encore; il faut que vous attendiez... Peut-être l'a-t-on amené avec vous; il aura été conduit du côté des hommes.

— C'est probable... Mon pauvre Charles, dans quel état est-il, lui?

— Mais il a donc été attaqué avec vous? On disait que c'était lui.

— Lui?... Nous étions ensemble, dans un bosquet; il

me demandait pardon de fautes anciennes, et je l'excusais, lorsque tout à coup un animal étrange tomba sur lui, le jetant violemment à terre. Je reculai, épouvantée. Je vis Charles se relever; mais le singe, l'homme, je ne sais, se rua encore sur lui en l'envoyant rouler au loin.

Tout cela se passa en quelques secondes, puis je vis alors l'étrange être se jeter sur moi; il voulut m'embrasser, je criais; alors, je vis briller une lame et je sentis comme un coup de poing là où je suis blessée, mais je ne perdis pas connaissance, je me débattais, car me tenant dans ses bras, il m'avait soulevée sur la table... Oh! à cette heure, il me semble que je sens encore cet être... j'allais devenir sa victime, je jetai un cri suprême, on accourut enfin et je tombai... Lui... le... l'animal, il avait saisi une branche, mis le pied sur une rampe et il disparaissait dans l'arbre, en brisant le quinquet.

— Ah! mon Dieu! mais, qu'est-ce que cet animal?

— Je ne saurais le dire... un monstre noir dont je ne voyais que le regard flamboyant, maigre comme un squelette, ayant des mouvements d'épileptique, une chose affreuse, qui me fait peur rien qu'en y pensant.

— C'était un gredin déguisé...

— Oh non!...

— Ce n'était pas un singe, un chimpanzé?

— Est-ce que je sais... Je vous dis que je ne distinguais pas.

— Mais c'est épouvantable, ce que vous dites là.

— Oh! oui, c'était épouvantable.

En parlant ainsi, la jeune femme faisait un devoir de consolation, mais elle ne croyait pas un mot de ce que lui disait la Sang-Brûlé, elle pensait que la blessée était encore sous le coup du cauchemar qui avait hanté sa fièvre. Ne voulant pas la contrarier, elle lui dit:

— Il faut oublier tout cela... et essayer de dormir encore un peu.

— Ici, vous êtes à l'abri de tout et, voyez-vous, un bon

somme réparateur quand la fièvre cesse, il n'y a que cela qui vous soulage bien.

— J'aurai de la peine à dormir tant que je n'aurai pas de nouvelles du dehors.

— Ce que je puis vous affirmer, c'est qu'il n'y avait qu'une victime ; vous. Ainsi, vous n'avez rien à redouter pour monsieur votre mari.

— Merci, fit Aline véritablement touchée de la sympathie, de l'intérêt de sa camarade de chambre.

Elle ferma les yeux et feignit de dormir pour lui être agréable, et penser à son aise. Qu'allait-il advenir ? Elle se sentait mieux, dès le matin elle se ferait conduire chez elle, ou on lui amènerait son enfant si elle ne pouvait supporter le transport. Si elle venait à lui manquer, on devrait donc mettre la pauvre petite aux Enfants-Trouvés. A cette pensée, un frisson courut dans ses veines. Il était nécessaire qu'elle eût avec son mari un entretien. Il fallait qu'il connût son enfant et qu'au besoin il s'en occupât si elle ne pouvait le faire.

Se souvenant de l'allure et de la tenue de son mari, elle le trouvait mieux qu'elle ne l'avait vu quelque temps avant. Elle savait qu'il était dans une place et travaillait. La situation devait donc se modifier. A la façon dont elle avait été reçue par lui, elle sentait bien qu'une réconciliation véritable ne dépendait que d'elle. Mais elle ne voulait pas agir légèrement.

Le changement opéré si rapidement dans la vie de Charles venait d'un moment terrible de misère, et tout cela, même le désir manifesté de revoir l'enfant, pouvait n'être que le plan arrêté pour se remettre avec sa femme, et aussitôt qu'il se retrouverait chez lui, la paresse reprendrait le dessus et le ménage se dissiperait.

Avant de songer à se remettre avec Charles, elle voulait des gages, l'assurance qu'il ne pensait qu'au travail, et aimait véritablement son enfant...

En faisant un mouvement, la Sang-Brûlé éprouva une vive douleur à sa blessure et se souvint alors que tous ses malheurs dataient du jour où elle avait dénoncé sa mère, quand elle l'avait surprise avec son mari.

Le tableau de sa mère se plaça devant ses yeux tel qu'elle l'avait vue la dernière fois. Est-ce que cet assassinat et cette nouvelle tentative de meurtre ne seraient pas du même gredin ?

Quel pouvait être ce monstre ? Il lui avait paru immense, plus grand que nature... Peu à peu elle s'endormit, pour s'éveiller une grande heure après, en jetant un cri : elle rêvait qu'elle se débattait entre les bras du monstre.

On la ranima, et presqu'aussitôt vint le juge d'instruction, son greffier et le docteur. Ce dernier, entouré de ses internes, examina attentivement la plaie et, après l'avoir pansée, il avait eu un sourire rassurant.

— C'est un peu douloureux, peut-être, mais ce n'est pas dangereux. Vous pouvez être tranquille...

— Docteur, ne pourrais-je me faire transporter chez moi ?

— Oh ! non, pas aujourd'hui ; il peut survenir quelques complications dans la journée, nous avons besoin d'étudier cela ; je repasserai tantôt, et si le traitement suit son cours, je vous ferai sortir demain.

— Merci, docteur... mais je puis faire prévenir chez moi...

— Certainement... vous pouvez même recevoir quelques visites, mais il ne faut pas en abuser...

— Docteur, puis-je l'interroger ? demanda le juge d'instruction.

— Parfaitement... Mais, mon enfant, parlez bas et froidement, sans violence.

La Sang-Brûlé raconta au magistrat, stupéfié, l'aventure que nous l'avons entendue raconter à sa voisine de lit :

— Ainsi, dans ce bal, au milieu de ce monde, et lorsque vous vous trouviez près de votre mari... un individu s'est précipité sur vous, après avoir frappé celui qui était prés de vous et a tenté violemment de se rendre maître de vous...

— Tenez, monsieur, voyez vous-même au pied de mon lit, mes jupes déchirées, je me trouvais presque nue...

— Et vous n'avez pas reconnu cet individu?

— Monsieur, je ne sais pas si c'est un homme.

— Toute autre hypothèse serait ridicule... Qu'avez-vous pu remarquer?

— Il était très grand et avait des allures de clown, tout de noir vêtu...

— Mais, il faisait un peu jour dans ce bosquet; l'ordonnance de police veut que tous les bosquets soient éclairés, et les agents m'ont déclaré que l'on s'était conformé à l'ordre.

— Monsieur, il y avait un quinquet accroché à un arbre. Or, quand cet être est apparu, il descendait de l'arbre : il a mis le pied sur le quinquet comme sur une marche, le quinquet s'est écroulé. L'individu a sauté sur la table, nous étions surpris par le bruit des vitres cassées, puis épouvantés par l'apparition de ce fantôme noir. C'est alors que mon mari fut frappé; il se releva pour être frappé une seconde fois et tomba sans connaissance. Le monstre m'avait prise dans ses bras. Il promenait sa bouche sur ma gorge. Je criais, il me frappa, et je vis la lame au-dessus de ma tête, puis je ressentis le coup à la gorge. Je n'avais plus la force d'articuler. Il me prit dans ses bras pour me porter sur la table. Je résistais, serrant mes jupes de mes mains. C'est alors qu'il prit mes jupes et les déchira avec une force incroyable. Me sentant nue, je criai de tout ce qui me restait de force. On vint aussitôt, et je perdis connaissance.

— Mais quel homme est capable d'une chose semblable? Vous ne vous connaissez pas, madame, un amoureux farouche?

— Non, non, je vis très retirée, jamais personne autre que mon mari ne m'a parlé d'amour.

Il y eut un silence, pendant lequel le juge relisait ce que le greffier avait écrit. Aline crut pouvoir demander :

— Monsieur, je voudrais avoir des nouvelles de mon mari, qui se trouvait avec moi...

— Il n'a rien, madame, et si vous le voulez, il pourra vous venir voir. Il est employé à la mairie...

— Employé à la mairie... oui, monsieur, dit avec joie la Sang-Brûlé.

Enfin, c'était vrai, son mari travaillait, avait une vraie place, cela lui fit plus de bien que tous les pansements qu'on lui avait faits.

Le magistrat demanda :

— Connaissez-vous une femme nommée Claire d'A-vesnes ?

— Oh oui, monsieur, fit aussitôt la Sang-Brûlé, l'œil ardent, se redressant sur son lit, oubliant sa blessure.

— Mon enfant ! mon enfant ! fit vivement le docteur, mais il ne faut pas remuer comme ça.

Le juge d'instruction demanda en faisant noter à son greffier l'effet produit par le seul nom de d'Avesnes, jeté dans la conversation :

— Ainsi cette femme est votre ennemie?

— Cette femme a détourné mon mari de chez moi. Cette femme a tenté, un jour, de me faire assassiner par lui, en lui disant : Tue-la ! tue-la !

— De vous faire assassiner ?

— Oui, monsieur.

— Ne croyez-vous pas qu'elle puisse être pour quelque chose dans ce qui vient d'arriver?

— Elle était à ce bal!... Alors, oui, monsieur, je le crois... Mon mari l'a quittée et elle était venue pour se venger.

— Qu'est-ce que cette femme?

— Une entretenue, sans cœur et sans courage...

— Consentiriez-vous volontiers à la voir ?

— A la voir, comment ?

— Comme inculpée. A ce qu'on l'interrogeât devant vous...

— Elle est donc arrêtée ?

— Nous l'avons arrêtée cette nuit, à la suite du crime...

— Oui, oui, monsieur, je suis prête à vous dire devant elle toute la vérité que je sais...

— A répéter qu'elle a tenté de vous faire assassiner...

— Je le répéterai devant vous.

Le directeur venait de parler bas au docteur qui parla à l'oreille du magistrat...

— Mais certainement, si elle y consent. Madame, votre mari, inquiet de votre situation, fait demander l'autorisation de vous voir. Voulez-vous le recevoir ?

— Oh ! oui, monsieur... oui...

Quelques minutes après, Charles était introduit dans la chambre de l'hôpital ; en voyant tout ce monde, magistrat, docteur, internes et gens de service, le pauvre garçon s'arrêta tout tremblant, redoutant un dénouement fatal.

Le docteur le rassura aussitôt en lui montrant le lit :

— Avancez, et ne soyez pas tourmenté ; votre femme est hors de danger.

Charles s'avança près d'Aline et l'embrassa longuement. Tous les gens qui se trouvaient dans la chambre se retirèrent, la consultation des autres malades étant terminée. Seul, le juge instructeur resta avec son greffier... Le docteur se retirait et le juge causait avec lui sur l'état de la blessée, que le premier déclarait absolument sans gravité.

Pendant ce temps, Aline disait à son mari :

— Je t'ai promis que lorsque tu redeviendrais raisonnable, lorsque tu te conduirais bien, travaillerais, tu verrais ton enfant : tu le verras demain, je vais faire venir la nourrice aujourd'hui et lui dirai de le mener à un endroit où tu te trouveras.

— Tu es bonne, Aline. Mais pourquoi pas chez toi ?

— Tu ne sais pas où je demeure, ce n'est pas où tu es venu et je ne veux pas te le dire… encore.

.— Ah ! fit Charles, baissant la tête et comprenant qu'Aline ne voulait toujours être que son amie… Je ferai ce que tu voudras. Mais tu me permets de venir te voir.

— Oui, le dimanche et le jeudi, parce que c'est exceptionnellement qu'on t'a laissé entrer aujourd'hui, à cette heure… A quelle heure es-tu libre le soir ?

— Après six heures.

— Eh bien, si tu veux, demain à sept heures, la nourrice avec Bébé t'attendront en face la mairie…

— Oh ! oui…

— Je n'ai pas besoin de te recommander de ne pas le retenir longtemps à cette heure dehors.

— N'aie pas peur… Mon enfant ! l'embrasser. Oh ! merci, Aline, et il embrassa sa femme.

Le juge revenait. Il avait feint de ne pas voir la scène d'attendrissement des deux époux, et s'adressant familièrement à Charles :

— Et vous, mon garçon, pourriez-vous me renseigner un peu sur toute cette affaire ; avez-vous vu comment cela s'est passé ?

— Monsieur, je venais de dire à ma femme : Que tu es bonne, veux-tu me permettre de t'embrasser ? et j'avançais la bouche lorsque j'entends un bruit de vitres cassées, presque sur nous. Je relève la tête et reçois entre les deux yeux… vous voyez si c'est noir, un coup de poing comme je n'en ai jamais reçu… ou plutôt si, comme j'en ai reçu un, une seule fois dans ma vie, à croire que c'est le même, j'y pense, maintenant…

— De qui aviez-vous reçu ce formidable coup de poing ?

— Mais, je ne l'ai jamais su.

— Vous ne l'avez jamais su, expliquez-vous donc ?

— Vous avez raison, fit Charles tout à coup frappé de l'analogie à laquelle il n'avait pas pensé encore. Il y a déjà longtemps de ça, plus de deux ans. C'est le jour de malheur où je me suis fâché avec ma femme, elle m'a

quittée, parce que je m'étais conduit comme un vaurien.
Et, seul, la nuit, chez nous, ne pouvant m'endormir, au
moindre bruit, je me disais : C'est elle qui rentre, — et sau-
tais du lit pour aller au-devant ; si bien qu'à la fin je me
mis à boire, et finalement je m'endormis sur la table ; il
ne faisait pas encore jour lorsque je fus éveillé par un
coup frappé à la porte de l'atelier.

Je crus que c'était ma femme qui revenait, et j'allai
ouvrir ; on n'entra pas. Mais à travers les carreaux je vis
une longue silhouette qui, hissée sur des tonneaux vides,
frappait avec sa canne à la fenêtre de ma belle-mère. Je
me demandais ce que c'était que ça, mais déjà, ayant vu
la porte s'ouvrir, la grande silhouette avait sauté et, sans
me voir — l'atelier était dans l'ombre — comme un habitué qui connaît les êtres, avait traversé l'atelier, se diri-
geant vers l'escalier qui conduisait à notre chambre et à
celle de la mère de ma femme.

Aline, attentive, écoutait en disant :

— Mais, je n'ai jamais su ça.

— Nous sommes fâchés depuis cette époque...

— Que se passa-t-il ? demanda le juge.

— Tout de suite je me dis : c'est un amoureux de ma
belle-mère qui vient chaque matin, il appelle à la fenêtre.
La grande Julie descend ouvrir sans bruit, et ils passent
une heure ensemble. Ah ! je me dis, je ne laisserai pas se
passer de semblables choses chez moi...

Et je me plaçai juste en bas de l'escalier, mon homme
redescendit ..

— Vous l'avez vu ? demanda le juge.

— Oh ! du tout... Il ne faisait pas jour encore, et si,
dans la cour, on pouvait distinguer une silhouette, dans
l'atelier cela devenait une masse noire... Je lui dis même :
Allons, il faut nous faire voir cette tête-là ou j'appelle au
voleur !... J'eus à peine le temps de finir : il se recula un
peu, pour prendre de l'élan, et me lança en pleine détente
un formidable coup de poing, et c'est le même de l'autre
fois. J'allai rouler à deux pas en arrière, absolument

évanoui, perdant du sang par le nez et par les oreilles...
Jamais je n'ai pu savoir qui ça était ; j'ai toujours pensé,
à cause de sa dextérité et de sa force, que c'était un
clown... Hier, j'ai éprouvé la même impression. Cet
homme qui tombe d'un arbre pour m'envoyer ça sous le
nez... Oh ! quel effet...

— Si c'est le même individu, ce qui nous paraît probable, il serait de votre quartier...

— Et dans votre voisinage vous ne voyez personne qui
puisse se rapporter à cet homme ?

— Mais je pense à autre chose, s'écria vivement
Charles. Mais le coup de couteau porté à Aline... C'est le
même.

— J'en avais fait la remarque, dit Aline.

— Que me dites-vous là ? demanda le juge d'instruction.

En quelques mots, Charles raconta le crime dont il
avait été injustement accusé ; il était heureux de trouver
enfin une piste pour le diriger à travers ce mystère.

— Et, demanda le juge instructeur après avoir attentivement écouté, cette malheureuse femme avait été tuée
du même coup de couteau à la gorge ?

— C'est-à-dire qu'elle avait reçu deux coups de couteau : un semblable à celui qui a blessé ma femme, et un
autre au-dessous du sein gauche où le coquin avait laissé
le couteau...

Après un calme de quelques minutes, le juge demanda :

— Ainsi, madame, vous ne voyez personne qui pourrait
vous aimer, se croire le droit de vous empêcher d'appartenir
à un autre ?

Aline souleva un peu sa tête pâle et dit en souriant :

— Si... il y a lui... mon mari... En dehors de lui, je
n'ai jamais permis à un homme de me parler...

Oh ! si Charles avait osé, comme il se serait précipité
sur sa femme, avec quelle passion il l'aurait embrassée,
la brave femme.

Elle réfléchit encore pour redire :

— Non ! personne, monsieur, personne.

— Vous non plus ? fit le juge s'adressant à Charles.

— Moi ? fit celui-ci un peu embarrassé... Il faudrait que je pense un peu... Certainement, ma femme n'a pas d'ennemi, mais j'ai pu lui en faire par ma sale conduite...

Le juge se souvint alors de la phrase de la Sang-Brûlé, lorsqu'il lui avait parlé de la femme arrêtée la nuit, à l'Élysée-Ménilmontant : « Cette femme a détourné mon mari de chez moi. »

Et il demanda brusquement à Charles :

— Que pensez-vous de la fille Claire d'Avesnes ?

Goduret devint très pâle. Sa femme s'était un peu soulevée sous l'oreiller et le regardait : elle attendait sa réponse, il n'hésita pas.

— Monsieur, Mme d'Avesnes est une enchanteresse qui m'a fait quitter mon ménage, qui a été la cause de beaucoup de malheurs. Je m'étais d'abord trompé sur elle, j'ai pu la juger depuis. Je la crois capable de tout, parce qu'elle a pour ma femme une haine féroce. Cependant, je crois qu'en l'affaire qui nous occupe elle n'est absolument pour rien...

La Sang-Brûlé haussait légèrement les épaules, et le juge voulant obtenir un renseignement dit :

— Ce n'est pas son monde, dites-vous ; mais elle était à ce bal...

— Elle était à ce bal ? exclama Charles...

— Et elle riait beaucoup de l'aventure arrivée à vous et à votre dame, et c'est justement à cause de cette affectation de la joie que je la fis arrêter.

— Arrêter ! Claire d'Avesnes est arrêtée ?

— Mais oui.

Charles, s'étant pris la tête dans les mains, s'écria effrayé :

— Elle était là !... Oh elle est capable d'avoir dirigé cela... Maintes fois elle m'a dit, en parlant de ma femme : La Sang-Brûlé, je voudrais la voir morte !

Charles se tut quelques secondes, puis reprit :

— Claire d'Avesnes est capable de tout.

— Nous allons pour aujourd'hui suspendre l'interrogatoire. Je vous reverrai demain, madame. Cherchez bien dans vos souvenirs. Vous, monsieur Goduret, nous avons votre adresse. Je vous citerai à mon bureau ; d'ici là cherchez bien. Il faut que vous me trouviez des renseignements pour diriger les recherches. Sur les indications que vous m'avez données, l'on va déjà se mettre à l'œuvre... Madame Goduret, j'ai donné des ordres pour vous faire transporter dans une chambre où vous serez seule. Il est nécessaire que vous viviez quelques jours dans l'isolement, et des ordres sont donnés également pour que personne ne puisse venir près de vous.

— Même moi, monsieur ? demanda Goduret.

— Même vous, monsieur. Je ne l'ai autorisé qu'en ma présence.

— Mais, dit Aline, je voudrais, monsieur, voir mon enfant et la nourrice qui le garde ; il serait nécessaire de la faire prévenir, car elle ne sait ce que je suis devenue...

— Votre enfant, accompagné de sa nourrice, pourront venir chaque jour le matin.

— Merci, monsieur. C'est tout ce que je demande. En me privant des autres, vous me délivrez des questions des indiscrets. Puis, se tournant vers son mari, elle lui dit :

— C'est entendu, tu la verras demain soir, devant la mairie. Puis, plus bas : Par elle, tu sauras de mes nouvelles.

— Merci, fit Charles, ému et cherchant vainement à contenir ses larmes. Il se pencha sur le lit de sa femme, l'embrassa en lui disant : Tu me pardonneras, la Brûlé ?

II

LES PETITS ENFANTS

Charles était rentré chez lui, heureux, plein de confiance en l'avenir, satisfait de lui-même, bien décide à n'avoir qu'une conduite régulière. Il avait pu reprendre sa journée, quoique ce fût un dimanche. Il commençait à s'habituer à son lugubre métier, à passer indifférent dans la douleur des autres. Il avait bien encore quelque répugnance pour le côté matériel du travail, mais parvenait à la surmonter.

Le métier était dur. Plus les convois étaient riches et plus les corps étaient lourds par la double enveloppe de bois des îles et de plomb qui les enfermaient. Et souvent c'était à l'extrémité du cimetière qu'il fallait les porter à bras. Ce jour de dimanche, précisément, il avait à faire, partant du quartier de la Chapelle, un chêne et plomb au cimetière Montparnasse, un autre plus luxueux encore pour Auteuil.

Il revint le soir brisé, rompu; il se coucha et s'endormit à l'idée que c'était le lendemain soir qu'il verrait sa fille.

Le lendemain le travail était doux, trop doux; il semblait qu'on l'avait choisi pour lui qui, toute la nuit, dans son rêve, n'avait vécu qu'avec son enfant.

L'horrible fléau qui poursuit tous ces pauvres chérubins sévissait dans le quartier de La Chapelle presque à l'état épidémique. Tous les jours la diphtérie, le croup empor-

taient trois ou quatre pauvres petits. Et Charles, ce jour,
en avait deux dans son service, deux pauvres enfants
dont on s'écartait avec effroi et desquels on arracha la
mère pour laisser les croque-morts leur faire leur dernière
toilette.

Charles ne pensait guère au danger, il n'était ému
que par la douleur sincère qu'il voyait... Ce fut une triste
journée, et il fut bien heureux lorsque, de retour à l'administration, après avoir pris les ordres pour le lendemain, il passa par-dessus son habit de gros drap une
longue blouse, puis se coiffa d'un petit chapeau rond.

Il sortit. Juste en face de la mairie une nourrice attendait, tenant par la main une petite fille qu'elle faisait
marcher. Charles sentit en lui une émotion inexpri-
mable; il dut se soutenir à un réverbère et, appuyant la
main sur son cœur, en comprima les battements qui
l'étouffaient. Il se remit, traversa la place et dit :

— Vous êtes la nourrice de Mme Goduret?...

— Vous êtes M. Charles?...

— Oui.

— Bien, monsieur...

Il prit l'enfant que la nourrice lui tendait et qui lui souriait. Deux grosses larmes coulèrent sur les joues du malheureux, lorsqu'il l'entendit dire :

— Papa Arle...

— Elle dit papa Charles... Et pleurant, riant, il la dévorait de baisers, la pressant sur sa poitrine, à ce point
que l'enfant faillit pleurer.

— Comment se nomme-t-elle? demanda-t-il à la nourrice étonnée de la question et qui répondit :

— Mais, Charlotte...

— Charlotte... oh! cette bonne Aline...

— Si elle vous fatigue, monsieur, je puis la porter...
car elle est lourde.

— Oh! non. Je veux la tenir tout le temps que je vais
rester avec elle.

— Elle marche, monsieur.

— Elle marche... voyons ça... donnez la main à papa et allons chercher des gâteaux...

— Oui,.. gâteaux, gâteaux...

Une grande heure se passa ainsi, pendant laquelle Charles éprouva plus de bonheur qu'il n'en avait ressenti depuis le jour de son mariage; il ne cessait, en l'embrassant, de répéter :

— Mon enfant... mon enfant.... Misérable que je suis d'avoir abandonné tout cela.

Sur l'observation de la nourrice, que l'enfant risquait d'attraper frais, qu'il était l'heure de rentrer, il embrassa encore, se fit embrasser et dit :

— Je vous reverrai quand?

— Je ne suis pas sûre.

— Point demain mardi, mais après-demain mercredi, parce que le lendemain, jeudi, j'essayerai d'aller voir sa mère. Vous n'avez pas de nouvelles d'elle?

— Si, monsieur, hier j'ai vu madame, elle allait bien et espérait se lever avant la fin de la semaine.

— Elle ne vous a rien dit de particulier ?

— Non, monsieur, madame m'a dit : Si monsieur est raisonnable, ne retient pas trop l'enfant, vous le lui ramènerez le jour qu'il demandera.

— Ah! bien! Et quand verrez-vous madame?

— Je dois la voir demain.

— Vous lui direz que ma pensée est toujours avec elle... que je l'embrasse de tout mon cœur.

— Bien, monsieur.

— Que j'embrasse encore mon bébé... et n'oubliez pas, après-demain ici, à pareille heure.

— Oui, monsieur.

La nourrice s'éloigna. Cette heure de bonheur avait effacé bien des tracas, bien des ennuis, bien des tourments de sa vie... Tout prenait un autre aspect; il avait une adorable enfant à aimer, pourquoi avait-il pensé à cela si tard? Il se rendit chez le marchand de vin où il allait dîner chaque soir et on lui dit en le voyant :

— Ah! monsieur Goduret, vous avez l'air gai, ce soir...
Il se contenta de répondre :
— J'ai passé une bonne journée.
Et seul, accoudé sur la table, il mangeait en souriant,
revoyant toujours les petits bras de son enfant tendus
vers lui, son regard adorable... entendant ces zézaiements
avec lesquels elle disait :
— Papa Arle.
Oui, il était bien heureux, Charles, et des indiscrets
qui ne savent rien voir et rien respecter vinrent troubler
son rêve en lui demandant :
— Dites donc, Charles, est-ce que ça diminue un peu
l'épidémie dans le quartier?
— Est-ce que je sais, moi, fit-il ennuyé de la question
et d'être troublé.
Il se hâta de manger, paya et courut s'enfermer dans
sa chambre : là, il pouvait enfin vivre tout à fait avec son
rêve, le souvenir de sa fille, et, sans s'en apercevoir, il
faisait des mines et parlait le langage des enfants à un
être invisible.
— Oh! ma petite Charlotte bien-aimée. Qu'elle est
belle... Son papa Arle... Que c'est gentil à la Brûlé de lui
avoir appris ça.
Il faisait tout à fait nuit qu'il était encore accoudé sur
l'appui de sa fenêtre, rêvant de sa fille?
A cette heure de calme, peu à peu sa pensée revint sur
lui-même. Allait-il, devait-il rester ce qu'il était? Il travaillait, mais que dirait sa femme quand elle saurait le
métier auquel il avait dû se soumettre.
— Cependant, si comme un fainéant j'avais choisi ce
métier parce que je le trouvais moins fatigant qu'un
autre, je pourrais être blâmé; mais je n'ai point fait cela,
je l'ai pris le sachant pénible et dur, et dans un moment
où il est dangereux à exercer ; chaque jour, c'est ma vie
que je joue, et il y a un certain courage dans le calme
de tous mes collègues : la mort fauche leurs rangs, on rem-
place ceux qui tombent et ils continuent. Si le métier est

répugnant, il vaut au moins qu'on l'estime. Mais, Aline pensera-t-elle ainsi ?

Puis reprenant :

— Je l'entendais souvent dire autrefois que son rêve avait été de se marier avec un petit employé, qui mènerait la vie tranquille des gens de bureau, c'est-à-dire partirait le matin tard et reviendrait le soir tôt, lui laissant à elle le soin du ménage... Ma pauvre Aline rêve peut-être que j'en suis là, employé à la mairie, elle me voit devant mon bureau... Si elle me voyait sous mon lourd costume, l'habit à gros boutons, le chapeau de cuir bouilli... Lorsque je la verrai je lui parlerai adroitement pour savoir ce qu'elle pense et selon ce qu'elle me dira je me guiderai... Puis, las, Charles se coucha.

Au matin, il s'éveilla, s'habilla en hâte et, arrivé à son *bureau*, il apprit qu'un de ses collègues, qui la veille ne paraissait qu'indisposé, était très malade et dans un état désespéré, frappé par l'épidémie. Il eut un frisson, un plissement de front et s'absorba dans le travail du jour.

Mais malgré ses fatigues, ses préoccupations étaient telles qu'en rentrant le soir il trouvait difficilement le sommeil. Il avait la pensée constante de sa femme Aline, le souvenir chéri de sa fille, et le sommeil ne venait pas. Il n'avait qu'un remède : la lecture.

Charles était dans son lit: il lisait, lorsque son regard s'arrêta tout à coup sur un titre qu'il avait déjà lu autrefois et qui l'avait bouleversé : *Le crime de la rue des Poissonniers.*

C'était cette même rubrique qui avait servi lorsqu'on l'avait martyrisé pendant quelques mois devant les tribunaux. Il lut :

« Un crime épouvantable vient de jeter la consternation dans le quartier de La Chapelle. Le sieur H..., marchand de vin, vivait avec un fils et une jeune femme, Marie V... Le fils du marchand de vin, à peine âgé de dix-neuf ans, est d'une nature chétive, malade, un idiot ; mais c'est la douceur même. Vivant isolé dans la maison, il ne voit et ne parle à personne. Hier, M. H... ayant à se rendre à Bercy pour ses affaires, ainsi qu'il le fait habituellement chaque mois, confia la garde de la boutique à sa bonne Marie, connue autant que lui par la clientèle.

« A l'heure du repas, les habitués qui venaient ordinairement chez le sieur H.... furent servis par la jeune bonne, rieuse comme de coutume. Aucun ne remarqua rien d'anormal dans la maison.

« Le soir, à la sortie de l'atelier, ils trouvèrent la porte fermée, c'est-à-dire que le bouton de la porte de la rue était enlevé, rien ne paraissait changé à l'intérieur, et ils crurent que la jeune Marie, ayant eu besoin d'aller faire quelques provisions dans le quartier, avait ainsi fermé la porte pour quelques minutes, et n'allait pas tarder à rentrer.

« Ayant l'habitude de prendre chez le sieur H... leur repas du soir, ils attendirent. Après une grande demi-heure, commençant à être inquiets, ils frappèrent et virent une porte s'entrebâiller, la tête du fils H... paraître, éclater de rire, pour disparaître aussitôt. Craignant quelques sottises du jeune insensé, l'un des ouvriers, un serrurier, ouvrit la porte...

« Au bruit, la même porte de l'office s'ouvrit, le jeune H... reparut et injuria les ouvriers pour s'être permis d'entrer, puis il se sauva dans le fond de la maison, grimpa l'escalier pour disparaître.

« Les ouvriers appelèrent alors la bonne, on ne répondit pas, ils entrèrent jusque dans la maison ; là un spectacle épouvantable s'offrit à leurs yeux.

« La jeune Marie était étendue par terre dans une mare de sang, elle avait reçu deux coups de couteau de cuisine, l'un au col, l'autre au-dessous du sein droit...

« Pendant que l'on courait chercher un médecin, les ouvriers grimpèrent dans la maison pour s'emparer du coupable. Le docteur vint pour déclarer que la mort remontait à une demi-heure au moins. Il constata qu'après avoir été mortellement frappée par les deux terribles coups de couteau, la malheureuse jeune fille avait subi les derniers outrages.

« Les ouvriers avaient entraîné le jeune H... dans sa chambre ; il riait quand ils vinrent pour s'emparer de lui. Sans la présence du commissaire de police qui venait d'arriver, les braves gens, furieux auraient fait justice du monstre, et c'est avec peine que les agents purent lui faire traverser la foule pour le conduire au Dépôt.

« C'est en rentrant le soir tard seulement que M. H... eut connaissance de l'épouvantable crime commis par son fils. On juge de sa douleur. Demain nous donnerons d'autres détails. »

Charles était devenu très pâle en lisant le fait-divers. Pour lui, le doute n'était pas possible, il était question du père Hutin, le marchand de vin, et de son fils Adolphe, l'idiot, qui, un jour ou l'autre, devait finir par faire une sottise ; mais qui aurait osé penser cela ?... Ah ! le malheureux père, dans quel état il devait être ! Tout à coup une idée traversa le cerveau de Charles, il y songea quelques minutes et s'écria :

— Mais oui... oui, ce doit être lui. C'est le même coup frappé à la gorge pour couper l'artère et au-dessous du cœur. Mais oui, c'est ce grand déhanché qui se pend, pour descendre, à la rampe de l'escalier... Ce doit être lui. Son père l'avait emmené à l'Elysée, il faut que je dise tout cela au juge... Enfin, je le tiens, le mystère... Oh ! le misérable !... Pardi il était l'amant de la grande Julie... je n'avais pas pensé à lui, c'est bien ça... Mais il est fort sans en avoir l'air.

Et, bien convaincu qu'il était sur la bonne piste, Charles essaya de se rendormir.

On pense facilement qu'il passa une nuit agitée ; à l'aube il était debout et avant de se rendre à son service, il courait jusqu'à la rue des Poissonniers. La boutique du père Hutin était fermée. Ce n'était pas à cause de l'heure, car dans ce quartier ouvrier tous les marchands de vin ouvrent avec le jour.

Le père Hutin, cependant, s'il n'avait pas ouvert les volets de sa boutique, en avait entre-bâillé la porte. Charles, voyant cela, frappa. Le marchand parut aussitôt.

— Tiens, te voilà, toi... Eh bien, tu sais ce qui est arrivé?

— J'ai lu ça hier dans un journal... Est-ce qu'elle est encore là?

— Non, on l'a portée à là Morgue... Etait-il permis de croire à la possibilité d'une semblable aventure? Tu le connais, mon grand malheureux; il n'est pas méchant, il est bête. Vois-tu la faute de ça, c'est que ces natures-là sont peut-être plus exigeantes que nous, et qu'on ne devrait pas les laisser vivre en enfants.

On sentait que le vieux marchand de vin souffrait. Etait-ce du malheur arrivé chez lui, c'est-à-dire était-ce la victime qu'il regrettait? On aurait pu le croire en voyant le peu d'intérêt qu'il montrait pour son fils. Il dit à Charles :

— Veux-tu prendre quelque chose? Nous sommes dans le fond avec deux ou trois amis. Je n'ouvre pas, tu conçois ça, c'est à cause du monde; je n'ouvrirai que lorsqu'elle sera enterrée, et puis la police m'a défendu de rien toucher, même d'entrer dans la cuisine, et je ne peux pas me passer de ça. Ils viendront tantôt, on doit faire un plan, saisir les objets... Une fois ça fait, je fais un lavage et demain je retire les volets ! Entre donc.

Charles entra. Il retrouva ses anciens amis, qui lui serrèrent la main, et l'un d'eux s'informa de ce qui était advenu à la suite de la tentative du bal.

— Tiens, c'est vrai, dit le père Hutin, je cause de mes affaires et je ne pense seulement pas à te demander des nouvelles. Eh bien! tu ne dis rien?

— Si... ma femme est à peu près hors de danger; elle a échappé par miracle, on est arrivé à temps.

— Tu n'as pas vu l'individu... Qu'est-ce que c'est que cette histoire de femme arrêtée?...

— On cherche partout .., on n'a rien encore; mais on va trouver.

— Tu le crois... où as-tu des renseignements ?

— Tu nous regardes sans répondre...

— C'est peut-être indiscret .. Mais bois donc un coup...

— Non, ce n'est pas indiscret, puisque c'est pour ça que je viens, père Hutin. C'est embarrassant à dire, voilà tout ; depuis hier au soir que j'ai lu votre histoire, cela me tourmente...

— Qu'est-ce que tu veux dire ? fit le père Hutin.

Les quatre voisins burent vivement leur verre pour écouter plus attentivement. Charles, un peu embarrassé, dit :

— Cette pauvre fille que vous aviez a été tuée d'un premier coup de couteau là, au col, coupant l'artère... et d'un autre sous le sein, ici...

Et il montrait exactement les places sur lui-même.

— Oui, c'est bien ça.

— Vous souvenez-vous, lorsque ma belle-mère, la grande Julie fut assassinée — ce crime dont on m'accusa et qui fut cause de tous mes malheurs — vous, mes amis, et je vous en remercie, vous étiez de ceux qui étaient convaincus de mon innocence. Eh bien, vous souvenez vous que la grande Julie avait reçu deux coups de couteau, l'un au col, et l'autre au-dessous du sein gauche...

— Oh ! nom de Dieu ! fit le père Hutin, pâlissant en posant son verre. Nom de Dieu ! et il fronçait ses gros sourcils, tu crois que c'est encore lui ?...

Il ne protestait pas, il craignait... Charles continua :

— Père Hutin, deux ou trois jours avant, un matin, j'avais surpris un grand jeune homme qui rentrait chez nous, et qui, lorsque j'avais voulu le saisir, m'avait appliqué là, entre les deux yeux, un coup de poing comme je n'en avais jamais reçu.

— Tu m'épouvantes, car il est fort, l'insensé, personne ne s'en doutait, et si je le battais sans pitié, c'était pour le dompter. Sans cela, je n'en aurais pas été maître... Dans un mouvement de rage, je l'ai vu briser une porte de chêne, celle de la cave où je l'avais enfermé.

— Eh bien, père Hutin, il y a bientôt huit jours, à ce bal enfin, à l'Elysée, lorsque j'étais avec ma femme, c'est au moment où, nous réconciliant, j'allais l'embrasser, que je reçus entre les deux yeux le même coup de poing que j'avais reçu jadis... et ma femme recevait là le même coup de couteau que la grande Julie et que votre bonne...

Le père Hutin, assis devant la table, s'était accoudé, et, baissant la tête dans ses mains, gémissait :

— Ah! nom de Dieu de nom de Dieu !

Tous les voisins le regardaient, l'un dit :

— Tout ça ne prouverait rien; on peut se tromper.

— Oh! mes pauvres enfants, dit avec accablement le père Hutin, si vous saviez que de choses je m'explique maintenant.

Contrairement à ce qu'on raconte journellement, produit d'une observation tout à fait superficielle, l'amour des parents ne va pas absolument aux déshérités de la famille, c'est là une exception et c'est ce qui le fait remarquer. Le père Hutin avait pour son fils l'affection banale qu'on a pour un animal qu'on a élevé tout en le sachant méchant, et qu'on doit toujours surveiller. Il ne pouvait l'aimer comme un fils. Jamais Adolphe n'avait eu une caresse pour lui; jamais il n'avait été ému par une action de son enfant. C'était comme un sauvage qui recevait tout sans la moindre reconnaissance, une brute n'ayant conscience de rien, n'obéissant qu'à la force. Partout où son père avait essayé de le placer, il avait été renvoyé, et toujours pour des raisons anormales.

Ce n'était pas parce qu'il était paresseux et qu'il refusait de travailler : c'était parce qu'il s'était servi des outils pour tuer un chien ou un chat; parce qu'il avait cassé les objets qu'on lui recommandait. C'était parce que dans un coin d'escalier ou de chambre il s'était précipité sur une bonne ou sur une apprentie, essayant de se livrer sur elle à des obscénités.

On le chassait de partout avec horreur et dégoût, et le

malheureux père Hutin avait dû se résigner à le garder chez lui, n'espérant plus qu'en un miracle pour en faire un homme.

Chez son père il était plus enfant; il jouait avec rien, et celui-ci se reprenait à dire :

— C'est un innocent; avec l'âge, il deviendra homme. Et il laissait faire.

Mais, à cette heure, il se repentait de n'avoir pas fait enfermer le fauve qu'il avait chez lui. Il se souvenait que souvent, le matin, il était parti avant le jour de chez lui, il n'y attachait pas grande importance. Il se souvint qu'il avait trouvé son linge parfois taché de sang. Il en avait demandé l'explication, lui disant :

— Tu as encore tué quelque malheureuse bête... Tu aimes donc toujours faire le mal?

Lui s'était mis à rire niaisement, ç'avait été sa seule réponse. Et le père Hutin n'y avait plus pensé. A cette heure il faisait des efforts de mémoire, il se souvenait que c'était quelques jours seulement après le meurtre de la grande Julie qu'il avait trouvé cette chemise et ce paletot ensanglantés. Le lendemain du bal des Enfants du lavoir, Marie, la bonne qu'il avait assassinée, déjà lui avait montré les vêtements de cérémonie qu'il portait ce jour-là : ils étaient tout déchirés; c'était en grimpant dans les arbres qu'il les avait mis en cet état. Le doute n'était plus possible pour le père. Il pleura longuement, non sur l'enfant perdu, il ne sentait que du mépris pour le misérable qui troublait ainsi sa vieillesse. Il pleurait à cause du bruit, du scandale qui allait se faire autour de son nom, de ses soixante-cinq années de probité... Après avoir pleuré, il passa sa manche sur ses yeux et dit d'une voix sèche :

— Il faut du courage, j'en aurai. Allons, Charles, tu vas venir avec moi!

— Où donc?

— Chez M. X... celui qui est chargé de l'instruction; il me l'a dit et répété vingt fois : mieux vaut, dans votre intérêt, si vous savez quelque chose, me le dire tout de suite.

— Oui, mais mon service ! dit Charles, ennuyé.

— Comment, ton service !... Mais tu feras défaut aujourd'hui ; tu ne vois donc pas que c'est la justification de la vie que tu vas trouver !... Et moi, qui devrais te retenir, c'est moi qui te dis : Viens.

— Vous avez raison, monsieur Hutin... Je vous suis.

— Ah misère ! travaillez donc toute votre vie — honnêtement pour en arriver là !... Ayez donc des enfants...

A cette phrase, Charles releva la tête.

— Oh ! oui ! allez, monsieur Hutin, c'est bon d'avoir des enfants !

Hutin regarda Charles avec stupéfaction et se contenta de hausser les épaules.

III

GAIETÉS DE CROQUE-MORT

Malgré l'horreur du crime qui venait de lui être raconté et en accompagnant à cette heure matinale le père Hutin à la Préfecture de police, Charles se trouvait plus gai, plus léger. Enfin il avait donc l'explication de ce crime monstrueux qui avait bouleversé sa vie. On allait donc connaître la vérité. C'est alors qu'il serait véritablement acquitté.

Avant quelques jours, la vérité serait connue, et il irait demander de l'ouvrage au boucher chez lequel il avait été étalier le plus longtemps. C'était un bon et honnête homme, qui comprendrait aussitôt le motif qui le faisait agir et le reprendrait, il en était convaincu.

Alors, il pourrait jeter la lugubre livrée qu'il portait et rentrer dans un monde duquel, malgré lui, à cause de son métier, il se croyait isolé.

C'était le malheur du pauvre père Hutin qui faisait son bonheur à lui. Hélas ! c'est ainsi trop souvent dans la vie : le malheur de l'un fait le bonheur de l'autre.

Il allait, perdant sa journée, risquer de perdre sa place, et c'est gaiement qu'il envisageait la chose. S'il avait eu un peu d'argent, il n'aurait pas hésité ; le jour même il aurait envoyé ses gros vêtements et sa démission à l'administration. Il se faisait une fête, le jour où il irait à l'hôpital voir sa femme, de s'y rendre vêtu de sa grande blouse de boucher, de lui dire en lui apportant des fleurs :

— J'ai le bonjour à te donner de la part de M. et Mme X... chez qui je suis rentré.

C'est en entendant cela que sa femme serait heureuse.

Comment le père Hutin pouvait-il dire que les enfants font le malheur de la vie ?

Est-ce que son enfant ressemblait à cette bête fauve ? Son petit chérubin, sa jolie petite fille, sa Charlotte, celle qui déjà n'avait que des baisers pour son père, qui lui tendait les bras en l'appelant :

— Papa Arle...

C'était l'enfant, le véritable enfant, celui pour lequel on vit, pour lequel on travaille, l'ange du foyer, la joie de la maison. C'était à sa Charlotte qu'il devrait le rétablissement de l'avenir.

Cela, Charles en était convaincu, c'est sa fille qui rapprocherait sa femme de lui.

Ils arrivèrent enfin à la Préfecture. On leur dit que les bureaux n'étaient pas ouverts, il était trop tôt. Le gardien demanda pourtant :

— Chez qui alliez-vous ?

Sur la réponse du père Hutin qu'il venait parler d'une

très grave affaire à un des chefs de la sûreté, M. M***, le concierge dit :

— Ah ! lui, il est là... Il vient de rentrer d'une excursion ; si vous voulez me dire votre nom. Vous dites qu'il s'agit d'affaires graves, il vous recevra peut-être...

Le père Hutin ayant écrit son nom sur un bout de papier, le gardien envoya un de ses collègues le porter. Quelques minutes après, ce dernier reparaissait et priait les deux hommes de le suivre. Charles, un peu oppressé en passant sous les voûtes, se remit bientôt : on ne suivait pas le même chemin que lui.

Après avoir monté trois grands étages et suivi un long couloir, le concierge ouvrit une porte et ils s'engagèrent dans un étroit escalier, au bout duquel se trouvait le cabinet du célèbre policier chargé de l'affaire.

Il les reçut à la bonne franquette, leur tendant la main et faisant signe de s'asseoir, il passa deux ou trois fois la main sur son crâne, une caresse au cerveau qui devait travailler et, replaçant bien en équilibre, sur son nez, ses lunettes d'or, il dit à Hutin :

— Eh bien ! mon pauvre père Hutin, est-ce que vous avez trouvé un autre coupable ?

— Hélas ! monsieur, vous savez bien que ce n'est pas possible, puisqu'il reconnaît son crime.

— Ça ne serait pas une raison, cela. Il peut avoir été poussé, dirigé... Je vous ai dit que nous avions trouvé dans sa chambre, très soigneusement cachés, de nombreuses photographies, des portraits de femmes et des obscénités.

— Il avait tous les vices.

— Que venez-vous me dire si matin ?

— Je venais vous dire que nous avons trouvé d'autres victimes. .

— D'autres victimes !

— Oui. D'abord, monsieur qui est avec moi.

Le petit homme clignait de l'œil sous ses lunettes en regardant Charles, et murmurait :

— Mais il me semble que je vous connais.

— Hélas, monsieur ! Si vous ne vous rappelez pas de moi, je me souviens de vous... Je me nomme Charles...

— Oui, Charles Goduret, blanchisseur, rue des Poissonniers. Vous avez eu une vilaine affaire... l'assassinat de la grande Julie... acquitté faute de preuves...

Charles eut un sourire d'amertume en constatant que cet homme, qui connaissait l'affaire à fond, le croyait coupable.

— Vous êtes mêlé à une autre affaire, la tentative d'assassinat du bal de l'Élysée-Ménilmontant sur la femme Goduret. Vous êtes croque-mort maintenant ?

Charles était bouleversé. Il y avait dans l'accent avec lequel on lui parlait un ton si méprisant qu'il était comme écrasé. Le père Hutin dit :

— Eh bien, justement le pauvre garçon...

— Laissez-moi parler, monsieur Hutin... Oui, monsieur, je suis l'homme que vous dites : accusé, jugé et acquitté *faute de preuves*... ainsi que vous l'avez fort judicieusement fait remarquer, monsieur. Eh bien ! monsieur, je viens vous dire que l'assassin de la grande Julie, c'est Adolphe Hutin. En rapprochant ce qui s'est passé alors de ce qui arrive aujourd'hui, en me souvenant d'une certaine scène à laquelle je n'avais attaché aucune importance et qui s'est renouvelée, je viens vous déclarer avec conviction que le coupable pour lequel vous m'avez fait poursuivre, c'était lui... Demandez à M. Hutin...

— Je le crois, monsieur... je le crois.

— Mais c'est très grave, ce que vous dites là, cela repose-t-il au moins sur des preuves ?

— Sur des faits... et ce n'est pas tout, monsieur ; l'auteur de la tentative d'assassinat, que vous cherchez, pour lequel vous m'avez pris quelques heures, j'ai la conviction que c'est encore lui...

— Est-ce qu'il était à ce bal, monsieur Hutin ?

— Oui, monsieur, j'y étais avec lui ; il est parti bien avant moi, je ne l'ai plus revu après l'aventure.

— Ah ! mais tout cela est grave... Voyons, Goduret, sur quoi reposent vos accusations ?

— Voulez-vous me permettre de vous raconter cela bien clairement ? c'est nécessaire.

Charles raconta alors dans tous les détails les différentes scènes que nous connaissons.

Lorsqu'il eut fini, le petit homme à lunettes lui dit :

— Mais, malheureux, vous n'avez jamais parlé de ça dans l'instruction.

— Il n'était pas possible alors que je puisse rattacher cette batterie à l'assassinat, et puis... On est comme fou, comme hébété...

Le policier resta quelques minutes pensif après avoir entendu Charles. Puis revenant à l'affaire, il dit :

— Ainsi, maintenant pour vous, il y a une ressemblance dans ce grand garçon maigre aux allures de clown, que vous avez vu chez son père, et l'homme qui vous a frappé un matin chez vous et l'être tombé sur la table de l'Élysée ?

— Même allure, même mouvement ; je crois bien que c'est le même individu...

— Voyons, je ne me souviens pas très bien de la chambre dans laquelle s'est passé le crime... j'en ai vu quelques-unes depuis...

— Ça se comprend.

— Mais monsieur, dit le père Hutin, faites-le venir et demandez-lui ; il est capable de s'en flatter.

— Encore faut-il que je raisonne avec les probabilités.

Charles se leva et offrit de dessiner la chambre. En quelques coups de crayons il le fit.

— Très bien, je me souviens maintenant : un lit là, un meuble ici, une fenêtre là donnant sur la cour, une autre dans cet angle et par laquelle l'assassin et vous-même vous vous étiez sauvés. Il y avait près de cette fenêtre une échelle. Le saviez-vous ?

— Je ne savais rien. Je n'ai rien à cacher aujourd'hui. Je vous dis la vérité. Surpris presque nu dans ma chambre, nous nous étions sauvés dans celle de la grande Julie.

Heureusement nous avions pris nos vêtements ; nous nous habillions en toute hâte, mais j'étais tremblant ; il me semblait voir les agents rentrer et je dis à la grande Julie :

— On ouvre la porte, nous sommes pincés, voilà les agents.

— Ne crains rien, qu'elle me dit ; mes précautions sont toujours prises. Allons, vite, descends.

Pendant que j'enjambais la fenêtre, elle éteignit la bougie... Voilà tout ce que je sais...

— Il faudrait donc, dit le policier, qu'en ce moment le misérable se trouvât caché dans la chambre, restant muet pendant toute la scène.

— Oh ! il est capable de ça, fit le père Hutin ; il pouvait être caché dans une armoire ou sous le lit. Je me souviens une fois l'avoir vu rester dans un coin de la cave, près d'un trou à rat, une batte à bouchons à la main, pendant sept heures sans bouger. Je lui demandai s'il devenait fou. Il me répondit qu'il avait vu le chat faire ainsi ; il voulait tuer le rat qui avait déchiré un de ses cahiers.

— Il est effrayant ce malheureux, il y a un peu de folie là-dessous.

— C'est ce que j'espère, dit le père Hutin en pleurant.

Alors, Charles comprit pourquoi le père recherchait avec tant d'insistance tout ce qui pouvait paraître de plus insensé dans la conduite de son enfant ; on ne jugerait pas un assassin, mais un irresponsable, un fou, et le père Hutin attachait une grande importance à la distinction.

Le petit homme, après avoir réfléchi quelques minutes, écrivait et traçait des lignes sur le plan dessiné par Charles en disant :

— Il est caché, il entend la scène, les serments d'amour, il voit que la femme qu'il aime est la maîtresse d'une autre, il saisit un couteau... ou il a un couteau.

— Non, ça été assez accablant dans le procès, le couteau. Tous mes anciens couteaux de boucher ont été ficelés dans du papier et placés au bas du placard, qui se trouvait à la tête du lit; on y a retrouvé les autres couteaux.

— Oui, je me souviens, le placard était assez profond...

— Oh! pas très profond, mais assez pour tenir un homme de sa taille.

— Oui... Il aurait été là et, au moment où vous franchissiez la fenêtre, il se serait précipité sur la grande Julie se disposant à partir, et il était très bien placé pour donner les deux coups de couteau.

— Justement... Et dans l'instruction dont vous parlez, vous souvenez-vous, monsieur, comme on me traitait, lorsque je disais : j'étais à la fenêtre... Non, vous étiez derrière elle.

— Eh bien! nous allons éclaircir ça aujourd'hui.

— Comment, dit le père Hutin stupéfait, vous ne pouvez pas le faire venir là et lui dire : Allons, sois franc, est-ce toi qui as fait ça... et ça? Surpris, il ne mentira pas.

— Mais, mon pauvre monsieur Hutin, je n'ai pas ce pouvoir. Je vais raconter au juge d'instruction ce que vous êtes venu me dire ce matin, et c'est lui qui va procéder à l'interrogatoire.

— Et nous ne saurons rien?

— Si, mais demain...

— Demain...

— Eh bien! tenez, père Hutin, il faut justement que nous nous entendions pour les funérailles de cette malheureuse. J'irai vous voir tantôt et vous donner des nouvelles.

— Ah! merci.

Le policier s'était levé, il reconduisait ses visiteurs ; on sentait qu'il n'aimait pas à perdre son temps, il avait affaire et se hâtait. Il serra la main du père Hutin. Charles, qui marchait derrière, n'osait parler; il vint à lui et lui tendant la main :

— Au revoir, monsieur Goduret; ce sera une bonne journée pour vous.

— Ah! oui, monsieur, fit Charles, ne cachant pas l'heureuse impression qu'il venait de ressentir.

Se trouvant dehors, le père Hutin dit :

— Nous allons prendre un verre de vin blanc. Je connais par ici un collègue qui a du Vouvray amusant à boire. Viens.

Il l'entraîna chez un marchand de vin du boulevard, et, étant à table, le vin versé, son confrère étant venu lui parler pour lui demander la vérité sur ce qui s'était passé chez lui, le père Hutin dit franchement ce qu'il espérait, ce qu'avait deviné Charles.

— Mon pauvre vieux, ce que l'on t'a dit ne peut être qu'au-dessous de la vérité... C'est épouvantable, le misérable a commis tous les crimes à la fois.

— Il était fou, mon ami, un fou monomane ; et ce n'est pas tout, aujourd'hui seulement on découvre la vérité. Il agissait inconsciemment comme nous vivons ; mais lorsqu'on l'a arrêté, il riait, il trouvait la posture dans laquelle il avait laissé sa victime très rigolo, c'est son mot, je n'invente rien. Tu comprends qu'il n'y a rien à dire, ni à faire, il n'y a qu'à plaindre...

— Et que crois-tu qu'il arrivera pour lui...

— Pour lui ! Nous venons justement, avec monsieur, de chez M. M... pour en parler. Que veux-tu qu'il arrive ? On va le faire visiter par des médecins ; on reconnaîtra qu'il agit sans discernement, c'est un fou qui tout à coup devient dangereux. On ne peut que l'acquitter et le faire enfermer.

— Et c'est probablement ce qui arrivera, dit Charles en vidant son verre.

— Oui, n'est-ce pas ? interrogeait le père Hutin du regard.

— Ça ne fait rien, disait l'ami, j'aurais jamais cru ça de lui... mais ça vaut mieux pour toi, tout le monde te plaindra.

— Nous te quittons, tu nous verras assez souvent ces

jours-ci, car on ne va pas manquer de nous appeler.
A bientôt.

— Au revoir.

Ils se serrèrent la main et le père Hutin partit avec
Charles.

— Nous rentrons chez nous ?

— Si vous vouliez, monsieur Hutin, nous irions ensemble
jusqu'à l'hôpital.

— Ah! prendre des nouvelles de ta femme... Je veux
bien.

— Nous sommes en train, allons-y jusqu'au bout.

— C'est ça que tu appelles faire la noce ?

— Mais vous dites la vérité en riant. Assurément, on
doit dire, en ne me voyant pas : il fait la noce.

— Oui, oui, nous nous amusons bien ce matin.

— La gaieté de croque-mort, c'est le cas de le dire.

— Où est-elle?

— A Saint-Louis.

— Allongeons le pas, nous y serons bientôt.

Les deux hommes se mirent au pas, passèrent la Seine
et remontèrent la rue Saint-Martin.

IV

A L'HOPITAL

Lorsqu'ils arrivèrent à l'hôpital Saint-Louis, les portes
étaient fermées. Charles essaya, comme la première fois,
de passer malgré l'heure en disant que sa femme était à
la pistole, c'est-à-dire dans une chambre à part. Le gardien regarda dans son livre et dit qu'il se trompait. La

personne qu'il demandait avait été deux jours dans une chambre à part, puis on la lui avait fait quitter.

Il demanda si celle qu'il cherchait était définitivement sortie de l'hospice ; on lui répondit qu'on l'ignorait, il ne pourrait avoir ces renseignements qu'à la Préfecture. C'est la Préfecture qui payait sa chambre, qui la veillait et qui l'avait fait partir... ou changer...

— Ainsi, conclut Charles tout déconfit, je ne puis rien savoir... S'il lui est arrivé malheur, si elle est sortie, si elle est ici...

— Je vous demande pardon. Vous pouvez savoir cela, seulement ce n'est pas l'heure. A cette heure-ci, vous venez pour visiter une personne placée à la pistole que vous pouviez voir à toute heure... A ça, je vous réponds : cette personne n'est plus là ; donc, vous ne pouvez pas entrer. Maintenant je comprends votre tourment et je vais vous dire ce que vous demandez, mais je ne devrais vous le dire qu'à midi. D'abord, la personne allait assez bien, elle a été transférée pour une raison subite... où ? je vais voir sur notre répertoire si elle y est... Son nom ?

— Madame Goduret (Aline), blanchisseuse.

Le gardien chercha longtemps...

— Je vois Godiret... c'est du même jour.

— Ça doit être ça. On a mal écrit le nom. Elle est ici...

— Voilà ! salle Sainte-Marthe... En revenant tantôt vous la verrez.

— Merci, monsieur. Merci...

Quand il parut au dehors, le père Hutin, qui s'impatientait, lui dit :

— Eh bien ! qu'est-ce qu'il y a donc ? Tu y as mis le temps.

— Et pour rien. Il paraît qu'elle est comme les autres, dans une salle commune, et que je ne pourrai la voir que cette après-midi.

— Et tu n'as pas de nouvelles ?...

— Non, quoique l'on m'ait dit qu'elle allait la même chose... C'est ennuyeux, ça...

Après avoir réfléchi quelques minutes, le père Hutin dit :

— Sais-tu ce que nous devrions faire ? Puisque c'est dimanche, que tu es plus tranquille ; que moi je trouve encore une consolation dans mon malheur, à savoir que j'ai pour fils un fou et non un assassin, et qu'il faut passer le temps, nous pouvons bien nous donner une petite noce... Vois-tu, là-bas, tant que tout ne sera pas mis en ordre, nettoyé, repeint, je ne mangerai pas de bon appétit, surtout les volets fermés.

— Je comprends ça.

— Eh bien, Charles, nous ne sommes pas en peine de trouver par ici un bon marchand de vin, où nous ferons faire à déjeuner, et, le verre en main, nous attendrons l'heure de la visite.

— Ça va, père Hutin...

Ils se rendirent chez un mastroquet connu du bonhomme.

— Hutin, ah ! mon pauvre vieux, depuis deux jours, nous ne parlons que de toi, quel malheur... c'est épouvantable... Je le croyais un si bon sujet...

L'éternelle histoire du matin recommença. Hutin y mit fin cependant en disant :

— Est-ce que ta femme est là ?

— Oui. Elle s'habille. Pourquoi ?

— Parce que nous voulons manger avec mon ami, et je voudrais un bon déjeuner...

— Compris, compris, mais je déjeune avec vous...

— Entendu.

— Nous nous mettrons dans le cabinet, nous serons mieux... J'ai reçu du Bourgueil la semaine passée, tu goûteras ça... Je dis : Tu goûteras... mais je veux dire : Nous goûterons. C'est que c'est un vieil ami et un malin qui s'y connaît...

Puis, s'adressant au garçon, le gros homme alerte dit :

— Baptiste, occupez-vous du comptoir... Faites mettre trois couverts dans le cabinet...

Et, allant au pied de l'escalier en colimaçon qui se perdait dans le plafond, il se mit à crier :

— Fidéline ! Fidéline...

On demanda ce qu'on voulait... Il répondit :

— J'ai besoin de toi bien vite, ma bichette... Es-tu prête ?...

— Oui, tout de suite...

— C'est Hutin qui veut que tu lui fasses à déjeuner.

Au nom de Hutin, une porte s'était ouverte et une voix de femme avait demandé :

— Monsieur Hutin, c'est vrai l'affaire de chez vous?...

— Hélas! oui, madame Jouvet.

— Je descends tout de suite... vous allez me raconter ça...

— Mais tu sais, il veut déjeuner.

— Je descends.

— Dites donc, mes enfants, entrons toujours dans le cabinet pour être à notre aise ; nous allons boire un verre de vin blanc ; je vais vous chercher ça moi-même, entrez.

Il leur ouvrit la porte du cabinet placé dans un angle de la boutique et il se dirigea vers la cave.

Charles, insouciant, faisait ce qu'on voulait. Assuré que sa femme n'allait pas plus mal, il se demandait cependant pourquoi on l'avait placée dans une salle commune; il s'étonnait qu'Aline y eût consenti. Cela était-il nécessaire ? C'est bien improbable ; enfin, il ne fallait que quelques heures de patience, et il la verrait, sa chère Sang-Brûlé. Il lui dirait tout ce qu'il savait depuis la veille.

Tout à coup deux individus, un homme et une femme, entrèrent dans la boutique; Charles les reconnut; c'était Polyte et Zoé. Si ces gens allaient venir lui parler, il en était épouvanté!...

Il ne se remit qu'en voyant le marchand de vin reparaître tenant précieusement deux bouteilles couvertes des lèpres de la vieillesse de cave.

— Mes enfants, j'en ai monté deux, afin que nous ayons

de quoi y goûter Vous m'en direz des nouvelles. Ma
femme est-elle descendue ?

— Non, monsieur.

— Ah ! sacrédié... Quand déjeunerons-nous ?

Et il retourna au bas de l'escalier crier :

— Fidéline... Fidéline... tu te friseras demain.

L'escalier commença à gémir sous un pas pesant. Jouvet était retourné près de ses amis, avait rempli les verres,
en avait pris un par le pied et après avoir secoué le liquide
pour renifler bruyamment son bouquet, il en avait jeté
toute une gorgée dans sa bouche et la roulait sur son palais avant de l'avaler. Alors il reprit son verre et le vida
d'un trait, puis l'œil béat, l'air satisfait, heureux, ayant
fait claquer sa langue, il exhala :

— Ah ! mes enfants, quelle crème ! je vous défie de
trouver ça nulle part.

Mme Fidéline Jouvet apparut ; c'était une grosse femme
à l'air gai, qui semblait répandre autour d'elle la santé
dont elle débordait ; les manches retroussées, elle s'adressa
à Hutin en disant :

— C'est pour vous le déjeuner ?

— Nous trois, madame Jouvet.

— A la bonne heure...

La grasse marchande de vin était entrée dans le cabinet, assise sur une chaise... de laquelle ses... jupes débor-
daient ; elle interrogeait le père Hutin :

— Ainsi, monsieur Hutin, cette abomination est vraie ?
Pour une bonne qu'il voulait avoir, il n'a pas reculé devant
un crime.

— C'est atroce, madame... Mais, je vous en prie, ne
parlons plus de ça.

Fidéline se leva quand son mari lui dit :

— Bichette, nous mourons de faim, sers-nous le déjeuner froid ; nous causerons à notre aise de tout cela.

— C'est ça. Qu'est-ce que vous voulez manger ?

— Ce que vous voudrez, madame Fidéline.

La dame Jouvet se rendit à la cuisine, les amis trinquèrent de nouveau.

— A la santé les enfants, dit Jouvet; du moment où elle est aux fourneaux, cela ne durera pas longtemps.

Ils prirent chacun leur place, Charles s'appliquant à tourner le dos à la boutique, afin de ne pas être vu; à chaque instant, la tête de Polyte paraissait par-dessus la rampe de l'escalier, et il l'entendait crier :

— Ah ça! garçon, sert-on? Pour quand? Nous ne sommes pas là pour compter les clous de votre parquet.

— On vous sert, monsieur, on vous sert.

— Tant mieux et vite.

La voix de Polyte le faisait tressaillir. Par quel hasard cet ami, qu'il désirait ne jamais revoir, se trouvait-il là ? Ce n'était pas le quartier qu'il fréquentait ordinairement.

Certainement, le jour où Charles avait rencontré Polyte à La Villette, il était moins sévère. C'est qu'alors il avait le ventre vide et l'estomac creux; c'est qu'il ne savait pas s'il allait se passer de déjeuner et de dîner. Pour manger, ce jour-là, il eût été prêt à tout, il eût accepté n'importe quel métier, si bas, si vil qu'il fût.

Il était misérable et c'était l'autre misérable qui était venu à lui, il avait accepté sa main... Polyte avait été au-devant des désirs de son ami, il avait deviné qu'il n'avait pas mangé, et lui avait offert à déjeuner, il l'avait invité.

Sans cette rencontre, que devenait-il, sans argent et sans déjeuner? Il ne savait que faire, il ne pouvait sortir de l'impasse où il succombait. C'est Polyte qui l'avait sauvé. Est-ce que ça n'était pas à Polyte, par le dégoût que la vie de celui-ci lui avait inspiré, que Charles devait être revenu au bien ? C'est par lui toujours qu'il avait mangé le jour où il avait faim. Alors il n'avait pas regardé d'où lui venait le pain qu'on lui donnait à manger... Et c'était ainsi qu'il reconnaissait le bienfait, il rougissait des amis et tournait la tête pour n'être pas vu d'eux.

Le couvert avait été mis prestement dans le cabinet,

on servait le hors-d'œuvre. Quand Charles ayant bien
observé la disposition de la salle, et la ligne qu'on devait
suivre pour le voir en descendant de l'escalier, se mit à
table, il dit :

— Vous savez, je suis susceptible, comme si je relevais
de maladie, le moindre courant d'air me flanque un
rhume ou une bronchite. Permettez-moi de choisir ma
place.

— Placez-vous donc où vous voudrez.

Charles était à peine en place qu'il entendit la voix
de son ami.

— Garçon, mais dépêchez-vous donc; nous n'en fini·
rons pas.

— Voilà, voilà, monsieur.

Le déjeuner s'achevait toujours très perplexe pour
Charles, à un point que le père Hutin lui dit deux fois :

— Mais qu'est-ce que tu as donc ? t'as la fièvre ?

— Non... non, ce n'est rien.

Les trois convives se léchaient gloutonnement les lèvres
du parfait déjeuner que leur préparait Mme Jouvet. Le
repas s'avançait et Mme Jouvet, tout en sueur, était venue
recevoir les félicitations de ses convives.

Charles, enfin, allait pouvoir manger à son aise. Lui
seul n'avait pas éprouvé la satisfaction gourmande des
autres convives, et Mme Jouvet s'en plaignait.

— Vous ne dites rien, monsieur.

— Madame, c'est admirable, fit-il vivement. Jamais je
ne me suis si bien régalé.

— A la bonne heure.

Charles avait peu mangé, mais il se rattrapa en quelques minutes.

Le déjeuner s'achevait ; et Charles dit :

— Si vous voulez, monsieur Hutin, voici l'heure de la
visite, je vous retrouverai ici... Voulez-vous ?

Le père Hutin n'était pas absolument ravi d'aller faire
sa digestion dans une chambre d'hôpital, et, pouvant
l'éviter, il répondit aussitôt :

— Ma foi, mon garçon, si tu me promets de ne pas être long, je ne demande que ça... Je vais jouer le déjeuner au piquet avec Jouvet, en t'attendant.

— Ça va !

— Eh bien ! attendez-moi. Je ne serai pas plus d'une petite demi-heure.

— C'est convenu. Nous t'attendons.

A mesure que le temps s'écoulait, Charles devenait plus inquiet, il se reprochait presque de rester là à s'amuser, quand déjà peut-être le public pouvait entrer à l'hôpital. Il pensait que la Sang-Brûlé ne manquerait pas de remarquer le peu d'empressement qu'il mettait à la venir voir.

Il se hâta donc de se diriger vers l'hôpital, acheta quelques oranges, en bourra ses poches, et marcha vivement, après l'inspection rapide de l'entrée, jusqu'à] la salle Sainte-Marthe.

Il entra dans la salle en trébuchant, se sentant mal à l'aise : une impression contre laquelle il aurait dû cependant réagir ; son lugubre métier devait l'avoir apprivoisé. Point. La mort ne le touchait plus, le cadavre de l'indifférent ne le troublait en rien ; mais la douleur, la souffrance le touchaient vivement.

Il marchait le nez en l'air, cherchant à lire le nom sur les pancartes qui se trouvaient en tête des lits.

Tout à coup il sentit qu'on lui sautait au col, on l'embrassait et une voix pleine de sanglots s'écriait :

— N'allez pas plus loin... n'avancez pas. Elle meurt et c'est atroce.

Le coup fut épouvantable pour Charles. Ainsi la Sang-Brûlé mourait pendant qu'il s'amusait au cabaret ! Il était devenu livide, et pour ne pas tomber il s'appuyait sur l'épaule de celle qui s'était si sympathiquement élancée au-devant de lui... Il la regardait comme hébété sans la reconnaître, répétant :

— Morte... morte... où est-elle ?...

— Elle est perdue... elle se meurt...

Charles relevait la tête, et se remettait insensiblement,

et, voyant devant lui Polyte qui lui tendait la main en
disant :

— Ah ! mon pauvre ami... Il faut en prendre son parti,
on n'est pas éternel... Elle est perdue. Nous n'étions pas
contents de ne pas te voir là... on disait. Cette pauvre
Louise... seule...

— Mais vous êtes venu, Charles, c'est bien !

On eût pu croire, en voyant la physionomie de Charles,
qu'il sortait d'un mauvais cauchemar ; il répétait les derniers mots qu'on lui disait :

— De me voir... elle est perdue, Pauvre Louise... c'est
bien...

Enfin il put dire :

— Mais vous me parlez de Louise... qui est ici, qui se
meurt au...

Il montra le lit le plus voisin, dans lequel une femme
déjà raidie agonisait dans les affres de la mort. Son râle
s'éteignait. Une sœur de charité était penchée sur elle.

Charles fut pris d'un tremblement et détourna la tête.
Puis, songeant qu'il était dans la salle où devait se trouver
sa femme, que celle-ci pouvait le voir avec ces gens, il fut
pris de panique et, sans dire un mot, se sauva en repoussant tout le monde.

Polyte et Zoé, stupéfaits, dirent avec tristesse :

— Ah ! le pauvre garçon, il devient fou... il l'aimait
tant.

Charles courait, bousculant tout devant lui, voulant
échapper à l'affreux spectacle qui venait de lui frapper
les yeux, voulant respirer un peu, car ses poumons
étaient encore oppressés par la peur qu'il avait eue, lorsqu'il avait cru que la femme qui se jetait à son cou en
pleurant lui annonçait la mort de sa femme.

Il semblait si égaré, et paraissait si peu savoir où il
allait que les gens le regardaient et qu'on le signala aux
gardiens, d'autres coururent à la porte prévenir. On
croyait que c'était un malade atteint de fièvre chaude qui
se sauvait.

Arrivé à la sortie, deux gardiens l'arrêtèrent et le firent rentrer au bureau. Un peu surpris, mais se remettant, il demanda ce qu'on lui voulait.

— D'où venez-vous?

— Moi, je viens de visiter une malade salle Sainte-Marthe.

— Vous n'êtes pas d'ici?

— Moi...

— Vous avez une allure si singulière. Vous vous sauvez, bousculant tout le monde, criant tout haut, ayant l'air hagard.

— Oui, vous croyez voir en moi un malade qui se sauve; peut-être cela vaudrait-il mieux, monsieur. Non, je suis moi-même honteux de ma faiblesse, j'allais dans la salle Sainte-Marthe, cherchant ma femme, qu'on m'avait dit y être couchée, lorsque tout à coup mes amis me montrèrent une malheureuse femme que j'ai connue et qui se meurt. Cela m'a donné un tel coup, a produit sur moi un tel bouleversement, que j'ai perdu la tête et me suis sauvé, ma foi, sans savoir où j'allais.

— Salle Sainte-Marthe, dit un des gardiens, une femme âgée de vingt-quatre ans, lit 34... une angine couenneuse qui dure depuis quatre jours... Ça va être effrayant, ça, tout le temps de la visite; mais ce n'est pas le 34 que vous veniez voir...

— Non, monsieur.

— C'est curieux, fit l'autre gardien en le regardant, vous dites que vous n'êtes pas d'ici, et il me semble que je vous ai vu...

— Monsieur, vous m'avez vu il y a huit jours aujourd'hui, je venais voir ma femme, qui avait été amenée ici la nuit, blessée, et c'est le juge qui m'interrogeait.

— Ah! oui, oui... la tentative d'assassinat de la rue Ménilmontant.

— Oui, monsieur... et je venais aujourd'hui la voir.

— Mais elle n'est plus ici, elle est partie trois jours après — pas guérie, mais allant mieux — elle a reçu une

lettre, et a voulu partir aussitôt. Ça a fait assez d'affaires ;
il fallait l'autorisation du commissaire...

— Comment, elle n'est plus ici?... Mais en entrant, j'ai
demandé...

— Et on vous a dit qu'elle était salle Sainte-Marthe...
On s'est trompé, et je vous le garantis, car c'est moi qui
l'ai aidée à monter en voiture.

— Mais elle allait mieux?...

— Oh! oui, elle allait bien mieux, ce n'était qu'une
affaire de quelques jours.

Charles n'entendait pas, sa femme allait bien, elle
n'était plus à l'hospice, tout cela était bon à apprendre,
et se trouvant un peu remis de ses émotions, il demanda :

— Savez-vous son adresse?

— Mais, puisque c'est votre femme, vous devez savoir
ça... Il faut demander ça chez le commissaire. Seulement,
c'est dimanche aujourd'hui, et vous ne trouverez personne.

— Mais je sais qu'elle se porte bien, c'est le principal.

Un des employés de l'hospice entrait dans le bureau et
parla bas au gardien, qui aussitôt prit une clef et la lui
remit. Puis, se tournant vers Charles, il lui dit :

— Eh bien, le 34 que vous venez de voir... c'est pour
elle.

— Pour elle... Quoi? fit Charles terrifié sentant un
froid se glisser jusque dans ses moelles.

— C'est fini... On la descend à l'amphithéâtre...

— Oh! c'est épouvantable ça! et le malheureux, prenant sa tête dans ses mains, se précipita au dehors.

Il arriva bientôt chez le marchand de vin. Il était
essoufflé et s'affaissa sur un tabouret dans le cabinet.
Mais ni Hutin ni Jouvet ne remarquèrent son état, tout à
leur partie de piquet... Jouvet, tapant pour jouer, criait :

— Quatorze de cocottes et trois boutons de guêtre —
dix-sept...

V

OUBLIÉ

Charles, en voyant l'état d'ébriété dans lequel se trouvaient les deux marchands de vin, se sentit mal à l'aise. Il était triste, cette gaieté d'ivresse le gênait, et il sentait que, même en se forçant à boire, il ne pourrait se mettre à l'unisson avec les deux hommes ; il boirait, il ne se griserait pas, il se rendrait malade.

Aussi, ayant raconté rapidement à Hutin que sa femme avait été transportée à l'hôpital de la Pitié, c'est-à-dire très loin ; que pour la voir il n'avait pas une minute à perdre, il les quitta et sortit.

Il eût cent fois préféré que sa femme fût à la Pitié, il eut été certain de la retrouver tout de suite ; mais, après être descendu jusqu'au canal, il se demanda ce qu'il allait faire. Il ignorait la demeure de sa femme. Comme celle-ci connaissait son adresse, si, en partant rapidement de l'hospice, elle ne lui avait pas écrit, c'est qu'elle ne voulait pas le revoir.

Il se trouvait comme autrefois, oublié, abandonné. Il travaillait cependant. Non, ce n'était pas possible, il ne pouvait plus désormais se passer de voir sa femme et son enfant. Instinctivement il remonta vers la Chapelle, il se rendit où il avait été une fois pour sa femme. On lui dit qu'on ne savait pas ce qu'elle était devenue ; on ne l'avait plus revue.

Alors, attristé, lugubre, se retenant à peine de pleurer dans la rue, le malheureux garçon regagna son gîte, espérant qu'il y trouverait une lettre. Il ne trouva rien.

Et il passa une affreuse journée, sans cesse hanté par le souvenir de la pauvre fille qu'il avait revue agonisante à l'hôpital.

Poursuivi par ses chagrins et ses tristesses, il ne sortit que pour aller hâtivement dîner, et remonta chez lui se coucher. Une triste nuit, sans sommeil, qui lui parut interminable. Tous les beaux rêves qu'il avait faits après avoir retrouvé sa femme et embrassé son enfant, s'envolaient. Sa femme n'était pas encore revenue à lui, et il ne savait pas quand il pourrait revoir sa fille, entendre encore son délicieux babillage.

Il rêvait de reprendre son état; mais il était presque sans argent et se trouvait forcé de travailler jusqu'à la fin du mois pour toucher ses appointements. Il fallait vivre et, de plus, ne pas paraître malheureux en allant demander de l'ouvrage.

Il se résigna; il serait croque-mort jusqu'au bout du mois, et le matin, de bonne heure, il se rendit à son service pour prendre les ordres; il retrouva ses camarades, et le chef lui dit sèchement :

— Pour une fois, monsieur, ça passe; mais, si ça se renouvelait, vous n'auriez pas besoin de revenir... Vous voyez, vous aviez déjà un remplaçant.

Tout rouge de la réprimande et de la menace, Charles dit :

— Monsieur, croyez bien que ce n'est pas pour m'amuser. C'est une grave affaire, une affaire de famille.

— Ceci ne me regarde pas; il faut faire comme tout le monde...

— Je ne sais pas ce qu'il y a à faire, monsieur.

— C'est bien simple : vous deviez me prévenir, ou tout au moins, si vous n'en avez pas eu le temps, vous faire remplacer par un de vos camarades.

— Monsieur, à l'avenir, je le ferai.

Charles s'informait parce qu'il se doutait que dans deux ou trois jours de là on allait le faire appeler au Palais de justice pour le confronter avec le jeune Adolphe; il ne voulait pas y manquer. D'un autre côté, il ne pouvait espérer reprendre sa situation, dans son état, que lorsque les faits seraient officiellement connus. Ce serait long et, plus que jamais, il devait garder sa place pour vivre.

Il passa encore sa journée en caressant l'espoir qu'il trouverait des nouvelles chez lui. Au rendez-vous qu'il avait donné à la nourrice, celle-ci s'était bien gardée de venir, et sans se lasser, dix fois, il était retourné pour la voir. Ce jour-là, il espérait encore que peut-être la nourrice viendrait, ne serait-ce que seule. Las de la journée, quand il sortit de la mairie, il ne vit rien.

C'est le cœur gros qu'il rentra chez lui, où il trouva une citation à comparaître peur le lendemain. Il se remit un peu en songeant à l'importance de la citation.

Le jour étant arrivé, il se fit remplacer, afin d'éviter les reproches qu'il avait reçus une première fois, et se rendit au Palais de justice, ne pouvant éviter l'impression qu'il ressentait chaque fois qu'il passait sous ces voûtes, qu'il s'engageait dans ces longues galeries. Lorsqu'il avait été conduit au Palais de justice, lors de l'affaire de la grande Julie, il ne suivait pas le même chemin ; c'est par les couloirs intérieurs du Palais que les gardes le conduisaient jusqu'au cabinet du juge d'instruction.

En arrivant dans la longue galerie, il espérait n'être pas seul appelé pour l'affaire. Sa femme se trouvant rétablie, il était tout naturel, et il lui paraissait probable qu'elle était également citée, et il conservait l'espoir de se trouver avec elle. Il regarda dans la grande galerie, sans voir une tête de connaissance. Ayant montré sa citation, on l'envoya tout au bout. Là, le garçon de bureau prit sa feuille, la porta dans un des cabinets et revint aussitôt pour appeler Charles et le conduire.

Tenant sa casquette à la main, Charles restait devant

le bureau du juge — un bureau devant chaque côté duquel un homme se trouvait placé, dont on devinait facilement à la mise la condition — l'un, le greffier; l'autre, le juge.

Le juge regarda Charles et lui demanda ses nom et prénoms, puis se levant et allant s'accouder à la cheminée, se plaçant ainsi tout à fait devant Goduret, il lui dit :

— Il y a quelques années, vous étiez accusé du meurtre de la veuve Marin Julie... votre belle-mère...

— Oui, monsieur, accusé à faux.

— Cette Julie était votre maîtresse...

Charles se contenta d'un signe de tête affirmatif.

— Vous avez été jugé et acquitté... mais votre acquittement paraît une faveur.

— Monsieur, je...

— Mon ami, j'établis un fait... je sais pertinemment, ce qui est la meilleure preuve que je puisse donner de ce que je vous dis, que vous-même cherchez depuis ce jour le vrai coupable.

Charles ne protesta pas, le rôle qu'on lui donnait lui plut, et dans son cerveau poussa cette idée qu'aux remarques qui lui seraient faites sur certaines personnes avec lesquelles il avait vécu, il pourrait répondre.

— Je voyais ce monde-là, au risque de passer pour ce que je ne suis pas, parce que je m'étais juré que je trouverais l'assassin de la grande Julie.

Le juge d'instruction reprit :

— Ainsi, voici ce que vous avez déclaré à M. M...

Et s'adressant au greffier :

— Lisez le rapport.

Le greffier lut le récit de l'entretien que Charles et le père Hutin avaient eu le dimanche matin avec un des chefs de la police de sûreté. Quand il eut terminé, le juge demanda à Charles :

— Est-ce bien là ce que vous avez déclaré ?

— Absolument, monsieur.

— C'est bien. Veuillez signer cette feuille.

Charles obéit. Puis, le juge, ayant repris sa place, sonna.

Le garçon de bureau paraissant, il lui dit :

— Dites au garde d'amener l'inculpé.

Quelques minutes après, Adolphe paraissait entre deux gendarmes. L'idiot avait l'air gai ; il paraissait joyeux des allées et venues qu'on lui faisait faire depuis le matin. En voyant Charles, il ne parut pas surpris et lui sourit.

Le juge d'instruction ayant lu sur un coin du rapport (très dangereux) commanda aux gardes de rester et de veiller sur l'inculpé.

Puis, s'adressant à Adolphe, il lui dit :

— Il y a trois ans, ne connaissiez-vous pas une blanchisseuse, la veuve Marin, appelée plus communément la grande Julie ?

— Oui, monsieur.

— Vous la connaissiez intimement ?

— Oui, monsieur.

— Comment l'avez-vous connue ?

— Elle venait souvent chez mon père, elle buvait un verre, quelquefois elle m'offrait de boire avec elle, elle me caressait la figure et me faisait souvent l'embrasser. Un jour que l'on ne travaillait pas à l'atelier, elle me dit tout bas : Viens, et elle dit à mon père : Envoyez donc un litre à l'atelier. Elle partit en me faisant signe. J'allais presque derrière elle. Il n'y avait personne dans l'atelier. J'entendis qu'elle m'appelait dans l'escalier, je montais et lorsque j'entrai dans sa chambre, elle ferma la porte et me prit dans ses bras, m'embrassa en me disant :

— M'aimerais-tu ?

— Oh oui ! que je lui dis, et c'était vrai ; j'étais comme fou ; mais j'avais peur, elle m'attira vers elle... et..

Le magistrat, craignant un récit trop détaillé, coupa court en disant :

— Et c'est elle qui vous avait fait apporter cette échelle ?

— Oui, monsieur, à dater du jour où j'eus des relations suivies avec Julie, elle convint avec moi que tous les soirs elle laisserait la porte de l'atelier fermée seulement au pène. Ainsi, je pouvais monter et passer une demi-heure avec elle.

— Mais, cette porte n'était pas toujours ouverte?...

— Ah! je sais ce que vous voulez dire, fit Adolphe en riant niaisement et en regardant Charles bouleversé. On disait dans le quartier que Julie avait été surprise couchée avec Goduret, et en la voyant je m'étais fâché avec elle, en disant que si elle en connaissait un autre que moi je la tuerais. Elle m'avait répondu que puisque j'étais méchant, elle ne me recevrait plus. Un matin je suis revenu tout de même, elle avait fermé sa porte. Je frappais avec un bâton à ses carreaux, la porte s'ouvrit, j'entrai. Tout à coup, je vis un homme devant moi. C'était Goduret. Je sautai dessus et je crois que je lui ai bien fait son affaire... Un coup de poing, que j'ai appris chez Vigneron, entre les deux yeux; en fouettant bien, on devrait tuer son homme net... mais je ne suis pas encore assez fort et je manque de détente... Il doit s'en souvenir.

Et Adolphe éclatait de rire devant le juge stupéfait et Charles terrifié.

— C'était bien vous l'auteur de cette aventure. Mais, puisque vous rentriez par la porte, à quoi servait l'échelle?

— Pour partir... Quelquefois j'étais en retard.

Il y eut un silence de quelques minutes pendant lequel le greffier se pressait d'écrire et que le juge employait à observer le misérable. Il reprit brusquement:

— Qui a tué la grande Julie?

— C'est moi, monsieur, fit vivement Adolphe en se redressant, et j'avais prévenu Julie. Je lui avais dit la veille: Si tu revois cet homme, je te tuerai...

A cet aveu farouche, les assistants tressaillirent.

— Comment étiez-vous là?... Comment cela s'est-il passé?

— J'étais sur le devant de la boutique lorsque je vois passer la Sang-Brûlé; je la reconnais et je la suis en la voyant entrer chez elle. J'étais dans la cour, j'entendais les cris, mais ne pouvais rien voir. Alors je grimpe par l'échelle dans la chambre de Julie. A travers la porte, j'entends tout... J'étais prêt à ouvrir et à sauter sur elle pour l'étrangler, en apprenant qu'elle venait encore d'être surprise couchée avec cet homme-là... J'entends qu'on montait l'escalier, puis qu'on va entrer dans la chambre. Je me cache dans un placard que je connaissais derrière le lit. En entrant, je sens sous mes pieds un paquet gênant, je veux le retirer et je m'aperçois que c'étaient les couteaux du boucher.

J'en prends un, décidé à les tuer tous les deux. Ils entrent. Je les guette, attendant qu'ils éteignent leur bougie. Ça n'a pas été long.

Je sors mon couteau à la main, derrière Julie, je lui ai penché la tête en lui appliquant la main sur la bouche et j'ai enfoncé mon couteau dans le cou. Je le retire, elle se débattait encore; alors je le lui enfonçais une seconde fois dans le cœur... Là, je la sentis me glisser des mains. Je cherchais l'autre... et ne voyant personne, entendant qu'on secouait la porte, je courus à la fenêtre, l'échelle était placée, je me suis laissé glisser en dessous par les mains, comme je faisais toujours pour n'être pas vu et suis rentré me coucher.

Adolphe racontait la scène tranquillement, presque gaiement, joignant les gestes à la parole et sans paraître s'apercevoir de l'effroi qu'il produisait.

— Mais, malheureux, vous aimiez cette femme !

— Non... fit-il en haussant les épaules.

— Vous n'avez pas de remords au souvenir de ce crime ?

— Oh! non... dit l'idiot dont les yeux brillèrent; c'est bon de tuer... Si on n'était venu, j'aurais voulu rester avec elle et la voir morte.

— Oh !

— C'est épouvantable! fit le juge. Finissons-en vite... pour aujourd'hui, c'est assez. Vous étiez à l'Elysée-Ménilmontant, il y a une quinzaine de jours, à la fête des Enfants du Lavoir?

— Oui, monsieur, fit gaiement Adolphe.

— Là encore vous avez tenté de tuer Mme Goduret ?

— Oui, monsieur... et j'ai encore essayé mon coup de poing sur lui...

— Pourquoi vouliez-vous tuer cette femme?

— Parce qu'elle est belle, que depuis longtemps je la désire et que je voulais l'avoir...

— Mais vous saviez qu'elle était mariée...

— Depuis longtemps elle ne l'est plus, et c'est parce qu'il revenait que je voulais empêcher leur raccommodement. J'aurais voulu le tuer, lui... Elle, elle m'a frappé quand j'ai voulu prendre ses jupes... Si j'avais eu un bon couteau, j'aurais réussi, allez...

Il paraissait que c'était plus que les assistants n'en pouvaient entendre.

Le juge d'instruction eut comme un frisson et dit au greffier :

— Lisez... Ecoutez, vous.

Le greffier lut.

Adolphe souriait.

Charles sentait perler sur son front de grosses gouttes de sueur.

Le juge, observant le misérable, se demandait dans quel genre de folie il fallait classer ce hideux phénomène.

— C'est bien ça, fit Adolphe, après la lecture. Donnez-moi une plume, je vais signer.

Et il signa.

Sur un geste du juge, les gendarmes l'emmenèrent.

Il allait franchir la porte lorsqu'il se retourna et, regardant bien en face Charles, il lui dit :

— Toi aussi, je te tuerai... le croqué-mort... tu entends ? Je te tuerai parce que tu as toutes les femmes que j'aime.

Les gendarmes empoignèrent vigoureusement Adolphe, et l'entraînèrent hors du cabinet. Le misérable était arrêté et dans l'impossibilité de rien faire contre celui qu'il menaçait; il paraissait chétif, il était fort et adroit, et son adresse lui venait du goût qu'il avait pour la gymnastique, la seule chose qu'il avait apprise à l'école, puis chez Vigneron la savate et la boxe. Mais, Charles aussi était fort; il avait la même adresse et même force en plus. Cependant il devint livide en entendant la menace du jeune bandit.

C'est que Charles savait qu'Adolphe était capable de tout; qu'il ne reculerait devant rien; c'était un inconscient qui n'estimait pas plus la vie d'un homme que celle d'un chien, qui prenait plaisir à voir souffrir.

Cet homme était capable de tout, et, en l'entendant, Charles avait senti un frisson courir dans son sang.

Il restait dans le cabinet du juge la tête basse. Le juge d'instruction lui dit :

— Signez à votre tour, monsieur.. Vous avez entendu...

Il signa.

— On vous rappellera probablement dans quelques jours ..

Charles se retira sans dire un mot, toujours sous l'impression de la menace d'Adolphe, et, terrifié, il se dirigea vers son logis.

Le juge paraissait tout bouleversé et, en signant à son tour l'interrogatoire, il disait :

— Il faut que des médecins voient ce monstre... je suis épouvanté.

Charles, en arrivant chez lui, était triste, son concierge l'appela et lui dit qu'une jeune dame était venue le demander.

— Ah! merci, fit-il souriant au portier; qu'avez-vous dit?

— Qu'il était probable que vous rentreriez tôt, car vous n'avez pas été travailler aujourd'hui, et elle devait revenir tantôt... à peu près maintenant.

— C'est tout ce qu'elle vous a demandé?

Le concierge se mit à rire et répondit :

— Ma foi, je peux bien vous dire ça... Elle m'a demandé si vous viviez seul, si vous aviez une maîtresse, si

vous receviez des femmes. Vous pensez ce que j'ai dit...
C'est la vérité, du reste.

— C'est elle, c'est elle ! fit joyeusement Charles en constatant l'ombrageuse jalousie de sa femme... Je monte vite
mettre ma chambre en ordre... et l'attendre.

Tout fut oublié en quelques minutes, misère, tourments,
tracas. Le malheureux, oppressé depuis deux ou trois
jours, sentait ses poumons se gonfler dans sa poitrine, la
vie lui revenait, il respirait librement

S'il ne s'était retenu en montant l'escalier, il aurait
chanté. Enfin il allait donc revoir son Aline, sa Sang-
Brûlé... il allait la revoir chez lui, dans sa chambre. C'est-
à-dire qu'il pourrait lui parler à son aise, sans crainte
d'être entendu de personne. Il pourrait s'humilier, s'age-
nouiller devant elle, la supplier de l'entendre, de l'écouter ; lui montrer de quel amour il se mourait, et elle aurait
pitié.

Il grimpait l'escalier fièrement, sentant passer dans son
cerveau les idées les plus folles. Il se hâta en pensant
qu'il fallait d'abord que le logis parlât à ses yeux et lui
donnât confiance. Il fallait pour cela tout mettre en ordre,
il fallait surtout cacher ses vêtements, son uniforme. Il
passa une grande heure au moins à nettoyer sa chambre,
à tout mettre en état.

Malin, il mit en vue sur la cheminée les quelques petits
souvenirs qui lui venaient d'elle. Et, tout était bien rangé,
bien en ordre, bien propre, il fit de lui-même une soi-
gneuse toilette, il voulait que la première impression ressentie par sa femme fût bonne et plaidât en sa faveur.

Comme un vieux cabotin, il ne voulait rien abandonner
au hasard, il aurait volontiers placé une chaise en face de
lui, devant laquelle, comme si la Sang-Brûlé y était assise,
il aurait récité sa leçon.

Tout était oublié, la rencontre des amis de Louise à
l'hôpital, la mort de la pauvre fille, les révélations du fils
du père Hutin, il ne pensait plus qu'à sa chère femme.
C'est elle qui revenait à lui.

Elle était sortie de l'hospice encore faible et n'avait pas voulu le revoir tout de suite. Elle avait attendu d'être plus forte pour achever la réconciliation commencée à son chevet de malade.

Ainsi la chère femme pensait toujours à lui, et il l'accusait, se croyant oublié.

A chaque bruit qu'il entendait dans l'escalier, il courait à la porte et écoutait. Il se trompait toujours; c'était un voisin qui rentrait... Il commençait à craindre; depuis longtemps il attendait et ne savait quelle contenance tenir; est-ce qu'elle aurait changé d'avis, est-ce que le concierge s'était trompé en disant que c'était le soir qu'elle devait revenir...

Il avait peur, puis se rassurait en se disant qu'il était encore de bien bonne heure; si sa femme avait une occupation quelconque, elle pouvait être retenue et ne venir qu'après l'heure de sa journée expirée.

Le jour finissait. Charles était las d'ouvrir et de refermer sans cesse sa fenêtre, maussade; il rangeait encore une fois les chaises dans sa chambre, disant:

— Allons! elle ne viendra pas...

Lorsqu'il entendit une voiture s'arrêter devant la porte. Une voiture. Est-ce que la Sang-Brûlé prenait des voitures? c'était bien improbable. Cependant, tout de suite, il pensa qu'elle était convalescente, que peut-être elle était accompagnée par sa nourrice et son enfant; enfin il ouvrit la porte et écouta.

Il entendit parfaitement le concierge qui sortait de sa loge et qui disait:

— Oui, madame, je le lui ai dit. Il est seul et il vous attend. Si vous voulez monter par cet escalier, c'est au troisième, la porte à gauche.

Et il entendait le froufrou tapageur d'une robe.

— C'est elle, c'est elle, s'écriait-il entrant vivement chez lui, mais laissant la porte entre-bâillée.

Toutes ses craintes, tous ses tourments étaient payés à cette heure, il était complètement heureux. Un moment il eut la pensée de se mettre devant la porte, à genoux, pour recevoir sa Sang-Brûlé.

Il entendait le bruit de la robe sur les marches de l'escalier ; elle montait, celle qu'il aimait ; elle montait toujours ; elle était là, près de lui, il lui tendait les bras. Montée vite, la jeune femme, un peu essoufflée, restait devant la porte sans la pousser pour l'ouvrir. C'est lui qui ouvrit la porte, et qui recula aussitôt, s'écriant tout niaisement :

— Vous... vous...

— Eh bien ! quoi d'étonnant. C'est comme cela que tu me reçois ? Ton concierge me dit que tu es prévenu et que tu m'attends, on ne s'en douterait guère !

Charles restait devant la femme sans trouver un mot à dire, et celle-ci dut lui dire en riant :

— Ah ça ! me permets-tu d'entrer au moins ?

Revenant à lui, Charles dit aussitôt :

— Entrez, je vous en prie, excusez-moi. Sur ce que m'avait dit le concierge, je m'étais mépris, et ce n'est pas vous que j'attendais.

— A la bonne heure, voilà qui est sincère.

La jeune femme était entrée.

La porte fermée :

— Tu ne me tutoyes plus, est-ce que je t'ennuie, moi, en te parlant comme autrefois ?

— Oh ! non, je t'en prie, ne te moques pas de moi. Je te le répète. Une surprise ..

— Je sais bien que je n'ai pas le droit de te rien reprocher. Tu es libre, et tu ne m'attendais pas ; mais ton concierge, auquel j'avais dit mon nom, avait oublié de te le dire.

— Assieds-toi, je t'en prie.

— Permets ? Tu n'attends personne, je ne risque rien en restant près de toi, en amie ?

— Non, je n'attends personne, fit tristement Charles.

— Alors, nous allons pouvoir causer raisonnablement.

Elle s'était assise, et les pieds placés sur une chaise qui

se trouvait devant elle, elle s'étendait, paraissant, dans une posture nonchalante, vouloir se reposer de la fatigue des étages précipitamment montés.

Elle montrait ainsi, inconsciente, sa jambe admirable, son pied élégant, et répandait autour d'elle un parfum qui troublait le malheureux. Elle continua :

— Sais-tu d'où je sors, Charles, ou d'où je suis sortie hier?

— Non, fit celui-ci, la regardant curieusement.

— Tu ne le sais pas! Tant mieux, car, dans cette situation-là, on perd la tête et quelquefois on accuse des gens qui ne le méritent pas, — non que je t'aie accusé du fait même, mais de ne pas intervenir.

— Je ne te comprends pas...

— C'est bien simple, je sors de prison! Oui, de prison, et depuis huit jours on me dit que tu es mon amant, que, jalouse de ta femme, avec laquelle tu veux te remettre, j'ai tenté de l'assassiner. Je te dis la vérité. En venant ici je n'avais qu'une crainte, c'est que tu trempasses dans ce complot... ne t'en défends pas, au premier mot j'ai reconnu que je me trompais... On m'a relâchée parce qu'on a maintenant, paraît-il, une piste tout à fait sérieuse. Je la connais.

— Tu la connais?

— Oui! Mais je suis venue pour t'éclairer. Du moment où tu n'es pas de ceux qui me désignent, je redeviens ton amie...

— Mais pour qui me prenais-tu donc?

— J'ai peut-être des raisons que je te dirai plus tard, selon la façon avec laquelle tu agiras avec moi...

— Tu m'embarrasses...

— Parlons sincèrement. — Tu cherches à te remettre avec ta femme.

— Oui!...

— Tu aimes ta femme — c'est l'amour ancien qui renaît...

La question voulait une réponse franche — et Charles

fut lâche ; il crut qu'il serait ridicule s'il avouait nettement, à la femme qu'il avait eue pour maîtresse et qu'il ne désirait plus, qu'il aimait sa femme — l'air moqueur de Claire d'Avesnes (nos lecteurs l'ont reconnue) l'embarrassait, et il dit :

— J'aime surtout mon enfant, et c'est à son avenir que je songe ; c'est ma fille que j'aime, — c'est pour elle que je veux revoir ma femme.

— Et tu espères les revoir... tu ne crois pas que l'on se joue de toi ?

— Se jouer de moi... Que veux-tu dire ?

— Est-ce que, après la scène de l'Élysée, la scène ridicule transformée en tentative d'assassinat, tu l'as revue ?

— Oui !...

— Tu l'as revue à l'hôpital, lorsqu'il était nécessaire que ta sympathie vînt la dégager des soupçons de la police et permette de les égarer... elle t'a tout promis alors ; mais, depuis qu'elle est sortie de l'hospice, l'as-tu revue ?

Charles regarda la jeune femme, le front plissé, l'œil interrogateur, épouvanté de la révélation.

Il se demandait si la raison du silence de la Sang-Brûlé n'était pas dans ce que venait de lui dire Claire. Si elle avait été si gracieuse avec lui, si elle avait consenti à ce qu'il vît une fois son enfant, c'était parce que sa situation était louche et qu'elle avait besoin de lui. Quand on souffre, on croit tout. On ne juge pas, on ne discute pas, on accepte tout ce qu'on entend. C'est que tout cela se justifiait bien.

Claire reprit :

— Depuis deux ans, tu es le jouet de ta femme et tu ne le vois pas, tu t'y laisses prendre sans cesse. Ainsi, lorsqu'elle est venue nous surprendre là-bas, qu'elle a fait la scène que tu sais...

Elle disait effrontément et Charles ne protestait pas, il acceptait que c'était Aline qui avait fait la scène terrible à la suite de laquelle elle avait failli être tuée.

— Elle voulait avoir une preuve qu'elle avait fait tous

ses efforts pour revenir près de toi, et que toujours tu l'avais repoussée.

— Dans quel but ?

— Dans celui qu'elle poursuit aujourd'hui, qu'elle sait que tu travailles…

— Que je travaille… répéta Charles avec un triste sourire.

— Si peu que ce soit, elle veut de l'argent que tu gagnes et elle t'obligera à lui en donner…

— Tiens, ne parlons plus de ça… Je souffre trop.

Et c'était vrai, le malheureux ; il n'osait défendre sa femme, il sentait qu'elle agissait mal avec lui, mais il n'aurait pas voulu qu'on l'accusât, il lui semblait que lui seul avait le droit de se plaindre d'elle.

Charles vivait, nous le savons, de misère et de malheur; depuis quelque temps il vivait chaste, tout à la pensée de sa femme, préoccupé par la découverte qu'il avait faite de l'assassin de la grande Julie, et surtout effrayé à la pensée que sa dernière nuit d'amour avait été une nuit mortelle pour celle qu'il aimait… et il revoyait la civière faisant écarter les visiteurs du dimanche dans le préau de l'hôpital Saint-Louis.

Mais, dès l'entrée de Claire dans sa chambre, le frou-frou de sa robe, le parfum qu'elle répandait avaient troublé son cerveau ; il avait voulu la regarder froidement et elle avait souri. Alors, tout à coup, elle lui avait pris la tête, en disant :

— Bêta, embrasse-moi donc, tu en meurs d'envie.

— C'est vrai, avait-il répondu.

Et ils étaient restés plusieurs minutes le regard noyé dans le regard, les lèvres sur les lèvres… Cette effusion n'avait cessé que parce qu'il entendit :

— Imbécile ! qui se laisse ficher de lui comme ça, par une femme qui ne l'aime pas, quand il en a une autre qui l'adore.

— Il ne dit rien et l'embrassa plus fort pour l'empêcher de parler ; mais elle dit encore :

— Qui ne sait pas que la comédie de l'Élysée cache une intrigue ; c'est un amant jaloux qui voulait se venger.

Charles, tout en tenant les mains de Claire, lui dit doucement :

— Tu veux toujours parler de ça, tu me fais de la peine ; ce n'est pas la vérité, je sais quel est l'auteur de l'attentat...

— Et moi, crois-tu que je ne le sais pas !... moi, qui ne suis relâchée de la prison que depuis qu'il a avoué..., moi qu'on a confrontée avec lui pour s'assurer qu'il n'était pas mon complice.

— Eh bien, puisque tu le connais, tu me diras quel était l'amant d'Aline.

— Je ne t'ai jamais dit ça, je te dis que c'est un jaloux, mais il servait son amant.

Charles eut un mouvement de colère, et s'écria :

— Je ne veux pas qu'on dise — ce qui est une infamie — que ma femme a un amant.

Il paraissait résolu.

Claire le regarda une seconde, eut un mouvement d'épaules pour ramener son manteau et saluant, dit :

— Décidément, tu es trop bête, tu ne mérites pas qu'on t'aime et qu'on veuille t'arracher au ridicule. Je te demande bien pardon, adieu.

Elle fit mine de sortir.

Aussitôt Charles s'élança au-devant d'elle et, suppliant, dit :

— Ne t'en va pas... Écoute-moi...

— Que veux-tu que j'écoute ?

— Moi.

— Pourquoi faire ? Je reviens à toi, parce que j'ai été la victime de ta femme, que je sais que toi-même tu as été arrêté comme moi. Je viens t'éclairer, moi, parce que je t'aime toujours et que je crois que, comme moi, tu exècres celle qui nous fait souffrir tous deux. Je me suis trompée, adieu, je m'en vais. Je regrette d'avoir renvoyé ma voiture.

Ce dernier détail qui assurait à Charles que Claire resterait avec lui ne fut pas perdu, il s'écria :

— Je t'en prie, Claire, reste, reste.

— De deux choses l'une. Tu aimes ta femme, Réponds.

— Mais tu sais bien... que je ne peux pas dire... ce qui n'est pas, fit-il embarrassé.

— Tu l'aimes et tu l'espères, tu l'attends.

— Mais non... je ne l'aime pas.

— Ou tu m'aimes et tu te moques d'elle, et je puis te dire tout ce que je sais.

— Claire.., je t'aime... je te prie de ne pas me parler d'elle, parce que je souffre de ce passé... mais si tu as des preuves...

— Si j'ai des preuves... Tiens, je ne veux pas risquer de me fâcher de nouveau. Je t'aime, ne parlons plus de ça. M'aimes-tu ?

— Oh ! tu le sais bien.

— Plus maintenant.

— Je te le jure... et je te le prouverai.

— Tu es aussi indépendant qu'autrefois. Ce soir j'entre chez toi et j'y puis être maîtresse ?

— Maîtresse absolue.

— J'avais dit que je ne t'en parlerais plus, mais il faut que je t'en parle. Ta femme...

— Ma femme m'a oublié.

— Mais si elle se souvenait, si elle revenait... tu sais, surtout ici, je ne lui céderais pas la place.

Charles devint très pâle ; il fit un effort pour répondre.

— Je suis un oublié. Ne parlons pas de ça.

Mais Charles était inquiet ; il se demandait si Claire n'était pas venue parce qu'elle savait que sa femme devait venir, mais elle le rassura et le désespéra en lui disant :

— Oui, maintenant elle n'a plus besoin de toi, et c'est fini, elle t'oublie.

— Eh bien, ne me parle pas d'elle.

— Mais c'est toujours toi qui m'en parle, fit-elle en minaudant et en s'asseyant sur Charles. Celui-ci, alors,

en perdit tout ce qui lui restait de raison. Cette odeur
féminine lui monta au cerveau et, prenant Claire par la
taille, il se retrouva le même amant passionné qu'il avait
été.

C'est lui qui lui retira son chapeau, qui la dégrafa. La
nuit étant venue, ils se mirent au lit.

Au lendemain matin, avant que Claire ne fût éveillée,
il était debout et sortait; il l'avait prévenue qu'il ne pouvait manquer d'aller à son bureau. Bien décidé à ne pas
rester avec Claire d'Avesnes, il avait un moment menti à
celle-ci, lui raconta qu'il était placé dans l'administration,
une place brillante, très solidement appointée et pleine
de promesses pour l'avenir. Il en avait parlé d'une façon
telle que Claire d'Avesnes, qui sentait renaître son ancien
caprice, se demanda si ce caprice ne serait pas un amour
lucratif.

Elle était venue retrouver Charles dans le seul désir de
se venger de nouveau de la Sang-Brûlé qu'elle accusait de
l'avoir fait arrêter à Ménilmontant.

Pendant l'instruction, à cause de quelques amis qu'elle
avait retrouvés au parquet, on avait été assez doux
pour elle, et lorsqu'on avait dû la relâcher, à la suite
d'une longue explication, elle avait appris d'un de ses
amis, substitut, la véritable situation.

Elle avait su que c'était non un amant, mais un amoureux jaloux qui avait tenté d'assassiner la Sang-Brûlé.
Cette tentative avait eu lieu, parce que l'amoureux, un
fou, avait eu connaissance que les époux Goduret
allaient se réconcilier.

Tout cela serait largement payé par la Sang-Brûlé.
Claire se le promettait, et c'est pour cela que pendant que l'on soignait la femme, elle allait d'abord à
tout prix lui enlever son mari. Cela avait été plus facile
qu'elle ne l'avait espéré. Au fond, Charles était un naïf,
et tout en répétant sans cesse qu'il ne voulait pas qu'on
parlât de sa femme, il était arrivé à raconter à Claire

d'Avesnes tout ce qui s'était passé depuis qu'il l'avait quittée.

La condition mise par sa femme à son retour vers lui. Comment il l'avait rencontrée. Nous avons dit qu'il avait grossi son emploi. Il était dans l'administration, avait-il dit, ayant de gros appointements.

Claire avait aussitôt — jugeant Aline sur elle-même — pensé que ce n'était pas pour autre chose que pour jouir de cette nouvelle situation que la Sang-Brûlé voulait se remettre avec son époux.

Charles lui avait raconté ses angoisses en prison, ses protestations lorsqu'il avait appris que Claire était arrêtée. Enfin, il avait raconté la scène de l'hospice, où, de fait, les époux s'étaient réconciliés; puis le rendez-vous avec la nourrice, où il avait enfin pu embrasser sa petite Charlotte. Il avait presque les larmes aux yeux en parlant, et elle, Claire, serrait méchamment les lèvres.

Tout à fait renseignée, Claire pouvait agir. Assurément, la Sang-Brûlé allait mieux, le petit substitut lui avait dit que complètement guérie, elle était retournée chez elle. Elle était même venue une fois au Palais faire sa déposition. Si elle n'avait pas encore été retrouver son mari, c'est qu'elle préparait quelque chose.

Assurément, la réconciliation définitive — mais Claire serait là — elle allait lui rendre avec usure ce qu'elle lui avait fait souffrir.

Lorsqu'elle se réveilla dans la chambre, elle regarda autour d'elle et fit une légère grimace; ce n'était pas le logis luxueux d'un homme jouissant d'une certaine situation...

Curieuse comme la plupart des femmes, Claire cherchait dans tous les coins, sans rien trouver qui l'intéressât. Elle avait rendez-vous pour le soir avec Charles, et elle s'habilla pour partir.

Elle voulait hâter le dénouement de sa petite comédie et se demandait par quel moyen elle pourrait faire venir la Sang-Brûlé chez Charles lorsqu'elle y serait.

Pensant de nouveau au silence gardé par elle après ce que Charles lui avait raconté, elle trouvait cela aussi bien étonnant. Est-ce que les calomnies qu'elle avait préparées et auxquelles elle ne croyait qu'à moitié étaient vraies? Est-ce que la Sang-Brûlé n'était pas assez bien entretenue par ce M. Duchateau qui les avait fait chasser de l'appartement de la rue Montmartre? Elle savait pertinemment que cet individu avait emmené pendant quelque temps Aline dans une propriété à la campagne. Cet homme avait été son amant, cela ne faisait pas de doute pour elle.

Maintenant le petit substitut lui avait affirmé que tous les renseignements pris lui étaient favorables ; elle menait et n'avait toujours mené qu'une vie irréprochable. Celà, Claire avait de la peine à le croire, pour la seconde partie; mais pour la première, pour l'époque où elles avaient eu cette terrible scène un matin, elle était absolument certaine que M. Duchateau était devenu l'amant de celle qu'il avait protégée, qu'il l'avait entretenue pendant quelque temps au moins.

C'est vainement qu'elle fouilla dans les poches des sous-vêtements qui se trouvaient dans la chambre, dans les tiroirs des meubles; elle ne trouva pas un indice pouvant la renseigner. En essayant de trouver l'adresse de la femme de Charles, ou tout au moins le moyen de se la procurer, elle cherchait si quelque chose pouvait l'éclairer sur la situation du jeune homme. Tout en enflant sa position en racontant qu'il était placé dans l'administration, municipale, il avait été très discret, il n'avait dit où se trouvait son bureau, ni ce qu'était sa place. Claire était adroite et curieuse. Charles avait évité fort simplement les réponses. N'ayant pas réussi dans ses recherches et obligée d'y renoncer après avoir mis tout sens dessous chez son amant, elle s'appliqua à tout ranger, afin qu'il ne s'aperçût pas de son indiscrète perquisition et cherchant toujours comment elle pourrait trouver la demeure de son ennemie.

Le résultat négatif de ses recherches lui montrait clairement que Charles ne l'avait pas trompée ; il ignorait absolument lui-même où résidait sa femme, ce qui permettait à celle-ci de mener la conduite qu'elle voulait sans qu'il en sût rien. Elle se chargeait de changer bien vite tout cela.

Une idée lui vint, à laquelle elle sourit en haussant les épaules, tant elle se trouvait ridicule de n'y avoir pas pensé plus tôt.

La chambre remise en ordre, elle s'habilla rapidement et se disposa à sortir ; mais il ne fallait rien négliger, tout prévoir. Or, la même visite qu'elle avait rendue à Charles, sa femme pouvait la lui rendre, c'est-à-dire venir le surprendre dans sa chambre. Elle fouilla dans son carnet, en tira une photographie d'elle, dans un costume un peu... décolleté, où elle signa : « A Charles Goduret, mon petit homme adoré. Claire. » Elle data. Puis, prenant un feuillet de papier à lettre, elle écrivit :

« Mon petit homme chéri, je pars avec le désir de te revoir bientôt. Sois exact ce soir au rendez-vous que tu as donné à ta petite femme aimée, à ta Clairette qui t'aime de toute son âme.

» CLAIRE D'AVESNES. »

Et elle plaça bien en évidence la lettre ouverte sur la table ; femme, elle savait que si une femme entrait dans la chambre de Charles, la première chose qu'elle ferait ce serait d'aller lire la lettre.

Elle sortit, et dans la rue monta en voiture pour se faire conduire au Palais de justice.

Évidemment son plan pour trouver la demeure de la Sang-Brûlé était des plus simples. Nous avons dit que Claire avait quelques connaissances au Palais, surtout un petit substitut, qui n'avait rien à lui refuser par réciprocité.

Ces renseignements, Claire s'en souciait peu, elle n'y croyait pas; mais elle avait enfin son nom et son adresse, c'est ce qu'elle voulait, elle allait pouvoir agir.

VI

POURQUOI LA SANG-BRULÉ S'EST SAUVÉE DE L'HÔPITAL

L'instruction qui se poursuivait avait nettement établi que l'auteur des crimes commis sur la grande Julie et sur la bonne du père Hutin, ainsi que la tentative de meurtre sur Aline Goduret était Adolphe Hutin.

Il avait tout avoué avec les plus grands détails.

La tentative faite sur la Sang-Brûlé, il l'expliquait par un amour depuis longtemps contenu et sa haine pour Charles Goduret.

Enfin, son dernier crime avait été commis à la suite d'une dispute : sa bonne était sa maîtresse depuis longtemps.

Après une consultation de médecins, qui avait amené chez le malheureux une crise épouvantable, à la suite de laquelle la folie s'était tout à fait déclarée, Adolphe avait été enfermé à Sainte-Anne, et une ordonnance de non-lieu avait été rendue.

Le malheureux était fou, et le mal s'augmentait avec une rapidité qui permettait déjà de fixer le peu de temps qui lui restait à vivre. Constamment lié dans la camisole de force, il se serait tué s'il avait été abandonné un instant.

Les aveux du misérable, rendus publics, avaient permis à Charles de revoir quelques-uns de ses anciens amis, et, le matin, en descendant de chez lui, il avait trouvé une lettre de son ancien patron lui disant le plaisir qu'on avait éprouvé à la lecture des pièces qui le disculpaient tout à fait de la fausse accusation contre lui, et il lui annonçait que, se rendant à sa demande, il trouverait chez lui, quand il le voudrait, la place qu'il avait sollicitée.

Charles était bien heureux de la lettre ; enfin, il allait donc abandonner son lugubre métier, se débarrasser de son triste uniforme, il allait revivre gaiement de sa vie d'autrefois. A la fin du mois, dans deux jours, il quitterait ce qu'il appelait l'administration. Il se promit, le soir même, après sa journée de travail, de se rendre chez son ancien patron, pour s'entendre avec lui, afin de commencer avec le mois. Il avait le cœur plus léger en se rendant à la besogne.

Le soir, las, fatigué, il alla chez son patron ; il fut heureux des témoignages de sympathie que lui donnèrent ses camarades en lui serrant les mains — et il fut convenu que le premier du mois, le lendemain, Charles reprendrait sa place à l'étal.

Il sortit tout joyeux de la boucherie et se souvint alors de son rendez-vous ; il se demandait s'il devait s'y rendre, il hésita un peu, mais furieux d'être abandonné, oublié par sa femme, juste au moment où tout le monde revenait à lui, il eut un mouvement d'épaules.

— Et pourquoi donc me priverais-je, est-ce qu'elle s'occupe de moi? Je ne suis pas un saint, à la fin. Je me conduis en honnête homme, je travaille, je ne m'amuse pas... et on me laisse là. Ce serait trop bête de refuser l'occasion quand elle est si agréable. Aujourd'hui je ne suis plus si niais ; le jour où Claire m'ennuiera, ce ne sera pas long à briser. Je peux lui laisser dire et croire ce qu'elle veut... mais quand il faudra agir, nous verrons ça... J'aurais

seulement un mot d'Aline, j'enverrais promener l'autre...
Mais c'est trop se ficher de moi comme ça.

Il arriva au rendez-vous. Claire n'y était pas. Il attendit, elle ne vint pas. Il rentra tout niais, se disant qu'on
ne devait jamais se fier aux femmes. Qu'était-elle venue
faire la veille? se moquer de lui...

Son front s'assombrit. Claire était restée seule chez lui,
peut-être avait-elle interrogé le portier sur sa situation et
avait-elle appris qu'il était croque-mort. Alors, la jeune
femme épouvantée s'était sauvée, jurant bien qu'elle ne
reviendrait pas. Cette répulsion, quand il était en costume dans la journée, il la sentait toujours autour de lui.
Enfin, Dieu merci! dans quelques jours, il quitterait pour
toujours cette livrée de la mort.

En arrivant chez lui il vit sa fenêtre éclairée, et il eut
un sourire de satisfaction, puis tout de suite il se demanda
si ce n'était pas sa femme qui était chez lui. Il dit au concierge en tremblant :

— On a pris la clef?

— Oui, monsieur; la dame qui nous l'avait remise ce
matin; elle vient d'arriver.

— Ah! merci.

Il grimpa.

C'était Claire qui l'attendait, Claire, joyeuse, qui l'embrassa et lui dit :

— Je n'avais pu aller à ton rendez-vous. Je suis venue
directement ici et j'avais peur toute seule.

— Pourquoi donc?

— Dame? si ta femme venait...

— Toujours à me parler de ma femme. Tu as bien
tort. Je ne la vois, je ne la verrai peut-être plus,
et lorsqu'elle m'a permis une fois de voir mon enfant,
était-ce le dernier adieu qu'elle voulait que je lui don-
nasse.

— Eh bien! n'en parlons plus...

— Oui, ma chère Claire, je t'en prie, quand nous sommes

ensemble, parlons de nous, et qu'il ne soit jamais question d'elle.

— Tu penses bien, Charles, que je ne voudrais pas voir se renouveler la scène du faubourg Montmartre, et j'aime mieux que tu m'assures qu'elle ne s'occupe plus de toi.

— Il n'y a pas de danger, dit Charles avec embarras.

La croyance de Charles, ou plutôt son dernier espoir, était que sa femme, en apprenant sa rentrée chez son ancien patron, reviendrait vers lui.

Il fit tous ses efforts pour chasser les idées noires qui le poursuivaient et ne plus se souvenir que de Claire qui, au contraire, paraissait de fort bonne humeur. Nous en savons la raison.

Claire cherchait un moyen de bien affirmer sa liaison avec Charles. Elle aurait voulu passer quelques jours avec lui, afin que lorsqu'elle serait arrivée à faire venir la Sang-Brûlé, elle la trouvât comme en ménage, qu'elle fût bien convaincue que, malgré tout ce qu'elle ferait, Charles serait toujours à elle. Elle dit :

— Si tu savais, mon Charlot, le bonheur que j'éprouve en me trouvant près de toi, si tu savais combien j'aurais voulu ne jamais te quitter !

La perspective ne sembla pas bien entraînante à Charles qui ne répondit pas, pendant que Claire continuait :

— Je voudrais, mon Charles, passer quelques jours entièrement avec toi, toute la journée. Si tu savais comme cela est triste, le réveil, à côté de ta place vide, la journée est infinie... Pourquoi ne prends-tu pas quelques jours de congé ?

— C'est très difficile maintenant.

— Tu ne peux pas, pour un jour, te dispenser d'aller à ton bureau ? Nous irions nous promener tous les deux.

En demandant cela, Claire se disait qu'il serait peut-être plus facile de rencontrer la Sang-Brûlé. En tout cas, elle revint au but qu'elle poursuivait.

— Non, je ne peux pas prendre de congé demain, c'est mon dernier jour de service... dans ce bureau. J'aurai un

jour après-demain avant de recommencer. Ce jour, nous
le passerons ensemble.

— Ah! voilà qui est gentil. Tu n'as pas seulement remarqué ce que je t'ai donné.

— Quoi donc ?

Elle l'amena vers la cheminée et lui montra, glissée
dans le cadre de la glace, la photographie qu'elle y avait
placée le matin.

— Tu es charmante.

— Quand je pense que je n'ai pas seulement un mot de
toi, on croirait que tu as peur de m'écrire.

— Moi, je n'en ai pas l'occasion; voilà tout.

— L'occasion, elle est simple; voilà du papier et de
l'encre, et tu peux me donner un mot écrit; c'est le seul
souvenir que j'aurais de toi.

— Je veux bien... mais qu'est-ce que tu veux que j'é-
crive?...

— Je te dicte.

— Va.

— « Ma chère petite femme, je suis si heureux de t'a-
voir retrouvée, que je voudrais te voir sans cesse... »

Elle s'interrompit pour demander :

— Est-ce vrai? au moins.

— C'est vrai, — fit Charles en riant, et après?

— Après... C'est après-demain que tu me donnes ta
journée?

— Oui !

— « Viens demain, toute ma journée sera à toi... Je
t'aime, je t'adore... Je ne peux vivre sans toi! »

— Est-ce toujours vrai?

Il fit en riant :

— Oui! oui!...

— Eh bien ! signe alors.

— C'est fait !...

Elle prit le papier en disant :

— C'est le seul souvenir que j'aie de toi...

— Je le regrette, ma chère Claire, il n'est pas de grande valeur, mais je n'oublie pas.

Claire plia avec soin le papier, comme une lettre, et elle le glissa dans son portefeuille en demandant :

— Ainsi, demain, tu ne restes pas encore ?

— Non. C'est mon dernier jour de travail. Mais, pour toi, je prends congé après-demain.

— Tu ne te figures pas que c'est triste de se réveiller seule dans un grand lit froid, le matin, moi qui aime tant à faire la grasse matinée.

— Et crois-tu, ma chère, que c'est pour mon plaisir que je me lève le matin, quand il pleut, quand il gèle, partant au travail à petits pas en se soufflant dans les doigts ?

— Au bureau, il doit faire chaud ?

Charles devint tout rouge en s'apercevant de ce qu'il venait de dire et il reprit aussitôt :

— Oh ! au bureau, trop chaud... souvent, mais il faut s'y rendre. Tu sais bien que je suis comme toi, j'aime bien à m'étendre dans le lit le matin.

— Et tu te donneras cette joie après-demain ?

— Puisque tu me l'as fait signer... Commençons toujours par nous coucher aujourd'hui. Je suis fatigué.

— Mais tu dis cela tous les soirs... C'est donc bien fatigant ton travail ?

Charles fut embarrassé.

— Dans ce moment... Parce que je suis forcé de rester debout toute la journée.

— Moi aussi je suis lasse et puis je serai bien aise de me reposer dans tes bras.

Ils se couchèrent. Claire, après avoir soigneusement accroché sa robe et en veillant à ce que son petit portefeuille ne tombe pas. Le lendemain, Claire était éveillée avant Charles ; mais elle faisait mine de dormir, le surveillant, craignant qu'il n'aille prendre dans sa poche le papier qu'il avait écrit la veille. Elle avait peu dormi, se préparant à sa vengeance, et dès que Charles eut fermé sa porte, elle se leva et se hâta de se vêtir ; puis elle prépara

sa lettre qu'elle glissa sous enveloppe, écrivant pour suscription :

A Madame Marin, blanchisseuse.

Et la lettre prête, la serrant précieusement, elle dit :
— Je vais la porter moi-même jusqu'à sa maison. C'est
encore plus sûr que la poste... et demain nous nous verrons et nous causerons sérieusement ensemble, la Sang-
Brûlé !
La Sang-Brûlé, à cette heure, ne pensait guère à son
mari.
Lorsque, le lendemain de la visite de Charles à l'hôpital, sa nourrice était venue lui apporter son enfant, elle
lui avait commandé de se trouver le soir à la place de la
Mairie. Un homme qui dirait son nom viendrait embrasser l'enfant, elle la lui confierait quelques instants. Elle
ne s'étendit pas sur les recommandations, ayant confiance
en Charles après ce qui s'était passé.
Le lendemain, Aline allait tout à fait bien, sa nourrice
vint la voir et lui raconter l'entrevue, de laquelle elle fut
satisfaite. Mais la nourrice lui dit que l'enfant avait un peu
toussé et était maussade.
Croyant à un malaise passager, Aline lui recommanda
d'en avoir bien soin et de venir le lendemain lui donner
des nouvelles ; en tout cas, si l'enfant était indisposée,
malgré la promesse faite à M. Goduret, on ne la sortirait
pas.
Le lendemain, la nourrice ne vint pas, elle envoya un
mot à Aline, lui disant que l'enfant n'allait pas mieux,
qu'elle avait mal à la gorge et qu'elle ne pouvait la sortir·
C'était l'heure de la visite du médecin.
La Sang-Brûlé avait sauté de son lit comme une folle
et voulait partir...
Le docteur lui demanda ce qu'elle avait ; elle lui montra
le papier, et il lui dit :
— Vous êtes assez bien maintenant pour sortir. Ne faites

pas d'imprudences. Surtout ne vous mettez pas dans cet état, sur le seul avis que votre enfant est malade... Vous allez prendre une voiture. Rentrez chez vous, et après la visite, dans une heure, j'irai. Je vous ferai votre ordonnance, et verrai votre enfant.

— Oh! docteur, merci, merci, fit-elle en prenant avec effusion les mains du médecin en chef.

Cette seule marque de sympathie avait rendu tout espoir à la Sang-Brûlé.

En lisant la lettre de sa nourrice, elle était devenue toute pâle ; elle voyait déjà son enfant perdue. Et l'assurance que le docteur, qui l'avait si habilement soignée, allait venir voir sa fille, la rassura. Si l'enfant était sérieusement malade, elle était assurée que son docteur la sauverait.

Le docteur, en l'autorisant à partir, faisait une imprudence ; mais il avait observé la nature ardente, impressionnable de la jeune femme, et il était assuré que si la Sang-Brûlé se trouvait loin de sa fille en la sachant malade, son état empirerait aussitôt. Entre deux maux il fallait choisir le moindre ; il la soignerait chez elle, près de son enfant. Il recommanda à un garçon de service d'aller chercher une voiture — et lui ordonna d'accompagner la malade. — Quoi qu'elle veuille, il fallait obliger le cocher à aller doucement, et il l'aiderait à monter chez elle.

La Sang-Brûlé, qui s'habillait, entendait et se sentait plus forte à mesure qu'elle s'apercevait de l'intérêt qu'on lui portait. Elle était heureuse de se retrouver bientôt chez elle, soir et matin près de sa fille. Une heure après elle arrivait chez elle.

Le trajet avait été pénible, non qu'elle souffrît de sa blessure, mais parce que les quelques jours qu'elle avait dû passer au lit l'avaient tout à fait affaiblie. La recommandation faite par le docteur était inutile, elle-même avait demandé au cocher de marcher au pas et le garçon d'hôpital qui, gêné par la malade, était bien aise de fumer

sa pipe, avait feint de ne pas vouloir monter en voiture
pour ne pas prendre de place, préférant s'asseoir près du
cocher. C'est lui qui le dirigeait et, sur la demande de la
Sang-Brûlé, il lui fit choisir le chemin afin d'éviter, autant
que possible, les rues trop mal pavées.

Arrivée devant la porte de sa demeure, elle dut reconnaître qu'il lui serait difficile de monter les trois étages.
Là, le garçon, un robuste gaillard, la prit dans ses bras,
et, comme elle s'excusait, il lui dit :

— Je voudrais toujours avoir un aussi doux fardeau.

Et se croyant spirituel, achevant sa pensée, il fit frissonner la Sang-Brûlé en ajoutant :

— Chez nous, on est bien heureux de colletiner des vi-
vantes. Le plus souvent, celles que nous portons, comme
je vous porte, vont de la chambre à la civière pour être
descendues à l'amphithéâtre.

Heureusement on était arrivé. Aline fit un effort pour
sourire, remercia le rustre, puis rentra chez elle.

— Vous, madame! exclama la nourrice... oh! quelle
imprudence !

— Et ma fille?...

— Mais ça ne va pas plus mal, elle est encore un peu
enrouée et maussade, mais j'espère bien que ça n'est pas
grave. Oh! si j'avais su, je ne vous aurais pas écrit...

— Vous avez bien fait, au contraire.

En mettant le pied chez elle, et voyant la nourrice
calme, en entendant les rassurantes nouvelles, la Sang-
Brûlé avait retrouvé ses forces ; elle courut presque vers
sa chambre, où était couchée sa fille. Voyant sa mère,
l'enfant sourit, tendit ses petits bras, la dévorant de baisers.

— A donc du bobo, Lolotte... bobo.

— Oui... bobo... là, et elle montrait son cou...

— Ce n'est rien, ma chérie, maman est là... Elle a la
fièvre, cette enfant. Mange-t-elle? tète-t-elle?

— A peine, madame. C'est surtout cela qui m'inquiète,
dit la nourrice confuse d'avoir, par sa lettre, fait si rapi-

dement sortir la mère de l'hospice; elle ajouta : Je ne vous écrivais pas que je voyais rien de grave, je voulais vous prévenir et surtout vous rassurer, parce que je ne croyais pas prudent de la sortir pour vous la mener.

— Mais, nounou, vous avez eu absolument raison. Vous avez bien fait et je vous remercie; la sortir... mais c'était chercher le mal, et ne pas me prévenir c'était me rendre folle, entendez-vous. Vous avez bien fait, bien agi en bonne mère.

— Ah ! merci, madame, j'avais si peur d'avoir été légère.

— Non !... Qu'est-ce que vous avez fait ?

La nourrice lui raconta les soins donnés à l'enfant, qu'elle approuva.

— Allons, espérons que ce ne sera rien. Le docteur me suit et il va nous éclairer. En prenant le mal à temps, on a chance de l'éviter.

La Sang-Brûlé jeta un coup d'œil à son ménage, ne voulant pas que le docteur trouvât son petit logement en désordre.

Elle attendit, assise près de son enfant, essayant de la faire rire, de la faire jouer. Mais, si la petite Charlotte ne semblait pas souffrir, elle paraissait triste. Puis, elle pleura, et la mère la couchant ne savait que faire, elle se demandait si ce n'était pas le mal qui empirait, et le docteur ne venait pas. Enfin l'enfant s'assoupit. L'heure passait toujours, la malheureuse ne savait que faire, elle ne voulait pas rester dans ce doute : est-ce une maladie ? est-ce une indisposition ? et cependant elle n'osait envoyer chercher un autre docteur, craignant de blesser celui qu'elle attendait, qui avait été si bon pour elle, qui s'était si spontanément offert et surtout en qui elle avait si pleine confiance.

L'enfant s'éveilla, visiblement plus malade, lorsque le docteur arriva. Il s'informait de sa malade, mais celle-ci tremblante, lui dit ,

— Docteur... docteur, moi je vais bien... Mais, venez voir mon enfant.

— C'est vrai. Voyons cette petite.

Il passa dans la chambre, regarda l'enfant quelques secondes, et le visage assombri il lui fit ouvrir la bouche.

Il dit aussitôt à la nourrice de la recoucher, et à la mère anxieuse qui le regardait paraissant vouloir lire dans ses yeux, il dit avec calme :

— Je vois ce que c'est; nous allons soigner ça bien vite...

— Mais qu'est-ce, docteur ?

Ne voulant rien dire, le brave homme, sachant qu'en parlant franchement il ne servirait ni la mère ni l'enfant, répondit :

— Rien n'est encore déclaré... c'est une angine... qui peut devenir grave... Mais en soignant vite, nous allons essayer d'enrayer ça... Ne craignez rien, ma chère enfant; nous allons faire pour l'enfant ce que nous avons fait pour la mère, la rétablir bien vite.

— Ah! mon Dieu, mon Dieu... que vous me faites de bien, docteur.

— Donnez-moi bien vite ce qu'il faut pour écrire. Je vais vous faire l'ordonnance qu'il faut exécuter immédiatement.

On lui donna ce qu'il fallait. Il écrivit. Aline essayait de comprendre, il lui dit :

— C'est un vomitif qu'il faut lui faire prendre absolument, jusqu'à ce qu'elle soit dégagée.

Aline fixait toujours ses yeux sur ceux du docteur, cherchant à lire dans ses pensées, et le brave homme essayait d'éviter ce regard.

La mère devinait l'état tout à fait grave de l'enfant, et le docteur n'avait pas voulu dire le nom terrible du mal, effroi de la mère : le croup !

— Mais, demanda-t-elle, suppliante, ce n'est pas grave, docteur ?

— J'espère que non. Rien n'est encore positivement déclaré, et je reviendrai ce soir, pour vous rassurer... Car, c'est vous qui m'inquiétez maintenant.

— Oh! c'est vrai, docteur... Vous viendrez ce soir...

— Je vous le promets.

Le docteur partit ; il rencontra la nourrice, qui revenait de chez le pharmacien, et lui dit :

— C'est très grave. Exécutez bien mon ordonnance, je reviendrai ce soir, et surtout que personne n'approche de la petite fille que sa mère et vous... pas de femmes, pas d'enfants.

— Bien, docteur, fit la nourrice inquiète.

En entrant dans le logement, la nourrice vit Aline accroupie sur un siège; la tête dans ses mains, elle pleurait.

Le docteur, en sortant de la maison, dit au concierge qui ouvrait sa voiture et, la casquette à la main, s'informait de l'état de l'enfant :

— J'ai dû cacher la vérité à la mère; l'état de l'enfant est des plus graves. Si ce que je viens d'ordonner ne donne pas de résultat d'ici ce soir, c'est-à-dire d'ici mon retour, elle est perdue.

— Oh! mon Dieu! mon Dieu!

— Elle a le croup!... A vous particulièrement, je recommande, tout en étant discret, car il faut ménager la mère qui n'est pas entièrement guérie, de veiller à ce que personne, — femmes et enfants surtout, — ne soit reçu chez elle.

— Oui, monsieur, je vais y veiller.

Quand la nourrice revint, Aline essuya ses yeux, et résolument elle vint se placer près du berceau de son enfant; prenant les médicaments des mains de la nourrice, elle exécuta les ordres du docteur.

La pauvre petite, sans force, sans résistance, buvait tout ce qu'elle voulait, sans que, à mesure que le traitement s'achevait, il advînt aucun changement dans son état, en mieux.

L'enfant respirait plus difficilement et avec un bruit qui effrayait la mère.

Tout à coup Aline se tourna vers la nourrice et lui demanda

— Vous n'avez mené l'enfant chez personne?

— Oh! madame.

— Elle n'est pas sortie... et ce mal l'a atteinte ici?

— Madame, je ne suis sortie que pour vous voir et pour aller au rendez-vous que vous m'avez indiqué.

— Je vais devenir folle... S'il était là... il me donnerait du courage, il m'aiderait. Oh! mon Dieu! mon Dieu!

— Mais, madame, Lolotte ne va pas plus mal; pourquoi vous désoler?

— Pas plus mal!... Mais regardez-la donc, vous ne voyez pas qu'elle est perdue?

Et elle éclatait en sanglots. La nourrice, pleurant, s'écria :

— Madame... madame, ne dites pas ça; ce n'est pas possible. Le médecin va venir.

— Mais, nourrice, regardez! c'est à peine si elle m'entend. De tout ce que nous lui avons donné, rien ne fait, et son mal augmente, je le vois bien. Écoutez le pauvre petit ange, c'est à peine si elle peut respirer; écoutez ce sifflement... il n'a pas voulu me le dire, mais je le devine... Mon enfant a le croup!

— Le croup! répéta la nourrice avec effroi et pleurant plus fort en se souvenant des recommandations du médecin.

— Oh! mon Dieu! mon Dieu! que faire... sanglotait Aline.

Le docteur parut. Elle fut un peu soulagée. Il était accompagné d'un jeune élève. Il s'informa, regarda l'enfant et eut un léger mouvement de tête qui fit qu'Aline eut un déchirant accès de sanglots.

— Allons, mon enfant, il faut être femme, être mère. C'est avec du courage et non des larmes que nous pourrons la sauver.

Toute frémissante, Aline essuya ses yeux et vint se placer près du docteur.

— Vous avez raison, monsieur... Oui, il faut lutter d'abord.

— Laissez-nous... Donnez-nous une cuiller... Là.

Et le médecin, qui avait apporté le nécessaire pour tenter de brûler jusque dans la gorge le terrible mal, prépara ses instruments et sa fiole, aidé par son élève.

La Sang-Brûlé avait tout deviné. Son enfant était perdue : le fléau la frappait. C'est le croup qui l'étouffait, et la malheureuse mère savait que le mal est presque sans remède, que sa guérison tient du miracle. Accoudée dans un coin de la chambre, elle regardait le docteur et son aide agir, effrayante à voir, l'œil hagard, se bouchant les oreilles pour ne pas entendre.

Le docteur ouvrait la bouche de l'enfant et lui brûlait la gorge. La nourrice, penchée sur le berceau, pleurait, gémissait, épouvantée de voir son enfant, la face convulsée, ne jetant que des cris rauques.

Quand ils eurent fini, la mère s'élança ; l'enfant était étendue sur l'oreiller, elle respirait plus facilement et, lassée, paraissait vouloir dormir dans cette atonie. La Sang-Brûlé croyait voir le repos réparateur. Nous avons dit qu'elle avait la plus grande confiance dans le docteur qui l'avait si rapidement rétablie. Après l'opération à laquelle elle venait d'assister, elle était certaine que l'enfant était sauvée. C'est pour cela que, penchée à son tour sur le berceau, riant à l'enfant qui, en entendant la voix de sa mère, avait entr'ouvert ses yeux presque éteints, elle crut lire dans son regard le soulagement du mal enduré.

Son enfant était sauvée, elle en était convaincue, — elle allait dormir et se réveiller bien portante... Elle remercia le docteur, qui ne reçut ses remerciements qu'avec gêne, qui paraissait souffrir de voir la pauvre femme si tranquille sur le sort de son enfant.

— Elle est sauvée! dit-elle au docteur. C'est cette fois, docteur, que je vous dois vraiment la vie.

Le vieux maître lui prit les mains, et, vivement ému, lui dit :

— Ma chère enfant, je reviendrai demain matin... Tout ce qu'il faudra faire pour la sauver sera fait... Ayez confiance.

Elle ne comprit pas que le docteur lui promettait, si la cautérisation du soir n'avait pas réussi, d'essayer la terrible opération de la trachée. Elle voulut voir dans l'émotion du docteur la modestie du savant qui a réussi. Son enfant était sauvée ! Elle dit en souriant au docteur :

— Oui, à demain. A demain, de bonne heure.

Et pendant que le docteur sortait en disant à la nourrice qu'il viendrait le lendemain tenter peut-être une opération imprévue, la Sang-Brûlé installait un fauteuil près du berceau de sa fille.

Elle s'y asseyait, et, comme hébétée, elle regardait son enfant dormir. Pendant que le docteur était la elle avait espéré ; mais, il était parti, et le doute, le doute affreux était revenu.

Elle avait entendu le docteur dire bas à son élève : diphtérite trachéale, et ce mot l'avait égarée. Mais, dans le peuple, où l'horrible fléau fait tant de victimes, on reconnaît bien le mot. La Sang-Brûlé avait soigné plusieurs enfants qui avaient le croup.

Or, à cette heure, elle pensait à ce qu'elle avait remarqué chez son enfant depuis le matin, et ce que lui avait dit la nourrice sur la naissance du mal.

Accroupie sur son siège devant le berceau, les deux mains entre ses genoux, le regard fixé sur son enfant, elle pensait. Elle cherchait à se souvenir des prodrômes du mal qu'elle redoutait, puis des symptômes caractéristiques.

Son enfant avait eu d'abord un peu d'enrouement, de malaise général, puis enfin des douleurs dans le cou, comme au commencement d'un rhume. La nourrice lui avait raconté que, pendant la nuit, l'enfant, s'éveillant en sursaut, se dressait sur son séant, se plaignait et indiquait des douleurs au larynx.

Cela était un symptôme. Elle avait entendu et remarqué le matin cette toux sèche, sourde, métallique, ressemblant à l'aboiement d'un petit chien ou au chant du coq, et l'enfant suffoquait à chaque accès, portant la main au mal comme si elle voulait arracher le siège de sa souffrance.

La Sang-Brûlé se redressa tout à coup. On la trompait. Son enfant était très mal... c'est le croup qu'elle avait.

Elle chercha chez elle le dictionnaire, que Charles réclamait, espérant s'éclairer sur l'état du malade, elle lut :

« L'invasion du croup est souvent brusque, quelquefois elle est précédée seulement d'un peu d'enrouement. Les ganglions du cou sont engorgés ; le cou lui-même est tuméfié. Si l'on examine l'arrière-bouche, on voit des fausses membranes d'un gris pâle se former sur les amygdales, sur la luette, sur le pharynx. Quelquefois, dans les efforts de toux ou de vomissements, des portions de ces fausses membranes sont rejetées au dehors. La toux a lieu par quintes de plus en plus rapprochées ; la respiration est bruyante ; la voix, rauque d'abord, s'éteint bientôt, les lèvres deviennent violettes. La face bouffie et livide, les yeux fixes et larmoyants. Souvent tous les moyens employés pour combattre le mal échouent, et le malade succombe après avoir souffert pendant un temps qui varie de quinze heures à six ou huit jours. Tels sont les caractères principaux de cette affection, qui enlève au moins les quatre cinquièmes des enfants qu'elle frappe. «

La Sang-Brûlé était devenue livide. Elle n'osait réveiller son enfant pour lui regarder dans la gorge. Mais tous les moindres symptômes, elle les constatait, Et cependant, elle pouvait se tromper. Elle chercha dans le livre le traitement conseillé, et elle pourrait comparer alors... avec l'ordonnance de son docteur. Elle lut :

« Un moyen excellent et qui peut être considéré comme l'un des plus utiles au début du croup, c'est l'administration du vomitif. On doit préférer le tartre stibié à l'ipécacuanha et aux autres émétiques ; son administration n'entraîne le danger dans aucun cas, et par conséquent, il n'est pas besoin, pour le donner, d'attendre le médecin. Puis l'application d'une solution caustique sur la muqueuse malade, remède par excellence du croup. »

La malheureuse femme tremblait de tous ses membres.

Le doute n'était plus possible. C'était l'ordonnance du matin, le tartre stibié qui n'avait rien fait... et, le soir, l'application d'une solution caustique sur la muqueuse malade...

Sa fille avait le croup! Mais elle était donc maudite!... Et le mal empirait, elle le voyait bien... Rien ne faisait! Son enfant étouffait!

Mais cela etait épouvantable. Pourquoi lui cachait-on l'état de son enfant? Ces gens-là pensaient donc qu'elle pourrait vivre sans sa fille? Elle serait ainsi sans époux, sans famille! Elle n'avait qu'une enfant; cette enfant viendrait à mourir et elle lui survivrait! Mais cela était impossible. Est-ce que la mort ne vaudrait pas mieux que la vie sans son enfant?...

Et elle se penchait sur elle, sachant bien que le mal était contagieux et disant :

— Si mon enfant doit mourir, nous mourrons ensemble.

L'enfant dormait ; la respiration était bruyante, difficile. Alors la Sang-Brûlé reprit son livre, espérant y trouver un remède oublié. Elle se souvenait que le docteur devait revenir le lendemain. Elle jeta un cri, comprenant ce que cela voulait dire, en lisant :

« Quand tous les autres moyens ont échoué, le médecin doit, sans hésiter, recourir à la trachéotomie; et les parents ne sauraient se refuser à l'emploi de ce moyen, effrayant sans doute... »

La Sang-Brûlé s'arrêta toute pâle ; elle regarda son enfant, essuya les larmes qui voilaient ses yeux et continua :

« Mais auquel, depuis trente ans, bien des enfants ont dû la vie. Chaque jour, du reste, cette opération devient plus familière aux praticiens. »

Elle regarda encore son enfant, et, à l'idée de l'épouvantable opération, il lui sembla qu'elle allait mieux et respirait plus facilement.

La nourrice était près d'elle, et, voyant son état,

essayait de la consoler et de lui donner un peu d'espoir.
Tout à coup, la nourrice venait de lui dire :

— Voyons ; d'abord, madame, il ne faut pas pleurer
comme ça, il faut avoir du courage. Vous voyez bien que
Lolotte va mieux...

— Elle va mieux ?

— Et elle est sauvée...

La Sang-Brûlé se plaça devant la nourrice, fixant son
regard fiévreux sur elle, et lui demanda :

— Est-ce vrai qu'elle est sauvée, nourrice ?

La nourrice voulut répondre, mais elle ne put que
pleurer... et les deux malheureuses sanglotèrent auprès
du berceau dans lequel l'enfant commençait à s'agiter
fiévreux.

Le mal empirait, c'était visible. Il était trois heures du
matin et la malheureuse mère désolée, s'écriait :

— Non, non ; nourrice, éveillez le concierge, qu'il coure,
courez de votre côté ; il faut que vous trouviez un médecin.
Il faut un médecin. Mais elle étouffe, elle râle... Mon
Dieu, Seigneur ! Seigneur, ayez pitié de moi !

Et elle tombait à genoux.

La nourrice, qui avait hâtivement jeté un châle sur ses
épaules, ouvrait la porte pour sortir. Elle recula en voyant
entrer, comme obéissant à l'appel de la malheureuse
mère, le docteur et deux autres personnes, tous les trois
en costumes de soirée, portant, les deux plus vieux, des
croix au cou et à la boutonnière.

La Sang-Brûlé se précipita.

— Docteur ! docteur ! ma fille se meurt, sauvez-la. Vous
allez la sauver, n'est-ce pas ?

Le docteur était penché sur l'enfant ; il consulta
l'homme qui l'accompagnait et celui-ci acquiesçant de la
tête, dit à voix basse :

— Il n'y a que cela à tenter.

Le docteur se tourna vers la Sang-Brûlé qui le regardait suppliante et lui dit :

— En soirée, j'ai rencontré mon illustre collègue, et

revenant ensemble je l'ai prié de m'assister de son aide et de ses conseils. Votre enfant est très gravement malade, vous le voyez; mon retour à cette heure en est la preuve. Il n'y a qu'un moyen de la sauver; c'est une opération que nous allons tenter.

— Faites, faites, docteur, sanglota la Sang-Brûlé défaillante; mais sauvez mon enfant.

Sur un mot du docteur, le concierge qu'il avait fait monter avec lui emporta la Sang-Brûlé presque évanouie. Et les docteurs et leur aide s'enfermèrent dans la chambre en disant à la nourrice :

— Nounou, restez pour nous donner ce dont nous avons besoin; du linge... d'abord.

Les deux docteurs avaient boutonné leurs habits et retroussé leurs manches. L'aide ayant ouvert la trousse sur une table, l'un d'eux prenant et examinant l'un après l'autre les outils dont il avait besoin, les plaçait à portée de sa main.

— Commençons, mon cher maître.

— Je suis à vos ordres.

Le spectacle était terrible : l'enfant sur le lit, l'aide lui tenant la tête, et les deux docteurs, dont l'un prenait à mesure l'outil qu'il passait à l'opérateur. Au râle de l'enfant se mêlait les bruits des sanglots étouffés de la mère, dans la pièce voisine, et les petits cris d'effroi de la nourrice en voyant le linge ensanglanté.

Il sembla aux assistants, excepté aux praticiens, que l'opération durait depuis une heure, lorsqu'il avait suffi de quelques minutes.

Quand on permit à Aline de rentrer dans la chambre, en voyant son enfant endormie et respirer, la pauvre mère tomba à genoux; elle voulut remercier, sa voix s'éteignit dans sa gorge, et elle s'évanouit. Le docteur dit :

— Ceci n'est pas grave, c'est de joie. Profitons de cette défaillance pour partir. Vous suivrez bien les prescriptions. Je reviendrai demain. S'il ne survient pas de complications, elle est sauvée.

Les docteurs se retirèrent. Le concierge et la nourrice s'empressèrent autour de la malheureuse Aline cherchant à lui faire reprendre connaissance.

Pendant l'opération, l'enfant avait été portée de son berceau sur le lit de sa mère, et pour y laisser la petite fille on avait enlevé un matelas, que l'on avait mis par terre. C'est sur ce matelas qu'ils étendirent la Sang-Brûlé.

Après quelques minutes de soins, la jeune femme reprit connaissance, se redressant sur son coude ; d'une main écartant ses beaux cheveux qui lui couvraient la figure, elle regarda autour d'elle, cherchant à se rendre compte de ce qui s'était passé. La nourrice était près d'elle, épiant ses moindres mouvements. En voyant sa maîtresse froncer les sourcils, à la vue du berceau jeté dans un coin, elle avança vite la tête, et souriante elle lui dit :

— Ne craignez rien, elle est sauvée... sauvée !

— Hein ? fit Aline fixant ses regards fiévreux sur la nourrice, n'osant croire ce qu'elle entendait.

Bien vite, pour qu'une crise nouvelle ne fût pas amenée par l'incertitude, la nourrice reprit :

— Les deux docteurs sortent d'ici et tous deux l'ont déclaré. C'est leur dernier mot. Est-ce vrai ? demanda-t-elle au concierge.

Celui-ci acquiesça de la tête.

— Au reste, fit la nourrice, levez-vous, madame, et venez la voir dormir maintenant.

Oh ! ce fut vite fait. En quelques secondes, la jeune femme était debout et, soutenue, ou plutôt contenue par la nourrice et le concierge, elle admirait son enfant calme, endormie, respirant doucement. Si elle n'avait été retenue, elle se serait précipitée sur sa fille, elle l'aurait dévorée de baisers.

Quand le malheur semblait la poursuivre, elle n'avait pensé qu'à l'enfant ; maintenant qu'elle était convaincue

— car elle était bien convaincue que l'enfant était sauvée — elle se souvenait de Charles et elle dit, se parlant à elle :

— Serait-il heureux, s'il était là... Qu'il doit souffrir de mon silence !

La nourrice disait :

— Maintenant, madame, que nous sommes tranquilles sur l'enfant, il faut penser à vous, le docteur l'a bien dit. Il faut à votre tour vous reposer. Vous voyez qu'elle n'a besoin de rien et vous avez bien confiance en moi pour la veiller.

— Oui, nounou, j'ai confiance en vous, merci, je vais vous obéir. Mais à la moindre chose inquiétante, vous promettez de m'éveiller.

— Je vous le promets, madame

Aline, enfin rassurée, s'étendit sur le matelas, le concierge descendit et la nourrice se disposa pour veiller près du lit.

Les deux femmes étaient fatiguées et la nuit était bien avancée. Elles s'endormirent.

Quand la nourrice s'éveilla, il faisait grand jour ; il lui sembla que l'état de l'enfant n'était plus le même, une fièvre violente la brûlait et l'agitait, cependant elle n'osait réveiller la mère qui dormait en souriant. Elle remarqua que l'enfant respirait bien bruyamment. Elle était penchée sur elle, écoutant, lorsque la mère s'éveilla en sursaut et bondissant, de sa couche, s'écria :

— Mais elle va plus mal et vous ne m'avez pas éveillée !

— Madame, c'est seulement maintenant que j'observe qu'elle respire plus difficilement.

— Mais, malheureuse, elle ne respire pas... elle râle... courez, courez chez le médecin... Oh ! mon Dieu, mon Dieu ! ma Charlotte !

Il se passa alors une scène épouvantable. Sans qu'elle pût lui porter secours, le pauvre petit être agonisait près d'elle.

Le docteur, consulté, avait dit :

— Il n'y a rien à faire...

Le soir, quand l'enfant expira dans les bras de sa mère, on eût pu croire que celle-ci devenait folle. Elle avait montré le poing au ciel en s'écriant :

— Et l'on dit qu'il y a un Dieu !

VII

MATER DOLOROSA

C'était le matin, l'aube jetait sa lumière grise par les fenêtres ouvertes; un froid piquant entrait en même temps, faisant frissonner la nourrice, emmitouflée dans un châle et étendue sur un matelas. Le concierge de la maison était près de la fenêtre, qu'il maintenait ouverte à cause des émanations, et la mère, inconsciente de tout, était accoudée sur le grand lit dans lequel sa fille était morte. Elle lui avait fait minutieusement sa toilette et, échevelée, l'œil fou, elle était penchée sur elle, la regardant, lui tenant sa main froide, sachant bien que depuis deux jours tout était fini, mais ayant toujours espoir tant que sa fille était devant elle. Elle ne pleurait plus, elle avait trop pleuré. De temps à autre elle se baissait pour l'embrasser, sans paraître s'apercevoir de la décomposition de son corps, et sentant le froid, ses lèvres murmuraient idiotement :

— Elle a froid.

Et elle relevait la couverture sur elle. On lui parlait, elle ne répondait pas.

Le concierge alla réveiller la nourrice et lui dit :

— C'est ce matin, dans une heure, qu'on va venir. Qu'allons-nous faire ?

— Il faut, à tout prix, l'éloigner.

— Comment? Je ne sais pas.

La nourrice, toute frissonnante, alla vers sa maîtresse et lui dit :

— Madame, voulez-vous descendre une minute, nous déjeunerons ; on nous a préparé un bouillon.

La Sang-Brûlé regarda la nourrice d'un air hébété, puis avec effort elle répondit :

— Oui, oui, allez... je n'ai besoin de personne.

— Avez-vous froid ?

— Pas moi ! mais elle... Fermez la fenêtre.

Les deux bonnes gens restèrent autour d'elle, ne sachant que faire pour l'éloigner... L'heure avançait.

Des pas lourds se firent entendre dans l'escalier. Le concierge pâlit et dit à la nourrice :

— Emmenez-la.

La malheureuse nourrice fondit en larmes, s'avança et lui dit :

— Madame, du courage, on vient chercher la petite.

— Chercher la petite, exclama la Sang-Brûlé en se redressant... Oh !...

Et elle se plaçait devant le lit. La porte s'était ouverte ; elle avait vu deux croque-morts entrer ; le premier tenait un papier et demandait :

— Mme Marin...

— C'est ici, disait le concierge.

— Non ! non ! non ! vous ne me prendrez pas ma fille... gémissait Aline.

Le concierge et la nourrice s'empressaient autour d'elle.

— Du courage, madame Marin, il le faut... du courage...

Un troisième croque-mort venait d'entrer ; la Sang-Brûlé l'avait reconnu, et se raidissant épouvantée, cria :

— Oh ! lui !... lui !...

Le concierge, la nourrice, les croque-morts étaient terrifiés par ces accents.

Le croque-mort était resté au milieu de la chambre, livide, ses yeux hagards cherchaient partout, il paraissait se refuser à croire être en ce lieu... il balbutia :

— C'est chez toi, ici... Mme Marin ! C'est mon enfant?...

— Oui, c'est mon enfant que tu veux prendre... Tiens, la voilà...

Et elle montrait la petite, le défiant d'avancer, prête à se jeter sur lui...

Le malheureux était effrayant à voir, il ne bougeait pas, il penchait la tête ; il s'écria avec un accent étrange :

— Morte... du croup !... Oh ! mon enfant !... et sa voix déchirante se perdit dans un accès de sanglots. Puis, comme subitement atteint de folie, il se cacha le visage et se sauva en courant.

En le voyant partir, la Sang-Brûlé s'élança, appelant :

— Charles... Charles... viens donc embrasser ta fille.

Les assistants, bouleversés par cette scène à laquelle ils ne comprenaient pas un mot, crurent à un accès de démence, et, saisissant la Sang-Brûlé, malgré sa résistance et ses cris, l'entraînèrent dans l'autre pièce.

Les employés des pompes funèbres cherchaient vainement à s'expliquer ce qui venait de se passer et la disparition de leur camarade ; c'est la nourrice qui, en revenant pour les aider dans leur lugubre besogne, leur apprit que Mme Marin n'était autre que Mme Goduret, la femme légitime judiciairement séparée de leur collègue, et que le malheureux qui ignorait le nom d'emprunt de sa femme était venu pour trouver son enfant mort.

La triste cérémonie se passa sans autre incident ; la Sang-Brûlé, revenue à elle, paraissait plus calme ; elle était comme hébétée, et elle déclara qu'elle suivrait son enfant jusqu'au bout.

On ne put s'y opposer ; il y avait peu de monde derrière la petite comète : quelques voisines, la concierge et la nourrice.

Lorsque, arrivés au cimetière, on procéda à la mise en terre, on voulut éloigner la jeune femme ; ce fut épouvantable, il y eut presque une lutte, et comme on cherchait à l'entraîner hors du cimetière, elle se débarrassa brusquement de ceux qui la tenaient et se sauva comme une folle à travers les tombes, remontant vers le vieux cimetière sans savoir où elle allait.

Après quelques minutes de course éperdue — elle s'arrêta, on ne la poursuivait plus. Elle chercha alors à se diriger vers l'endroit où l'on avait inhumé sa fille.

A mesure qu'elle allait, elle était dévorée de fièvre, et la fatigue aidant, elle marchait, parlait haut, délirait, effrayait les quelques personnes qu'elle rencontrait.

Elle voulait dormir près de sa fille... Elle l'appelait et marchait toujours, se mettant à courir et se cachant quand elle apercevait des gardes... et cela dura toute une journée, au bout de laquelle, butant sur une pierre, elle tomba et ne put se relever...

VIII

LA MORT QUI COURT LES RUES

Charles, en descendant de sa chambre, s'était rendu à la mairie. Ce jour-là il se trouvait heureux, la matinée lui paraissait douce, l'air plus léger. C'est que c'était le dernier jour qu'il allait revêtir sa livrée de cimetière ; c'était la dernière fois qu'il allait accomplir son lugubre travail. Le lendemain, il l'avait promis, il ferait la grasse matinée ;

il déjeunerait et passerait la journée avec Claire d'Avesnes; puis, comme il en avait à satiété de cette liaison, il irait le soir chez son nouveau patron; il y était couché et nourri, il oubliait de dire sa nouvelle demeure au concierge et, débarrassé de Claire, il se mettait à la recherche de sa femme et de son enfant.

Tout cela s'établissait dans son cerveau; il ne doutait pas de l'accueil que lui ferait sa femme, lorsqu'elle le retrouverait rentré chez son patron. C'est que pour Charles c'était là un brevet d'honnêteté, le meilleur des certificats.

En arrivant à la mairie, il retrouva ses collègues de chaque jour. Celui qui dirigeait la petite équipe alla prendre les papiers au bureau et en sortant il les lut au milieu de l'inattention de ses compagnons, épelant difficilement, à cause de la mauvaise écriture:

— Mme Marin... sa fille... Ah ! c'est une gosse. Allons... et il serra les papiers.

Charles et son compagnon s'attelèrent à la petite comète funèbre et partirent.

Nous l'avons vu arriver, nous avons assisté à l'épouvantable scène où le malheureux reconnaissait sa femme et sa fille morte. Nous l'avons vu se sauver épouvanté en entendant dire le nom de l'affreuse maladie.

C'est qu'il avait aussitôt compté les jours; il s'était souvenu qu'il avait pressé son enfant sur lui... et il n'en doutait pas, c'était la deuxième victime à laquelle il avait donné le fléau... et c'était sa fille!

Épouvanté, il fut pris comme d'une crise de folie et, croyant qu'il donnait la mort à tout ce qu'il touchait, il se sauva, dégringolant plutôt que descendant les escaliers, jetant des cris rauques au milieu desquels on distinguait :

— Je suis la mort... la mort..., je tue tout ce qui me touche.

En bas de l'escalier, il se heurta à une femme élégamment vêtue qui semblait chercher le concierge, qui jeta

un cri d'épouvante en le voyant sous ce costume et en cet
état, et qu'il ne reconnut pas; il la bouscula, malgré son
effroi, s'écriant:

— Oui. Je suis la mort... la mort... c'est moi qui tue
tout ce qui me touche... j'embrasse ceux qui vont mourir.

La malheureuse Claire d'Avesnes n'avait plus la force
de jeter un cri, la lettre qu'elle tenait à la main lui glissa
des doigts, et elle se sauva épouvantée, se croyant suivie
par Charles... Charles en croque-mort!... Elle se jeta dans
sa voiture en criant au cocher:

— Vite... vite... Au boulevard. Courez!

Et elle fermait la portière sur elle! tenant la poignée
en dedans, craignant qu'il n'essayât de monter près d'elle.

Toute idée de vengeance était envolée. Jamais elle n'es-
sayerait de revoir ni l'homme ni la femme. Dans sa voiture que les chevaux emportaient rapidement, elle regardait par le petit châssis d'arrière si elle n'était pas suivie.
Ses oreilles tintaient encore de la voix de Charles lui
criant en la serrant:

— Je suis la mort... je tue qui j'embrasse... la mort...

C'est en vain, on le comprend, qu'elle cherchait à s'expliquer cette énigme. Comment retrouvait-elle Charles
descendant de chez sa femme, lorsqu'elle le quittait à
peine, et pourquoi était-il vêtu en croque-mort?... D'où
venait cet air fou, égaré; pourquoi la repoussait-il, la
menaçait-il, lorsqu'elle venait de le quitter si calme? En
pensant à ce croque-mort, avec lequel elle avait passé la
nuit, elle sentait un froid mortel courir sous sa peau, qui
glaçait jusqu'à ses moelles.

Ah! c'était bien fini, et elle ne chercherait jamais à
avoir une explication. Elle les avait assez vus, l'homme
et la femme! et c'était au mari qu'elle laissait le soin de
la venger.

Charles était fou, il n'avait plus conscience de ce qu'il
faisait; il courait les rues, parlant haut comme un hallu-
ciné... Des gens étaient scandalisés en le voyant, et disaient:

— Regardez-moi ce croque-mort, est-il saoûl?

— L'administration devrait-elle tolérer dans son service de pareils ivrognes?

— C'est honteux!

— C'est scandaleux!

Et Charles venait presque sous leur nez, les menaçant et répétant:

— Je suis la mort... la mort! Je tue ce que je touche... C'est moi la mort... J'ai tué ma femme... mon enfant... je suis la mort.

Il courait depuis le matin; un individu qui l'observait, d'abord scandalisé en le prenant pour un ivrogne, remarqua qu'il allait et venait comme dans un même cercle, reprenant les mêmes rues, paraissant tourner toujours autour d'une maison, mais sans tituber. Il était ruisselant de sueur. L'homme alla se placer devant lui, et lorsque Charles lui répéta:

— Je suis la mort!...

— Qu'est-ce que vous dites?... Reprenez donc votre bon sens, tout le monde vous regarde sous cet uniforme.

Charles regarda l'homme, puis son vêtement et ne répondit pas; alors l'homme lui prit le bras et l'entraînant chez un marchand de vin:

— Venez... on vous prend pour un homme ivre.

Charles ne résistait pas, il se laissa conduire, et but non du vin, mais un grand verre d'eau, que l'homme lui versa, puis avec son mouchoir il lui mouilla la figure...

Alors, le visage du malheureux se rasséréna.

— Eh bien! ça va mieux; qu'avez-vous eu?...

Charles baissa la tête et pensa quelques minutes. Puis, tout à coup, il s'accouda sur la table et, la tête dans ses mains, fondant en larmes, il gémit:

— Oh! mon Dieu! mon Dieu! c'est donc moi. Oh! quel châtiment!

— Mon pauvre garçon, qu'avez-vous?

Alors, comme un enfant, il raconta ce dont il souffrait; il avait des sanglots dans la voix... il avait perdu sa fille,

et c'était lui, il le savait, qui lui avait apporté le mal dont
elle était morte. Il ne vivait que pour elle, il n'avait d'espoir qu'en elle. Qu'allait-il devenir? Et il demandait cela
à l'inconnu avec la plus grande innocence. L'homme vit
bien que les émotions diverses de la journée avaient troublé le cerveau du malheureux. Il fallait, pour le remettre,
des consolations et du repos.

L'homme lui offrit de le ramener chez lui où il retrouverait sa femme. Il répondit comme hébété :

— Oui, vous avez raison. Je la reverrai toujours.

Il dit l'adresse, et ils partirent. Arrivés en quelques minutes devant la demeure de sa femme, son compagnon le
quitta en le voyant entrer. Charles agissait machinalement. Il entra chez le concierge. Celui-ci, mis au courant
de la situation de la Sang-Brûlé depuis le matin et reconnaissant le croque-mort, lui dit :

— Ah! je suis bien aise que vous veniez.

Charles releva la tête interrogativement.

— Oui, nous ne savons que faire. La nourrice est partie
en me laissant les clefs. N'osant monter dans la chambre
elle m'a dit qu'elle allait passer quelques jours dans sa
famille et reviendrait vous voir.

— Madame est là-haut? demanda Charles se disposant
à monter.

— Madame, répéta le concierge étonné, on ne sait pas
ce qu'elle est devenue... mais vous n'étiez donc pas au
cimetière quand elle a vu descendre la...

Charles couvrit son visage de ses mains, et sanglota...

— Mon Dieu! mon Dieu!

Le concierge s'interrompit et reprit :

— On a voulu la retenir, elle s'est dégagée et s'est sauvée sans que personne puisse la revoir... on la cherche
depuis ce matin.

Charles regardait le concierge d'un air ahuri, répétant :

— Depuis ce matin!... Elle s'est sauvée dans le cimetière, et depuis ce matin, la nuit va venir bientôt, elle n'est pas retrouvée.

— Monsieur, depuis ce matin, avec les gardes, je cours dans le Père-Lachaise, nous ne l'avons pas trouvée et personne ne l'a vue sortir.

— Oh ! je la retrouverai, moi.

— Voici les clefs, monsieur, fit le concierge las et épuisé, aise de se pouvoir reposer.

Charles prit les clefs et partit en courant. Lorsqu'il arriva au cimetière, on n'entrait plus ; les gardiens criaient dans les allées des tombes le monotone et triste :

— On ferme !

Mais, grâce à son uniforme de croque-mort, on le laissa passer, les gardiens croyant qu'il avait oublié un ustensile quelconque d'un convoi et qu'il courait le chercher. Charles connaissait toutes les allées du champ mortuaire.

Il savait dans quel endroit les inhumations avaient lieu, et il s'y dirigea facilement. En arrivant, il jeta un cri, celle qu'il cherchait partout était là, étendue raide, sans connaissance sur la tombe de son enfant.

Il se baissa, la souleva, et, voyant qu'elle n'était qu'évanouie, il l'embrassa, espérant la ranimer par ses baisers, mais la malheureuse restait inerte, brisée par des nuits de souffrances, par sa dernière nuit de veille. Il la prit dans ses bras, la portant comme un enfant, et, comme la nuit tombait, que le cri :

« On ferme ! »

Ne se faisait plus entendre, il se mit à courir.

Prêt à sortir, les gardiens lui demandèrent l'explication qu'il donna en deux mots. C'était la femme que l'on cherchait depuis le matin dans le cimetière. C'était la femme Goduret, dite Marin, et lui, c'était Goduret.

On fit avancer une voiture, il y déposa sa femme, monta près d'elle, et se fit conduire chez elle. En le voyant revenir, le concierge s'offrit à l'aider à monter la jeune femme toujours évanouie.

Charles refusa et la porta seul.

Arrivé dans la chambre en désordre, il assit sa femme dans un fauteuil, puis, penché sur elle, après lui avoir mouillé les tempes, il dit :

— Ma femme, mon Aline, reviens... reviens, réponds-moi...

Mais la tête retombait inerte et Charles eut peur.

— Réponds-moi, réponds-moi, cria-t-il.

Ses lèvres s'agitèrent, et lui sembla entendre :

— Je veux mourir...

Alors il se redressa, regarda autour de lui et s'écria :

— Oui, elle a raison, il faut mourir. Elle ne pourra me voir lorsqu'elle saura que c'est moi qui suis cause de la mort de la petite, notre pauvre petite fille... Et je veux rester avec elle. Je ne veux plus la quitter, l'enfant est mort, nous mourrons ensemble. Aline, ma bien-aimée, nous allons mourir.

Alors il courut dans la chembre, ramassa les draps, les linges dans lesquels l'enfant était mort, il jeta tout sur le lit en criant d'un air égaré :

— La mort est là-dedans... nous allons l'y boire... il ne faut pas que nous nous réveillions.

Et fermant bien les portes, les fenêtres, bouchant avec soin l'ouverture de la cheminée, il démonta le tuyau de la mécanique (c'est ainsi que l'on appelle le petit poêle sur lequel les blanchisseuses font chauffer leurs fers à repasser), il l'emplit de charbon de bois et y mit le feu. Lorsqu'il se releva tout suffoqué d'avoir soufflé afin d'allumer le feu, la Sang-Brûlé relevait la tête et regardait autour d'elle. Tout de suite, il pensa à son vêtement de croque-mort et, en quelques secondes, il le retira. Puis il s'avança près de sa femme, se mit à ses genoux et l'appela :

— Aline.

Alors le regard de la malheureuse se fixa sur lui; elle hocha la tête en disant :

— Charles... Tu sais, Charles, que ma fille est morte...

— Oui! sanglota le pauvre garçon.

— Qu'est-ce que tu veux faire maintenant? Tout est fini...

— Aline... Je veux mourir...

— Mourir... pour la rejoindre... tous les deux!

— Oui... mon Aline, ma femme... Mourir avec ton pardon. Tu vois, le charbon est allumé, notre couche est prête. Je l'ai faite avec les draps de notre enfant.

Dans la chambre se trouvaient encore, sur la table de nuit, la bougie qui avait servi de cierge de veillée près de la pauvre petite, une assiette à moitié pleine d'eau, et dans laquelle était une petite branche de buis. Le fourneau était plein de feu et jetait dans la chambre une lueur rouge d'incendie. Etait-ce lassitude, fatigue ; était-ce les premières émanations du charbon? Charles avait pris Aline dans ses bras. Ils étaient raidis l'un contre l'autre et demeuraient immobiles : la mort accomplissait son œuvre.

Cette idée d'en finir avec la vie avait traversé en une seconde le cerveau de Charles, et il s'y était abandonné aussitôt. La mort, n'était-ce pas l'effacement du passé et la fin de tout? Il ne vivait plus depuis quelques jours, depuis que, convaincu qu'il avait apporté le germe du mal à la belle Louise, il l'avait vue mourir.

La mort de son enfant l'avait achevé, il se sentait devenir fou, il avait peur de lui-même. Il n'avait rien qui pouvait l'attacher sur la terre ; plus de famille. Il ne lui restait que sa femme, sa fille, et c'est juste alors qu'il croyait les avoir retrouvées toutes deux, que la mort prenait l'une et que la folie anéantissait l'autre, car il avait entendu ce mot du concierge :

— La pauvre femme n'en reviendra pas, elle est folle.

La journée qu'il avait passée était terrible ; il était épuisé, et en se jetant sur le lit, en prenant dans ses bras le seul être qu'il aimait, il eut comme un évanouissement, une syncope, ses yeux se voilèrent, un froid singulier courut dans ses veines et il perdit connaissance.

Tous les deux étaient évanouis; c'était, sans qu'ils le pussent sentir, que le gaz carbonique allait accomplir son œuvre, et s'ils n'étaient pas morts ainsi, sur le linge plein de ferments mortels, ils aspiraient le mal terrible qui leur avait pris leur enfant...

C'était fini, les corps se raidissaient, les bouches se contractaient, l'éternel sommeil venait.

Le fourneau, empli jusqu'au bord, était embrasé, le feu pétillait, illuminant la chambre : une lumière telle que des voisins rentrant, et qui machinalement regardaient les fenêtres de la morte, se disaient :

— Est-ce éclairé! on croirait qu'on y donne une fête!...

— Comme la lumière est rouge. Ce n'est pas naturel, ça.

Ils vinrent prévenir le concierge, qui regarda les fenêtres avec inquiétude en disant :

— Le croque-mort l'a ramenée tout à l'heure, mais ils avaient l'air d'être fous...

— Ce n'est pas l'éclairage d'une lampe, ça !...

— Ils n'ont pas fait de feu par cette chaleur...

— Mais regarde, ça augmente... c'est un commencement d'incendie.

— Oui, oui.

Et les quelques voisins assemblés étant de cet avis, le concierge dit :

— Montez donc voir ça avec moi.

On se précipita. Arrivé devant la porte, le concierge frappa. On ne répondit pas... Il frappa plus fort : toujours le même silence.

— Ah ! mais, ça devient inquiétant... Répondez donc... On sait que vous êtes là...

— Que faire?...

— Il n'y a pas de doute ; regardez la lueur, c'est le feu ; ils ont peut-être voulu brûler le linge et la fumée les a suffoqués.

— Oui, oui, il faut enfoncer la porte... mais devant le commissaire.

— Bah! je prends ça sur moi, dit le concierge.

Il se recula et, d'un coup de pied, fit sauter la serrure qui n'était fermée qu'au pène.

Ils se précipitèrent, et, voyant l'effrayant tableau, l'un ouvrit la fenêtre, l'autre déboucha la cheminée et y jeta le fourneau ; un autre courait chez le pharmacien, et l'on s'empressait autour des malheureux. Un médecin survenant assura qu'il les sauverait. La tentative de suicide avait eu son bon côté : elle avait désinfecté l'appartement.

. . . .

Dans le quartier Saint-Denis, cherchez, vous trouverez une boucherie éclatante de propreté, appétissante par sa marchandise, vivante par son achalandage et qui porte pour enseigne : *Au Sang-Brûlé*. C'est Aline qui tient la caisse ; Charles Goduret, superbe, a repris son ancien métier, il a racheté le fonds de son patron. Le passé est oublié.

FIN

TABLE DES CHAPITRES

ÉMILE COLIN. — Imprimerie de Lagny.

OUVRAGES PARUS

1re SÉRIE. Nos

1. CAMILLE FLAMMARION, **Lumen.**
2. ALPHONSE DAUDET, **La Belle-Nivernaise.**
3. EMILE ZOLA, **Thérèse Raquin.**
4. HECTOR MALOT, **Une Bonne Affaire.**
5. ANDRÉ THEURIET, **Le Mariage de Gérard.**
6. L'ABBÉ PRÉVOST, **Manon Lescaut.**
7. EUGÈNE CHAVETTE, **La Belle Alliette.**
8. G. DUVAL, **Le Tonnelier.**
9. MARIE ROBERT-HALT, **Histoire d'un Petit Homme** (Ouvrage couronné par l'Académie française).
10. B. DE SAINT-PIERRE, **Paul et Virginie.**

2e SÉRIE. Nos

11. CATULLE MENDÈS, **Le Roman Rouge.**
12. ALEXIS BOUVIER, **Colette.**
13. LOUIS JACOLLIOT, **Voyage aux Pays Mystérieux.**
14. ADOLPHE BELOT, **Deux Femmes.**
15. JULES SANDEAU, **Madeleine.**
16. LONGUS, **Daphnis et Chloé.**
17. THÉOPHILE GAUTIER, **Jettatura.**
18. JULES CLARETIE, **La Mansarde.**
19. LOUIS NOIR, **L'Auberge Maudite.**
20. LÉOPOLD STAPLEAUX, **Le Château de la Rage.**

3e SÉRIE. Nos

21. HECTOR MALOT, **Séduction.**
22. MAURICE TALMEYR, **Le Grisou.**
23. GOETHE, **Werther.**
24. ED. DRUMONT, **Le Dernier des Trémolin.**
25. VAST-RICOUARD, **La Sirène.**
26. G. COURTELINE, **Le 51e Chasseurs.**
27. ESCOFFIER, **Troppmann.**
28. GOLDSMITH, **Le Vicaire de Wakefield.**
29. A. DELVAU, **Les Amours buissonnières.**
30. E. CHAVETTE, **Lilie, Tutue, Bebeth.**

4e SÉRIE. Nos

31. ADOLPHE BELOT, **Hélène et Mathilde.**
32. HECTOR MALOT, **Les Millions honteux.**
33. XAVIER DE MAISTRE, **Voyage autour de ma Chambre.**
34. ALEXIS BOUVIER, **Le Mariage d'un Forçat.**
35. TONY RÉVILLON, **Le Faubourg Saint-Antoine.**
36. PAUL ARÈNE, **Le Canot des six Capitaines.**
37. CH. CANIVET, **La Ferme des Gohel.**
38. CH. LEROY, **Les Tribulations d'un Futur.**
39. SWIFT, **Voyages de Gulliver.**
40. RENÉ MAIZEROY, **Souvenirs d'un Officier.**

5e SÉRIE. Nos

41. ARSÈNE HOUSSAYE, **Lucia.**
42. **La Chanson de Roland.**
43. PAUL BONNETAIN, **Au Large.**
44. CATULLE MENDÈS, **Pour lire au Bain.**
45. EMILE ZOLA, **Jacques Damour.**
46. JEAN RICHEPIN, **Quatre petits Romans.**
47. ARMAND SILVESTRE, **Histoires Joyeuses.**
48. PAUL DHORMOYS, **Sous les Tropiques.**
49. VILLIERS DE L'ISLE-ADAM, **Le Secret de l'Échafaud.**
50. ERNEST DAUDET, **Jourdan Coupe-Tête.**

6e SÉRIE. Nos

51. CAMILLE FLAMMARION, **Rêves étoilés.**
52. Mme J. MICHELET, **Mémoires d'une Enfant.**
53. THÉOPHILE GAUTIER, **Avatar.** — *Fortunio.*
54. CHATEAUBRIAND, **Atala.** — *René, Dernier Abencérage.*
55. IVAN TOURGUENEFF, **Récits d'un Chasseur.**
56. L. JACOLLIOT, **Le Crime du Moulin d'Usor.**
57. P. BONNETAIN, **Marsouins et Mathurins.**
58. A. DELVAU, **Mémoires d'une Honnête Fille.**
59. RENÉ MAIZEROY, **Vavaknoff.**
60. GUÉRIN-GINISTY, **La Fange.**

CHAQUE VOLUME SE VEND SÉPARÉMENT

* 9 7 8 2 0 1 3 0 5 5 7 3 4 *